SUAD SALIHU

Die Personalisierung des Rechts in der Gesellschaft der Singularitäten

Schriften zur Rechtstheorie

Band 314

Die Personalisierung des Rechts in der Gesellschaft der Singularitäten

Der Wandel von Rechtsnorm und -subjekt durch neue Informationstechnologien und soziale Imperative in der Spätmoderne

Von

Suad Salihu

Duncker & Humblot · Berlin

Luzerner Dissertation, 2025

Bibliografische Information der Deutschen Nationalbibliothek

Die Deutsche Nationalbibliothek verzeichnet diese Publikation in der Deutschen Nationalbibliografie; detaillierte bibliografische Daten sind im Internet über http://dnb.d-nb.de abrufbar.

Publiziert mit Unterstützung des Schweizerischen Nationalfonds zur Förderung der wissenschaftlichen Forschung.

Erschienen bei Duncker & Humblot GmbH, Berlin
Satz: 3w+p GmbH, Rimpar
Druck: Prime Rate Zrt., Budapest, Ungarn

ISSN 0582-0472
ISBN 978-3-428-19817-7 (Print)
ISBN 978-3-428-59817-5 (E-Book)
DOI 10.3790/978-3-428-59817-5

Gedruckt auf alterungsbeständigem (säurefreiem) Papier entsprechend ISO 9706 ♾

Verlagsanschrift: Duncker & Humblot GmbH, Carl-Heinrich-Becker-Weg 9, 12165 Berlin, Germany | E-Mail: info@duncker-humblot.de
Internet: https://www.duncker-humblot.de

Für Teuta

Vorwort

Die vorliegende Untersuchung wurde im Frühlingssemester 2025 von der Rechtswissenschaftlichen Fakultät der Universität Luzern als Dissertationsschrift angenommen. Sie ist während meiner Tätigkeit als wissenschaftlicher Assistent am Lehrstuhl für Rechtssoziologie, Rechtstheorie und Privatrecht entstanden.

Bereits während meines Studiums hatte ich das grosse Glück, die Vorlesungen meines Lehrers, Vagias Karavas, besuchen zu dürfen. Von diesem Zeitpunkt an, und bis heute, haben mich unsere anregenden Gespräche inspiriert und begleitet. Seine Unterstützung und die prägende Rolle, die er in dieser wichtigen Phase meines Lebens eingenommen hat, wirken über den Abschluss dieser Arbeit hinaus – dafür bin ich ihm tief verbunden. Mein besonderer Dank gilt deshalb Dir, lieber Vaios.

Einige der in dieser Arbeit entwickelten Überlegungen wurden durch den wissenschaftlichen Austausch im Rahmen des Lektüreworkshops am Institut für Juristische Grundlagen – lucernaiuris angeregt, an dem ich bereits als Student mit grossem Interesse teilgenommen habe. In diesem Zusammenhang danke ich insbesondere Malte-C. Gruber und Michele Luminati sowie allen Kolleginnen und Kollegen, mit denen ich in den Austausch treten konnte. Für die wertvollen Hinweise zu meinem Dissertationsthema und die Begleitung während meines LL.M.-Studiums an der Johann Wolfgang Goethe-Universität in Frankfurt am Main möchte ich mich auch bei Gunther Teubner herzlich bedanken. Wertvolle fachliche und menschliche Unterstützung erhielt ich zudem von meinen Kolleginnen am Lehrstuhl Teona Kvirikashvili und Rüya Tuna Toparlak. Euch danke ich von Herzen für die gemeinsame Zeit.

Mit grosser Anerkennung möchte ich meinen Eltern und meinen Schwestern für ihre Ermutigung und ihr Vertrauen in meinen Weg danken.

Dieses Buch widme ich meiner lieben Frau Teuta, die gemeinsam mit unseren Kindern Merjem und Sinaï diese Arbeit mitgetragen hat. Ohne Eure Geduld, Euer Verständnis und Eure Liebe wäre diese Dissertation nicht entstanden. Danke.

Luzern, im Januar 2026 *Suad Salihu*

Inhaltsverzeichnis

4. Teil

Personalisierte Inkompatibilitätsregeln 147

Abkürzungsverzeichnis

ABl.	Amtsblatt
Abs.	Absatz
AcP	Archiv für die civilistische Praxis
Art.	Artikel
Aufl.	Auflage
BAG	Bundesamt für Gesundheit
Bd.	Band
betr.	betreffend
bez.	bezüglich
BG	Bundesgesetz
BGer	Bundesgericht
BGH	(deutscher) Bundesgerichtshof
BK	Berner Kommentar
BSK	Basler Kommentar
Bsp.	Beispiel
BT	Besonderer Teil
BV	Bundesverfassung der Schweizerischen Eidgenossenschaft vom 29. Mai 1874 bzw. vom 18. Dezember 1998 (SR/RS 101)
BVerfG	(deutsches) Bundesverfassungsgericht
c.i.c.	culpa in contrahendo
d. h.	das heisst
ders.	derselbe (Autor)
dies.	dieselbe(n)
Diss.	Dissertation
DM	Deutsche Mark
E.	in BGE Erwägung
et al.	et alii = und weitere
etc.	et cetera
EU	Europäische Union
evtl.	eventuell
f./ff.	und folgende (Seite/Seiten)
Fn.	Fussnote
ggf.	gegebenenfalls
GWG	BG vom 10. Oktober 1997 zur Bekämpfung der Geldwäscherei im Finanzsektor, Geldwäschereigesetz (SR/RS 955.0)
Habil.	Habilitation
Hrsg.	Herausgeber
i. V. m.	in Verbindung mit
Jg.	Jahrgang
JZ	Juristenzeitung
lit.	litera = Buchstabe

N	Note(n); Fussnote(n); Randnote(n)
Nr.	Nummer
o. Ä.	oder Ähnliches
OR	BG vom 30. März 1911 betreffend die Ergänzung des Schweizerischen Zivilgesetzbuches, Fünfter Teil: Obligationenrecht (SR/RS 220)
ParlG	Bundesgesetz über die Bundesversammlung vom 13. Dezember 2022 (SR/RS 101)
PüG	Preisüberwachungsgesetz vom 20. Dezember 1985 (SR/RS 942.20)
Rz.	Randziffer(n)
s.	siehe
S.	Seite(n)
sog.	sogenannt
StGB	Schweizerisches Strafgesetzbuch vom 21. Dezember 1937 (SR/RS 311.0)
u. a.	unter anderem; unter anderen; unter andere(s)
Verf.	Verfasser
vgl.	vergleiche
vs.	versus
z. B.	zum Beispiel
ZfPW	Zeitschrift für die gesamte Privatrechtswissenschaft
ZGB	Schweizerisches Zivilgesetzbuch vom 10. Dezember 1907 (SR/RS 210)
Ziff.	Ziffer
zit.	zitiert

Einleitung

„Auf einer tieferen Ebene verändert der digitale Wandel jedoch nicht nur einzelne rechtliche Institutionen, sondern vielmehr die gesamte Struktur rechtlicher Normativität und – noch bedeutsamer – die Selbstdefinition des Menschen in der modernen Gesellschaft und damit auch seine Selbstrepräsentation im Recht. Die Rechtstheorie wird sich künftig etwa mit der Frage zu befassen haben, ob staatliches Recht noch sinnvoll als allgemeines Recht erlassen werden kann, wenn die digitale Ökonomie längst weiter ist und Angebote ebenso wie Preise aufgrund hinterlassenen Datenspuren individuell massschneidert. Es liegt auf der Hand, dass eine solche ‚Granulierung' oder datenbasierte Personalisierung auch im Bereich der Rechtssetzung und Rechtsanwendung ohne weiteres möglich ist […]."[1]

Wenn Künstliche Intelligenz auf Recht trifft, lässt sich dies für gewöhnlich in zwei Erscheinungsformen beobachten: Zum einen geht es um die Suche nach rechtlichen Antworten auf informationstechnologische Fortschritte; das Immaterialgüter- und das Datenschutzrecht als Dauerthemen unserer Zeit geben Zeugnis hiervon. Zum anderen rücken informationstechnologische Anwendungen selbst in den Fokus. Sie sollen eine Effizienzsteigerung und funktionale Unterstützung der juristischen Praxis ermöglichen. In diesem zweiten Themenfeld werden u.a. sogenannte *AI Expert Systems*, der Einsatz von Künstlicher Intelligenz im Gerichtswesen – wie etwa die *Judge Analytics* im amerikanischen Rechtsraum – und die Möglichkeit, Anwälte durch Künstliche Intelligenzen zu ersetzen, diskutiert. Unter dem Schlagwort *Legal Technology* wird insbesondere Letzteres als eine für das Recht disruptive Entwicklung gehandelt.

Unter dem englischen Begriff *Personalized Law* entsteht in jüngster Zeit allerdings eine neuartige Form der „Ko-Evolution"[2] von Recht und Digitalisierung. Darunter wird nichts weniger als ein neuer Rechtstyp in Aussicht gestellt, der im rechtswissenschaftlichen Diskurs auch als „the wave of the future"[3] bezeichnet wird. Im Kern steht die Idee zur Disposition, das moderne Modell der Rechtssteuerung mittels generell-abstrakten Normen mithilfe von *big data analytics* durch personalisierte, d.h. individuell-konkrete Regelungsformen zu ersetzen. Im Vordergrund des personalisierten Rechts steht das einzigartige Individuum, wie eine Definition von Ben-Shahar und Porat verdeutlicht: „People differ in many respects, and the key challenge for personalized law is to identify these variations, measure

[1] *Auer*, Zum Erkenntnisziel, S. 60 f.

[2] *Teubner*, Recht als autopoietisches System, S. 78 ff.

[3] *Sunstein*, S. 10 f., 57.

them, and build a model to determine how the legal commands should fit them."[4] So soll das neue datenbasierte, personalisierte Recht statt eines Durchschnittssubjekts den Einzelmenschen mit individuell zugeschnittenen Rechtsangeboten ansprechen. Der Leitsatz lautet dann: individualspezifische und einzelfallbezogene Rechtsanweisungen anstelle verallgemeinernder und ungegenständlicher Regelungen. Die moderne Rechtsordnung[5] verallgemeinere ohnehin nur, so eine dezidierte Lehrmeinung, weil dem Gesetzgeber bis anhin die Informationen für eine personalisierte Normsetzung fehlten. Mit neuen Methoden der algorithmischen Verarbeitung von Daten verfüge der Gesetzgeber nun über die Möglichkeit, personalisierte statt *One-fits-all*-Regelungen zu entwerfen.[6] Denkt man die Idee zu Ende, kommen im besten Fall auf jede Einzelperson massgeschneiderte Rechtsanweisungen als Produkt hervor, wie Hacker optimistisch prophezeit: „At the extreme, when Big Data is used, algorithms are coded to identify relations between people's attributes and the outcome of interest, to design fully individualized commands."[7] Zum ersten Mal in der Evolutionsgeschichte des Rechts bestehe also die Möglichkeit, mithilfe von *big data analytics* der altwürdigen Idee des *suum cuique tribue* zum Durchbruch zu verhelfen und dem Menschen endlich gerecht zu werden.[8]

In diesem Sinne markiert die Digitalisierung an sich noch keinen Wendepunkt fürs Recht, solange sie sich auf die Automatisierung der Rechtspraxis und der Rechtsanwendung beschränkt. Informationstechnologische Entwicklungen entfalten vielmehr erst dann disruptive Kraft im Recht, wenn sie auf die Rechtsnorm und ihren allgemein-abstrakten Charakter und damit auf die Wesensart des modernen Rechts und, um das Eingangszitat nochmals aufzunehmen, „die gesamte Struktur rechtlicher Normativität" abzielen. Die neuen Möglichkeitsbedingungen, namentlich das Vorhandensein von Massendaten und deren informationstechnologische Verarbeitung, könnten in wesentlichen Strukturänderungen bzw. in einer Evolution

---

[4] *Ben-Shahar/Porat*, Personalized Law, S. 24.

[5] Mit dem Begriff des modernen Rechts bzw. der modernen Rechtsordnung ist das geltende, positivierte, generell-abstrakte Formalrecht gemeint. Neben der ausdrücklichen Bezugnahme auf die Schweizer und die deutsche Rechtsordnung wird unter diesem Begriff in der Regel die gesamte kontinentaleuropäische Rechtsfamilie verstanden. Wo andere Rechtskreise relevant sind, wird explizit darauf hingewiesen.

[6] *Busch/De Franceschi*, Granular Legal Norms, S. 423.

[7] *Hacker*, Ambivalence, S. 19.

[8] Vgl. hierzu *Ben-Shahar/Porat*, Personalized Law, S. 3: „The idea that legal commands should be customized to the idiosyncratic characteristics of individual actors has been with us for millennia." Siehe diesbezüglich auch *Kant* zur allgemeinen Einteilung der Rechtspflichten und zu seiner Kritik an dieser Formel: „Tritt [...] in eine Gesellschaft mit andern, in welcher jedem das Seine erhalten werden kann (suum cuique tribue). – Die letztere Formel, wenn sie so übersetzt würde: ‚gib jedem das Seine', würde eine Ungereimtheit sagen; denn man kann niemandem etwas geben, was er schon hat. Wenn sie also einen Sinn haben soll, so müsste sie lauten: ‚Tritt in einen Zustand, worin jedermann das Seine gegen jeden anderen gesichert sein kann' [...]." (S. 344); betreffend Informationsdefizit vgl. ferner *Busch*, Algorithmic Regulation, S. 282.

des modernen Formalrechts hin zu einem personalisierten Recht resultieren.[9] Vor diesem Hintergrund wird z. B. die Personalisierung des dispositiven Vertragsrechts diskutiert. So sollen etwa abdingbare Bestimmungen im Kaufvertrags- oder Arbeitsrecht auf die Konsumenten und Konsumentinnen bzw. auf die Arbeitnehmenden zugeschnitten werden.[10] Im Strafrecht könnten Sorgfaltspflichten ausschliesslich nach dem persönlichen Vermögen beurteilt werden.[11] Weitere Anwendungsbereiche der Personalisierung finden sich im Haftpflichtrecht, im Transplantationsgesetz oder in den Richtlinien des Finanzmarktrechts.[12] Doch im Grunde genommen betrifft das Personalisierungsprogramm die gesamte Rechtsordnung und verändert, wie Auer hierzu kritisch prophezeit, das „Verständnis aller wesentlichen Grundlagen des Rechtssystems von den […] Grundrechten über das Demokratieprinzip und die Definition von Öffentlichkeit und Privatheit […]"[13] und damit weit mehr als nur einzelne Rechtsgebiete.

Die angesprochenen Entwicklungen („Vorentwicklungen")[14] im Bereich der Informationstechnologie und das damit verbundene Personalisierungsvorhaben haben in anderen Bereichen der Gesellschaft längst zu Strukturänderungen geführt. Zu erwähnen sind u. a. das Wirtschaftssystem, der Bereich der Wissenschaft, die Kunst oder die Medizin. Dazu weiter unten aber mehr. Weil diese Änderungen auch breite Teile der Gesellschaft betreffen, ist es, was die technologischen Möglichkeitsbedingungen angeht, evolutionstheoretisch dienlicher, von *pre-adaptive-advances* als von „Ko-Evolution" zu sprechen. Bei Letzterem geht es lediglich um Evolutionsabhängigkeiten zwischen zwei sozialen Systemen.[15] Digitalisierung, das Internet und *big data analytics* gehören aber gewiss zu jenen Entwicklungen, die systemübergreifend strukturelle Veränderungen befähigen.

---

[9] Das hier vorgestellte Entwicklungsmodell des Rechts unterscheidet sich von jenem Susskinds, der in seiner evolutorischen Beschreibung des Rechts den Fokus auf juristische Beratungsleistungen legt. Susskind zufolge vollzieht sich die Entwicklung juristischer Dienstleistungsangebote in einem stufenweisen Transformationsprozess. Dieser beginnt mit individuell zugeschnittenen Beratungsleistungen („bespoke"). Darauf folgt eine Phase der Standardisierung, in der rechtliche Verfahren in wiederverwendbaren Formaten verfügbar gemacht werden („standardized"). Im nächsten Schritt folgt eine Systematisierung der Rechtsdienstleistungen durch den Einsatz von Digitalisierungsinstrumenten („systematized"). Darauf aufbauend entstehen gebündelte rechtliche Dienstleistungspakete („packaged"). Die letzte Entwicklungsstufe bilden schliesslich allgemein und niederschwellig verfügbare Rechtsdienstleistungen im Internetzeitalter („commoditized"), was zugleich eine Entkoppelung von individuellen Beratungsprozessen bedeutet, vgl. hierzu *Susskind*, S. 25 ff., 84 ff.

[10] *Sunstein*, S. 48 ff.; *Porat/Strahilevitz*, S. 17 ff., 23 f., 29 f.

[11] *Ben-Shahar/Porat*, Personalizing Negligence Law, S. 67 ff.

[12] *Hacker*, Personalized Law and the Behavioral Sciences, S. 247 ff.; *Porat/Strahilevitz*, S. 24 ff.

[13] *Auer*, Zum Erkenntnisziel, S. 62.

[14] *Vesting*, S. 167.

[15] *Vesting*, S. 167 mit Verweis auf *Fögen*, S. 18 f.

Neben diesen weitreichend wirksamen informationstechnologischen Medien tritt ein weiterer gesellschaftsumgreifender Umbruch hinzu. Dieser gestaltet sich, zumindest vordergründig, unabhängig von Ersterem. Der Umbruch betrifft eine qualifizierte und für die Spätmoderne charakteristische Individualisierung, die mindestens so entscheidend für das Aufkommen des personalisierten Rechts ist wie die informationstechnologischen Fortschritte. Denn hinter der Idee eines personalisierten Rechts stehen zweierlei Triebfedern: Zum ersten Anstoss gehören, wie bereits angezeigt, bestimmte informationstechnologische Möglichkeiten, die in der Lage sind, Massendaten zu selektieren, auszuwerten und rechtslogisch so einzubauen, dass sie schliesslich für die personalisierte Rechtsbestimmung fruchtbar werden. Die erste Triebkraft des personalisierten Rechts beantwortet daher die Frage des *Wie*, also die Frage nach der (rechtlichen und informationstechnologischen) Technik des Personalisierungsprozesses. Mit der Behauptung der Durchführbarkeit der Personalisierung ist aber noch lange nicht gesagt, weshalb es diese auch braucht.[16] Der zweite Anstoss baut deshalb auf einer soziologischen Analyse auf und ist, folgt man der Bewertung des deutschen Soziologen Reckwitz, genauso strukturverändernd und allumgreifend wie die informationstechnologische Transformation. Die Rede ist von einer grundlegenden Verschiebung der sozialen Logik vom Allgemeinen, Gleichen und einer Gleichbehandlung hin zu einer neuen sozialen Logik des Besonderen und Persönlichen bzw. von einem sozialen Imperativ der Singularisierung, der nun, in Form der Personalisierung, auch Einzug ins Recht hält.

Die Beschäftigung mit dem personalisierten Recht ist also immer auch eine Beschäftigung mit zwei *pre-adaptive-advances* zugleich. Während die informationstechnologische Transformation in der entsprechenden Literatur zum personalisierten Recht ausführlich behandelt wird, bleibt der Aspekt des sozialen Wandels weitgehend unberücksichtigt. Es lässt sich daher mit Teubner kritisch fragen: „Macht es angesichts durchgängiger sozialer Interdependenzen überhaupt einen Sinn, Entwicklungsmodelle für ein spezifisches Sozialsystem, in unserem Falle Recht, zu konstruieren, ohne gleichzeitig eine Theorie gesamtgesellschaftlicher Entwicklung wenigstens in den Grundzügen vorzulegen?“[17] Diese will ich im Folgenden mit engem Bezug auf Reckwitz' Sozialtheorie für das personalisierte Recht vorlegen und behaupte damit, dass erst die Beschäftigung mit den gesamtgesellschaftlichen Entwicklungen hin zur Personalisierung bzw. Singularisierung Erkenntnisse über das *Warum* (Warum ein personalisiertes Recht?) vermitteln kann. In diesem Sinne wird die Auseinandersetzung mit dem personalisierten Recht vor dem Hintergrund einer übergreifenden sozialen Transformation geführt werden müssen.

---

[16] Vgl. hierzu *Engisch*, Die Idee, S. 230 f.: In Zusammenhang mit der Unterscheidung zwischen der Möglichkeit der *Idee* eines individualisierten Naturrechts und deren Wahrheit betont er: „Wir hatten es an dieser Stelle nur mit der Möglichkeit, nicht mit der Wahrheit dieser Idee zu tun. Ausdrücklich sei gesagt, dass mit der Behauptung der Möglichkeit nicht eine Anerkennung der Wahrheit verbunden sein sollte“.

[17] *Teubner*, Reflexives Recht, S. 31.

Soziale Singularisierungs- und Personalisierungsaufforderungen brechen praktisch über alle Gesellschaftsbereiche herein. Folglich wird etwa im Wirtschaftssektor zunehmend zwischen einzelnen Kunden und Kundinnen unterschieden. Angebote und Preise werden in einem personalisierten Markt, der das einzelne Individuum in den Blick nimmt, auf seine persönlichen Interessen abgestimmt. Man spricht in diesem Zusammenhang von personalisierten Preisen und einzigartigen oder singulären Produkten.[18] Ein anderes Beispiel ist der Bereich der personalisierten Medizin, wo Therapiemethoden immer weniger auf Durchschnittswerten basieren, stattdessen zunehmend auf den einzelnen Patienten bzw. auf die einzelne Patientin und sein bzw. ihr konkretes, persönliches Krankheitsbild zugeschnitten werden. Neue Marketingmethoden im Online-Handel – ein Bereich, der, wie noch zu zeigen sein wird, für die Konstitution des personalisierten Rechtssubjekts besonders interessant ist – verzichten z.B. gänzlich auf allgemeine Werbung und operieren ausschliesslich mit personalisierten Angeboten für die Akquisition von Kunden und Kundinnen. Nachrichtenportale bewerten News nicht mehr nach allgemeinen Wichtigkeits- oder Dringlichkeitskriterien, sondern nach persönlichen Interessen der Leserschaft.

Es liessen sich ohne Weiteres zahlreiche weitere Beispiele anführen. Was diese Beispiele aber verbindet, ist, dass sie ihre Rezipienten nicht mehr einfach gleichbehandeln. Die Ökonomie des Besonderen, wie sie in der Fachliteratur auch genannt wird, die personalisierte Medizin und das personalisierte Online-Marketing versprechen stattdessen, ihren Kunden und Kundinnen bzw. ihren Patienten und Patientinnen in ihren individuellen Bedürfnissen und Qualitäten gerecht zu werden. In Bezug auf das Recht ist es daher berechtigt und notwendig zu fragen, „welche Rolle“ denn „spezifische *Person*qualitäten auf *juristischem* Boden zu spielen haben“.[19] Diese Frage soll entlang dreier Hypothesen behandelt werden.

Drei Hypothesen

Die Auseinandersetzungen mit dem personalisierten Recht, dem neuen Phänomen an der Schnittstelle von Recht, Technologie und spätmoderner Sozialtheorie, bleiben häufig in reduktionistischen und beispielhaften Beschreibungen verfangen. Mit ein Grund dafür ist, dass die Idee eines personalisierten Rechts bei Juristen und Juristinnen sowohl Faszination als auch Skepsis auslöst, sowohl Befürwortung als auch Ablehnung.[20] Man sieht darin eine (nicht zu verpassende) Chance und eine

---

[18] *Zurth*, S. 514 ff.; so auch *Reckwitz*, Kreativität, S. 133 ff.; vgl. ferner *Karpik*, S. 35 ff.

[19] *Engisch*, Die Idee, S. 235 (Hervorhebung in *Person*qualitäten im Original, bei *juristisch* durch Verf.).

[20] Befürwortung findet sich bei: *Busch*, The Future; *Ders.*, Implementing Personalized Law; *Ders.*, Algorithmic Regulation; *Ben-Shahar/Porat*, Personalized Law; *Dies.*, Personalizing Mandatory Rules; *Dies.*, Personalizing Negligence Law; *Busch/De Franceschi*, Granular Legal Norms; *Sunstein*; *Casey/Niblett*, Framework; *Dies.*, Death of Rules; *Porat/Strahilevitz*; *Denozza/Maugeri*; *Sirena*; *Micklitz*; *Hacker*, Ambivalence; *Ders.*, Personalizing EU Private

(nicht abzuwendende) Gefahr zugleich. Es ist vielleicht nicht zuletzt diese Zerrissenheit, weshalb es weitgehend an einer differenzierten Konzeptualisierung des personalisierten Rechts fehlt. Die vorliegende Arbeit unternimmt den Versuch, diese Lücke zu schliessen, indem sie im bestehenden Diskurs rund ums personalisierte Recht zunächst die Gründe, sprich jene fundamentalen Elemente, adressiert, auf welchen sich das personalisierte Recht analytisch und legitimatorisch abstützen und weiterentwickeln lässt; dies noch bevor sich zeigt, ob der Ausgang dieser neuen Idee eher hoffnungsvoll oder vernichtend ist.

Das personalisierte Recht verdient es nämlich, noch vor jeder Abwägung eines Dafür oder Dagegen, in der Sache selbst untersucht zu werden. Dabei sollen insbesondere die dahinterstehenden Hypothesen und Legitimationsversuche, die in der bisherigen Literatur für eine Personalisierung im Recht, wenn überhaupt, nur summarisch angeführt werden, vertieft, hinterfragt und allenfalls erweitert oder verworfen werden. Ordnet man die Legitimationsversuche der entsprechenden rechtswissenschaftlichen Disziplinen zu, lassen sich drei Hypothesen formulieren: eine rechtsphilosophische, eine rechtssoziologische und eine rechtstheoretische.

1. Das personalisierte Recht ist ein gerechtes Recht. Das Gleichheitsprinzip gebietet nämlich nicht nur, dass Gleiches gleich, sondern auch dass Ungleiches ungleich zu behandeln ist (rechtsphilosophisches Argument).[21]

2. Das personalisierte Recht ist ein gesellschaftsadäquates Recht. Es ist die Antwort auf die Heterogenisierung und Pluralisierung der Gesellschaft in der Moderne (rechtssoziologisches Argument).[22]

3. Das personalisierte Recht ist ein reales Recht. Es stellt auf die einzelne Person und den konkreten Fall ab, was zu präziseren und damit realitätsnahen Rechtsnormen führt (rechtstheoretisches Argument).[23]

Die erste Hypothese betrifft den Gleichbehandlungsgrundsatz. Demnach gehöre zum Gleichbehandlungsgrundsatz nicht nur, dass Gleiches gleich, sondern auch Ungleiches ungleich behandelt wird. Ausserdem sei ohnehin die Gleichbehandlung nur unter Gleichen gerecht.[24] Diese aristotelische Maxime allein bringt allerdings noch keinen neuen Rechtstypus hervor. Für das Verständnis des personalisierten

---

Law; *Ders.*, Personalized Law and the Behavioral Sciences; *Zeno-Zencovich*. Kritischere Stimmen finden sich bei: *Auer*, Zum Erkenntnisziel; *Dies.*, A Critique; *Bender*; *Grigoleit/ Bender*; *Patti*; *von Bar.*

[21] *Hacker*, Ambivalence, S. 98 ff.; so auch *Busch/De Franceschi*, Granular Legal Norms, S. 423; grundlegend dazu *Ben-Shahar/Porat*, Personalized Law, S. 122 ff.

[22] *Porat/Strahilevitz*, S. 7 f.; Sunstein, S. 9 f.; vgl. ferner *Hacker*, Ambivalence, S. 87, 107 f. und *Ben-Shahar/Porat*, Personalized Law, S. 157.

[23] *Casey/Niblett*, Framework, S. 339, 341, 346 ff.; vgl. auch *Hacker*, Ambivalence, S. 94.

[24] Vgl. Fn. 21; eine andere Formulierung dieses Postulats findet sich auch in einem Zitat von Kwame Nkrumah, ehemaliger Präsidenten von Ghana, bei *Narlikar*, S. 55: „equality of treatment is equitable only among equals […]“ (zitiert in *Slobodian*, S. 313); grundlegend dazu *Aristoteles*, S. 152 ff.

Rechts ist stattdessen eine grundlegende Beschäftigung und eine Neubewertung des modernen Gleichheitsbegriffs von zentraler Bedeutung. Zu diesem Zweck kann nach der hier vertretenen Ansicht eine Auseinandersetzung mit Menkes Kritik am modernen Gleichheitsbegriff hilfreich sein. Menke behauptet nämlich, dass in der Moderne die Gleichheitsidee als Grundkonzept gegenüber konkurrierenden Ideen, die sich an Individualitäten orientieren, bedingungslos priorisiert wird. Im Zuge der spätmodernen Entwicklungen zeigt sich jedoch, dass sich Haupt- und Nebenziel des Gleichheitsverständnisses verschieben: „[D]as Hauptziel der Gleichbehandlung von Personen und das Nebenziel des Verstehens von Individuen“[25], wie sie Menke für die Moderne ausmacht, werden durch ein anderes Gleichheitsverständnis umgewertet, wobei das Verstehen von Individuen nunmehr zum Hauptziel erkoren wird. Menke ebnet mit seinem dialektischen Gleichheitsbegriff zum einen den ideengeschichtlichen Weg zu einer rechtsphilosophischen Legitimationsbasis für das personalisierte Recht. Zum anderen steht seine Gleichheitstheorie selbst ganz im Zeichen eines umgreifenden Trends hin zu einer Individuum-Orientierung.

Die zweite Hypothese betrifft die Frage eines gesellschaftsadäquaten Rechts. In der Literatur lassen sich nur vereinzelt Überlegungen finden, die das Aufkommen des personalisierten Rechts vor dem Hintergrund einer soziologischen Theorie erklären. Diese wenigen, eher stichpunktartigen als ausgereiften Gedanken werden dabei häufig mit dem Verweis auf die Heterogenisierung der Gesellschaften angestellt.[26] Nach diesem Verständnis erscheint die Personalisierung des Rechts als eine adaptive Reaktion des Rechtssystems auf die zunehmende Diversifizierung und Pluralisierung moderner Gesellschaften. Dieser Erklärungsversuch trifft allerdings nicht zu und greift insbesondere aus folgendem Grund zu kurz: Das personalisierte Recht ist deshalb keine Antwort auf eine heterogene Gesellschaft, weil das juristische Pendant für diese Heterogenisierung im Rechtsordnungskonzept des sog. Rechtspluralismus zu suchen ist. Beim Rechtspluralismus handelt es sich allerdings um eine bestimmte Rechtsauffassung, welche die partikularen Unterschiede von unterschiedlichen sozialen Gemeinschaften (basierend auf Religionszugehörigkeit, Gewohnheit, Kultur oder Sprache) berücksichtigt. Der Rechtspluralismus stellt damit das Gegenmodell zu einer monistischen Rechtsordnungstheorie dar.[27] Demgegenüber werden im personalisierten Recht keine Unterscheidungen auf der Ebene von sozialen Gruppen oder Religionszugehörigkeiten gemacht. Auch wenn einzelne Gesellschaftsgruppen durchaus von einer Personalisierung profitieren können, ist der Anspruch des personalisierten Rechts ein anderer und ambitionierter: Rechtssätze sollen nämlich unter Berücksichtigung personenbezogener Daten auf *jeden Einzelmenschen* (und nicht auf Gruppenzugehörigkeiten) respondieren. Beim vorgebrachten Erklärungsversuch in der zweiten Hypothese wird also nicht erkannt,

---

[25] *Menke*, Spiegelungen, S. 26.

[26] Vgl. Fn. 22.

[27] *Tamanaha*, S. 209 f.; *Griffiths*, S. 4; zum Konzept des Rechtspluralismus vgl. auch: *Seinecke*, S. 309; *Schneider*, S. 12 ff.; *Merry*, S. 873 f.; für Beispiele siehe *Bernot*, S. 19 ff.; zum monistischen Verständnis des Rechts vgl. auch *Raz*, S. 118 ff.

dass dem personalisierten Recht ein gänzlich anderes Gesellschaftsbild zu Grunde liegt als noch für das pluralistische Recht.

Es spricht einiges dafür, das personalisierte Recht als Ergebnis der beiden *pre-adaptive-advances* in der spätmodernen Gesellschaft zu lesen. Denn die Spätmoderne ist durch einen doppelten Bruch gekennzeichnet: erstens durch die digitale Revolution,[28] zweitens durch die neue und systemübergreifende soziale Aufforderung zur Personalisierung bzw. Singularisierung. Die beiden *pre-adaptive-advances* stehen zudem in einer produktiven Beziehung zueinander, was sich an der besonderen Verknüpfung des personalisierten Rechts mit der Digitalisierung zeigt. Damit ist nicht gemeint, dass die Personalisierung, wie sie in der entsprechenden Literatur vorgestellt wird, nur durch die Verwendung von Big Data und Künstlicher Intelligenz bewerkstelligt werden kann – dies ist ohne Zweifel der Fall –, sondern auch, dass der soziale Imperativ zur Personalisierung bzw. Singularisierung zum Teil selbst ein Digitalisierungsphänomen darstellt („maschinelle Singularisierung“).[29] Die heterogene Gesellschaft hat hingegen keinen zwingenden Bezug zur Digitalisierung, genau so wenig wie das pluralistische Recht. Dieser doppelte Bruch zeigt sich überdies am schärfsten im Subjekt selbst, welches sich eben nicht mehr als Durchschnittswert, als *typischer Typ*, bewerten lässt, sondern als „a singular and solitary being defined by a cloud of data points“[30] daherkommt.

An dieser Stelle lässt sich bereits sagen, dass die Idee eines personalisierten Rechts nicht nur Produkt umgreifender sozialer Personalisierungs- bzw. Individualisierungs- und Singularisierungsprozesse in der Spätmoderne ist, sondern, im Fall einer übergreifenden Anwendung, auch selbst durch seine eigenen Personalisierungsleistungen im Recht zur Entwicklung und zur Stabilisierung eben dieser Singularisierungsphänomene beiträgt.[31]

Die dritte Hypothese, die wiederholt für die Personalisierung des Rechts vorgebracht wird, betrifft die Unzulänglichkeit der allgemeinen Verfasstheit der Bestimmungen des modernen Formalrechts. Indem es eine rechtliche Antwort auf das individuelle Verhalten, die persönlichen Fähigkeiten und die subjektiven Umstände verspricht, soll das personalisierte Recht diesem Defizit Abhilfe schaffen. Weil es sich eben gerade nicht um ein allgemein-abstraktes Recht handle, sondern um ein spezifisches und konkretes Recht, das in der Lage sei, zu den echten Sachverhalten vorzudringen, diese aufzugreifen und schliesslich juridisch zu erledigen, verspricht

---

[28] *Reckwitz*, Singularitäten, S. 15 f.

[29] Mehr dazu im 3. Teil unter C.

[30] *Busch*, Algorithmic Regulation, S. 280.

[31] Zur Verbindung zwischen Individualisierung und Singularisierung vgl. *Engisch*, Die Idee, S. 224 ff.; etwas anders allerdings bei *Reckwitz*, Singularitäten, S. 57 ff. (mehr dazu im 1. Teil unter C.).

es einen normativ direkten Zugang zum Lebenssachverhalt.[32] Damit ist zweierlei angesprochen: erstens das Verhältnis zwischen Recht und Faktizität und zweitens die Frage, wie es zu einer Abkehr von den Errungenschaften der modernen Verallgemeinerungs- und Rationalisierungsprozesse – beides Leistungen, die sich im Recht gerade in generell-abstrakten Rechtssätzen, d.h. Normen, die auf einen breiten Adressatenkreis und eine Vielzahl von rechtlich relevanten Sachverhalten Anwendung finden, niederschlagen – gekommen ist.

Übersicht

Im nachstehenden ersten Teil wird die entsprechende Auseinandersetzung mit jeder dieser drei vorgestellten Hypothesen vertieft. Das personalisierte Recht wird dabei grundsätzlich in einen ideengeschichtlichen (rechtsphilosophischen), gesellschaftlichen (rechtssoziologischen) und innerjuristischen (rechtstheoretischen) Übergangsprozess vom Allgemeinen, Abstrakten und Gleichen hin zum Individuellen und Konkreten eingebettet. Eine Genealogie mit Bezug auf die drei genannten Wirkungskreise soll einem besseren Verständnis für das Aufkommen der Idee eines personalisierten Rechts dienen. Zur Konzeption des neuen Rechtstyps gehört sodann eine eingehende Beschäftigung mit der personalisierten Rechts*norm* (zweiter Teil) und dem vom personalisierten Recht adressierten Rechts*subjekt* (dritter Teil). Die Untersuchung von Norm *und* Subjekt ist insbesondere vor dem Hintergrund der spätmodernen Beanstandung am modernen Formalrecht wichtig. Der dahinterstehende Vorwurf betrifft nämlich die „Insuffizienz […] gegenüber der Individualität"; und dies, um es mit Engisch zu sagen, „nicht nur angesichts der Eigenart und Einzigartigkeit des *Falles*, sondern auch insonderheit gegenüber der Eigenart und Einzigartigkeit der *Person*".[33]

Um den neuen Rechtstypus zu veranschaulichen und eine gewisse Tiefe der Analyse zu gewährleisten, konzentriert sich die vorliegende Arbeit hauptsächlich auf das Vertragsrecht. Soweit konkrete Gesetzesnormen Gegenstand der Auseinandersetzungen sind, erfolgt die Bezugnahme auf das Schweizerische Obligationenrecht, ohne dabei die Übertragbarkeit der Ergebnisse auf andere Rechtsordnungen auszuschliessen. Aufbauend auf die ersten drei Teile wird schliesslich im vierten Teil das Konzept der personalisierten Inkompatibilitätsnormen als eine gesellschaftsnotwendige Ausformung der Idee eines personalisierten Rechts entwickelt. Diese stehen in einer rechtsevolutorischen Entwicklung im Anschluss an das formale und materiale Recht und sollen die Erwartungen in spätmodernen Gesellschaften der Singularitäten stabilisieren.

---

[32] Kritisch hierzu der 3. Teil, insbesondere unter E.; vgl. auch *Engisch*, Die Idee, S. 10: „Vor allem muss man sich vor dem Fehlgedanken hüten, als ob man mit der raum-zeitlichen Vereinzelung sich dem Realen nähere".

[33] *Engisch*, Die Idee, S. 202.

1. Teil

Einbettungen

A. Einführung

„Wie soll man den Akt der Justiz [*acte de justice*], der stets ein Besonderes in einer besonderen Lage betrifft, Individuen, Gruppen, unersetzbare Existenzen, mich, einen/den/als anderen, mit der Regel, der Norm, dem Wert oder dem Imperativ der Justiz in Einklang bringen, wenn diese zwangsläufig eine allgemeine Form aufweisen […]?“[1]

Im 18. und 19. Jahrhundert gewinnen die Prozesse der Verallgemeinerung und Rationalisierung an Dynamik. Im Recht äussern sich die für die Moderne charakteristischen Rationalisierungsleistungen u. a. in der Verallgemeinerung von Rechtssätzen.[2] Unter Rechtssätzen versteht man „[die] Reduktion der für die Entscheidung des Einzelfalls massgebenden Gründe auf ein oder mehrere Prinzipien“.[3] Das moderne Recht ist demnach deshalb rational, weil es abstrakt ist. Beim modernen Recht handelt es sich aber nicht nur um eine *rationale*, sondern auch um eine *formale* Ordnung. Das heisst, dass das Rechtssystem nicht nur verallgemeinert und abstrahiert (indem es von den Einzelfällen absieht), es lässt auch keine ethischen Imperative, Zweckmässigkeitsregeln oder politische Maximen zu. Für Weber gilt diese formal-rationale Qualität als die höchste Stufe der Rechtsentwicklung.[4] Die Aufgabe des modernen Rechts in seiner ausgeprägtesten Form besteht daher darin, zu abstrahieren und zu formalisieren.

Der formal-rationale Charakter der modernen Rechtsnormen ist zudem nicht nur das Ergebnis eines bestimmten Verfahrens, wo Einzelfälle zusammengefasst und verallgemeinert werden. Aus rechtssoziologischer Sicht stehen formal-rationale Rechtsnormen in einem zwingenden Zusammenhang mit modernen und pluralistischen Gesellschaften. So können in der Moderne, wo „sich moralische Handlungskonflikte nicht mehr durch Integration in eine gemeinsame Lebensform lösen“[5] lassen, nur abstrakte und ethisch neutrale Rechtsbestimmungen Geltung beanspruchen. Es kann daher gesagt werden, dass Prädikate wie *rational*, *abstrakt* und *allgemein* in einem Sinnzusammenhang stehen und zugleich den Gegensatz zu den

---

[1] *Derrida*, S. 35.

[2] *Weber*, S. 395.

[3] *Weber*, S. 395; vgl. ferner *Kirchhof*, Rechtsquellen, S. 55 und Art. 22 Abs. 4 ParlG.

[4] *Weber*, S. 396.

[5] *Günther*, S. 26.

Bewertungen *irrational, konkret* und *individuell* bilden. Die Moderne steht ganz im Zeichen der ersten Wortgruppe. Dies hat damit zu tun, wie unten mit Bezug auf Menkes Gleichheitsbegriff zu zeigen sein wird, dass in der modernen Konzeption der Moral die Rationalität eng an die Egalität geknüpft ist. Als Folge dieser Assoziation werden schliesslich nur Regeln der Gleichbehandlung als vernünftig (rational) und vertretbar wahrgenommen.[6]

Mit dem Einzug von Abstrahierungs- und Verallgemeinerungsprozessen stellt sich jedoch die Frage, inwieweit ein Gesetzestext den besonderen Umständen eines Einzelfalls überhaupt Rechnung tragen kann? Ein Gesetzestext weist ohnehin schon vor dem Hintergrund der Formel *plura negotia quam vocabula* ein Repräsentationsdefizit auf: „It was actually established in the nature of things that there are more activities than words."[7] Die Tatsache allein, dass das Rechtssystem mit der natürlichen Sprache operiert, schafft unüberbrückbare Divergenzen zwischen gesetzlich formulierten Normen im Rechtssystem und einem zu beurteilenden Ereignis (bzw. *„negotia"* oder *„activities"*) in der Welt da draussen. Da, wie bereits erwähnt, moderne Gesetze Sammlungen von generell-abstrakten Rechtssätzen sind,[8] welche die Rechtspflege schliesslich im Einzelfall anwenden muss, stellt dies eine zusätzliche Entfremdung zwischen Rechtsnorm und konkretem Einzelfall dar: „Wie soll man", um an Derridas Eingangszitat zu erinnern, „den Akt der Justiz [*acte de justice*], der stets ein Besonderes in einer besonderen Lage betrifft […] mit der Regel, der Norm, dem Wert oder dem Imperativ der Justiz in Einklang bringen, wenn diese zwangsläufig eine allgemeine Form aufweisen […]?"[9] Eine Antwort auf diese Frage soll, so zumindest das Versprechen, das personalisierte Recht bereithalten.

Um dieses Versprechen besser zu verstehen, ist eine vorgängige Auseinandersetzung mit dem bei Derrida angezeigten Spannungsverhältnis zwischen dem *Allgemeinen* und dem *Besonderen* notwendig. Dieses Verhältnis nimmt je nach Disziplin, die sich mit ihm beschäftigt, unterschiedliche Formen an. Das Spannungsverhältnis wird zuerst rechtsphilosophisch unter dem Gegensatzpaar *Gleichheit/Eigentümlichkeit*, bei stärkerem Bezug zur Rechtsnorm bzw. zum Rechtssubjekt unter dem Wortpaar *normativ/deskriptiv* (oder unter *Gleichbehandlungsregel/Berücksichtigung der Individualitäten* behandelt) (B.). Mit Menkes dialektischer Analyse der modernen Gleichheitsidee soll in diesem ersten Schritt der Argumentationsstrang nachgezeichnet werden, der als rechtsphilosophische Grundlage für die Idee des personalisierten Rechts dient. Diese ideengeschichtliche Einbettung wird zweitens von einer gesellschaftsanalytischen Grundierung begleitet, welche der sozialen Genese des personalisierten Rechts nachgeht (C.). Der rechtssoziologische Blick auf das personalisierte Recht, der sich an Reckwitz' Gesellschafts-

---

[6] *Menke*, Spiegelungen, S. 8 f.

[7] *Femia*, S. 156.

[8] Vgl. auch Art. 22 Abs. 4 ParlG.

[9] *Derrida*, S. 35 (Hervorhebung im Original); vgl. ferner *Busch*, Implementing Personalized Law, S. 313 mit Verweis auf *Kirchhof*, Gleichheitssatz, S. 773.

theorie anlehnt, operiert in Bezug auf das oben angesprochene Spannungsverhältnis mit dem Antonym *allgemein/singulär.* Das dritte Standbein des personalisierten Rechts betrifft die Anschlussfähigkeit an bereits bestehende Konkretisierungsbestrebungen in der Rechtslehre (D.). In dieser rechtstheoretischen und rechtsmethodischen Beschäftigung zeigt sich das Spannungsverhältnis insbesondere unter dem Wortpaar *allgemein/konkret* bzw. *generell-abstrakt/individuell-konkret.* Allen drei Pfeilern, dem philosophischen, soziologischen und theoretischen, ist gemeinsam, dass sie jeweils eine eigene Entwicklungsgeschichte der Abkehr vom Allgemeinen und der Orientierung hin zum Besonderen reflektieren.

B. Rechtsphilosophische Neuorientierung am Eigentümlichen

> „Wir müssen dabei auch wissen, dass sich diese Gerechtigkeit immer an das vielfältig Besondere [singularités] richtet, an die Besonderheit des anderen, unbeschadet oder gerade aufgrund ihres Anspruchs auf Universalität."[10]

Im Zentrum der modernen Rechtsauffassung steht der Grundsatz, dass alle Menschen vor dem Gesetz gleich sind, unabhängig von ihrem sozialen Status, ihrem Geschlecht oder ihrer Herkunft. Dieses Ideal der Gleichheit vor dem Gesetz verkörpert eine fundamentale Errungenschaft moderner Rechtsstaaten, indem es persönliche Privilegien und traditionelle Hierarchien zurückweist. Dieser Gleichheitsgedanke zeigt sich im Recht zunächst als Verfassungsbestimmung. So heisst es in Art. 8 Abs. 1 BV, dass alle Menschen vor dem Gesetz gleich sind. Die Gleichheitsidee ist zugleich ein Leit- und Wertprinzip für den Gesetzgeber und die Rechtsanwendung und das Ziel des modernen Rechts schlechthin.[11]

Nach bundesgerichtlicher Rechtsprechung verlangt der Rechtsgleichheitsgrundsatz von Art. 8 Abs. 1 BV,

> „dass Gleiches nach Massgabe seiner Gleichheit gleich oder Ungleiches nach Massgabe seiner Ungleichheit ungleich behandelt wird. Der Anspruch auf rechtsgleiche Behandlung wird insbesondere verletzt, wenn hinsichtlich einer entscheidwesentlichen Tatsache rechtliche Unterscheidungen getroffen werden, für die ein vernünftiger Grund in den zu regelnden Verhältnissen nicht ersichtlich ist, oder wenn Unterscheidungen unterlassen werden, die aufgrund der Verhältnisse hätten getroffen werden müssen."[12]

Die Vertreter eines personalisierten Rechts versuchen nun, den zweiten Teil des Gleichheitsgrundsatzes für ihre Ziele stark zu machen. Wie auch das Bundesgericht sind sie der Auffassung, dass zur Gleichheitsmaxime, wonach Gleiches gleich zu

---

[10] *Derrida*, S. 41.

[11] *Grundmann*, S. 1 f.

[12] BGE 136 I 17, E. 5.3.

behandeln ist, auch das Postulat gehöre, Ungleiches ungleich zu behandeln.[13] So halten etwa Busch und De Franceschi fest: „[T]he principle of equality is not limited to treating likes alike; it also requires to treat different situations differently."[14] Mit der Betonung auf die doppelte Verfasstheit des Gleichheitspostulats wird im Folgenden untersucht, ob daraus ein rechtsphilosophischer Unterbau für das personalisierte Recht abgeleitet werden kann. Zu diesem Zweck wird auf Menkes Gleichheitsbegriff referenziert.

Die doppelte Verfasstheit des Gleichheitsgrundsatzes begreift Menke als Streit zwischen zwei Positionen um die moderne Idee der Gleichheit:

> „Die eine Seite in diesem Streit will die Idee der Gleichheit begründen und ihre Reichweite ausdehnen. Die andere Seite will die Idee der Gleichheit befragen und ihre Reichweite begrenzen. Die erste Seite argumentiert aus der Perspektive aller, die zweite Seite aus der Perspektive des besonderen einzelnen. Die erste Seite glaubt, die moderne Idee der Gleichheit beziehe sich auf alle als einzelne; die zweite will zeigen, dass zwischen jedem einzelnen und allen ein Abstand klafft – sofern die einzelnen als besondere, als Individuen verstanden werden. Deshalb verdächtigt die erste Partei die zweite, die Gleichheit aller durch Vorrechte für Wenige ersetzen zu wollen. Und die zweite Partei verdächtigt die erste, die Verschiedenheit und Besonderheit der einzelnen einschränken oder nivellieren zu wollen."[15]

Dabei gehen nach Menke beide Positionen von einem falschen Selbstverständnis aus. So hält er zunächst fest, dass es beim modernen Gleichheitsbegriff nicht um „Gleich*machung*" und auch nicht um „Gleich*sein*" geht oder dass damit „zwischen den betrachteten Elementen kein Unterschied gemacht werden soll".[16] Die moderne Gleichheitsidee beabsichtigt auch nicht die ideal-kommunistische Idee einer Gleichverteilung von allen Gütern an alle, wie sie fälschlicherweise in der Moderne auch verstanden wurde. Sie hat vielmehr eine prozedurale Funktion und meint die *gleichmässige Berücksichtigung* von allen.

---

[13] So auch das Deutsche Bundesverfassungsgericht in BVerfGE 3, 58 (135). Dass die Berücksichtigung der Unterschiede für die Gerechtigkeitsidee unabweisbar ist, hat bereits Mayer aufmerksam gemacht, indem er darlegte, dass die Individualisierung „die Seele der Gerechtigkeit ist". Weiter: „Die Gerechtigkeit ‚findet ihre ganze Aufgabe im Einzelnen und Einmaligen [...]. Sie abstrahiert nicht [...] von gewissen Tatsachen des gegebenen Tatbestands [...].' Aber mit dieser individualisierenden Gerechtigkeit harmoniert nicht das ‚Recht', denn wie die Individualisierung die Seele der Gerechtigkeit ist, so ist ‚Normierung und Typisierung die Seele des Rechts'. Das Recht ‚sucht die Schablone'. Recht ist auf Normen gegründete Ordnung. Wer aber Normen sät, kann keine Gerechtigkeit ernten [...] Die Norm misst mit gleichem Masse, sie verbürgt Rechtsgleichheit. Die Gerechtigkeit lässt aber keine Ungleichheit unbeachtet. Das Recht sieht sich jeden Einzelfall unter dem von der allgemeinen Regel gebotenen Gesichtspunkt an, die Gerechtigkeit wendet sich ganz dem Einzelfall zu [...]." (*Mayer*, S. 79 f.).

[14] *Busch/De Franceschi*, Granular Legal Norms, S. 423.

[15] *Menke*, Spiegelungen, S. 1; bereits *Luhmann*, Gleichheitssatz, S. 437.

[16] *Menke*, Spiegelungen, S. 2.

I. *haíresis*[17]

Die moderne Gleichheitsidee, verstanden als gleichmässige Berücksichtigung von Personen, kann in Menkes Konzeption grundsätzlich entweder in einem schwachen oder in einem starken Sinn aufgefasst werden. Im schwachen Sinn geht es um eine Differenzierung hinsichtlich Gruppenzugehörigkeiten. Die gleichmässige Berücksichtigung bedeutet in diesem schwachen Sinn, dass zwar von der Einzelperson abgesehen wird, aber nicht so von ihrer Gruppenzugehörigkeit. In einem starken Sinn hingegen bedeutet die gleichmässige Berücksichtigung nicht nur eine gleichmässige Berücksichtigung ohne Ansehung der Einzelperson, sondern auch ohne Ansehung der Gruppenzugehörigkeiten.[18] In diesem starken Sinn geht es daher nicht mehr lediglich um eine formale Dimension der gleichmässigen Berücksichtigung. Diese Art der gleichmässigen Berücksichtigung hat vielmehr inhaltliche Auswirkungen. Denn die Gleichbehandlungsidee im starken Sinn veranlasst – um auf die Rechtsprechung des Bundesgerichts zu Art. 8 Abs. 1 BV zurückzukommen –, dass der erste Teil des Gleichheitssatzes gegenüber dem zweiten dominiert. In den Worten Menkes:

> „Das Paradigma dieser starken Idee der Gleichbehandlung, die in der Moderne bestimmend geworden ist, ist nicht der über Einzelfälle unparteilich urteilende Richter, sondern der Gesetzgeber, der nur solche Regeln beschliesst, die alle im gleichen Masse berücksichtigen. Gleichbehandlung ist hier nicht nur eine formale, sondern eine inhaltliche Idee: sie bestimmt den Inhalt normativer Regeln, nicht nur die Weise ihrer Anwendung. Jeder zählt gleich viel wie jeder andere; niemand hat ein Vorrecht, aufgrund dessen anderen der Anspruch auf gleiche Berücksichtigung bestritten werden könnte.“[19]

In Menkes Feststellung arbeiten sowohl das moderne Recht als auch die moderne Moral auf eine starke Idee der Gleichheitsidee hin. Die moderne Rechtsordnung bewerkstelligt dies, indem sie allgemeine Regeln erlässt, die alle gleichermassen berücksichtigen, unabhängig von der Person und der Gruppenzugehörigkeit. Die moderne Moral vermittelt das grundlegende Verständnis, dass alle Menschen gleich sind, und legt deshalb jedem auf, sich den anderen gleichzusetzen.[20] Das Verständnis der Gleichheit in diesem starken Sinne bedeutet daher, dass das Gebot, Gleiches gleich zu behandeln, gegenüber dem Postulat, Ungleiches ungleich zu behandeln, vorrangig ist. Das ist es, was Menke meint, wenn er sagt, dass die Gleichheitsvorstellung in der Moderne einen Anspruch auf Vorrang vor anderen,

---

[17] *Grübet*, S. 538 ff.: Der Begriff der Häresie bezeichnet in seinem ursprünglichen Gebrauch die Wahl bzw. die Überbetonung eines Aspekts zu Lasten eines anderen (griech. *haíresis* für [Aus-]Wahl). Im hier relevanten Kontext, wie nachstehende Ausführungen zeigen, ist damit die Überbetonung der Gleichheitsidee gegenüber der Verpflichtung an Individualitäten gemeint.

[18] *Menke*, Spiegelungen, S. 2 f.

[19] *Menke*, Spiegelungen, S. 3.

[20] *Menke*, Spiegelungen, S. 3 f.; anders bei *Günther*, S. 159.

„nicht-egalitären Verpflichtungen“[21] erhebt, und die moderne Gleichheitsidee somit Ausdruck einer Prädominanz ist gegenüber „Verpflichtungen, die aus der Berücksichtigung von Individualität folgen“.[22]

II. Relativierung der Gleichheitsidee

Der Anspruch auf Vorrang der Gleichheitsidee ist demnach eine von der Moderne bedingungslose Priorisierung der Gleichheit vor anderen konkurrierenden Ideen, namentlich einer Verpflichtung aus Individualität bzw. einer Verpflichtung zur Ungleichbehandlung dessen, was ungleich ist.[23] Mit dem personalisierten Recht bekommt die „Berücksichtigung von Individualität“ nun auch eine konkrete juridische Form. Die grundlegende Idee hinter diesem neuen Rechtstypus besteht nämlich darin, (durch informationstechnologische Mittel, Big Data und entsprechende Verarbeitungstechniken) die Rechtsoperationen auf die individuellen Eigenschaften und die spezifischen Bedürfnisse jedes Einzelnen bzw. jeder Einzelnen auszurichten.[24] Die Idee des personalisierten Rechts geht gewiss weiter als Menkes Vorstellung, wenn er von „nicht-egalitären Verpflichtungen“ spricht.[25] Zwar spielen auch in Menkes Konzeption die Einzelnen (Individualitäten) eine wichtige Rolle für das richtige Verständnis der modernen Gleichheit, allerdings zu einem anderen Zweck: Menke geht es nämlich zunächst lediglich um eine Relativierung des soeben eruierten modernen und bedingungslosen Anspruchs auf das Primat der Gleichheitsidee.[26]

Dieses unumstössliche Primat der Gleichheit kann Menke zufolge dadurch relativiert werden, indem es einer „äusseren Betrachtung“ aus der Sicht der Individualität unterzogen wird. Man spricht deshalb von einer äusseren Betrachtung, weil die Befragung gerade nicht vom Standpunkt des Gleichheitsprimats vorgenommen wird, sondern vom Standpunkt ihrer (vermeintlich) gegensätzlichen Idee, nämlich der Verpflichtung aus Individualität.[27] Diese Befragung von aussen ist aber nur

---

[21] Mit nicht-egalitären Verpflichtungen meint Menke, „dass im Feld des Rechts zugleich auch andere Arten der Verbindlichkeit anerkannt und auferlegt werden als die der gleichen Berücksichtigung aller. Das gilt für einzelne Rechtsakte wie Amnestie und Begnadigung, vor allem aber für solche Rechtssätze, die die Wertüberzeugungen einer bestimmten Lebensform zum Ausdruck bringen.“ (*Menke*, Spiegelungen, S. 5).

[22] Individualität und Eigentümlichkeit meinen bei Menke das Gleiche und sind deshalb austauschbar: „‚Eigentümlichkeit‘ ist hier ein anderes Wort für Individualität, sei es die Individualität einer gemeinsamen Lebensform oder eines einzelnen Lebens.“ (*Menke*, Spiegelungen, S. 5).

[23] *Menke*, Spiegelungen, S. 5 ff.

[24] *Hacker*, Ambivalence, S. 93.

[25] Mehr hierzu im 3. Teil.

[26] *Menke*, Spiegelungen, S. 5 f.

[27] *Menke*, Spiegelungen, S. 7.

unter der Voraussetzung möglich, dass statt eines Anspruchs auf Vorrang der modernen Gleichheitsidee *vor* anderen Ideen die Gleichheit „im Verhältnis *zu* Anderen" betrachtet wird. In einer solchen Konzeption stellt die Gleichheitsidee nicht eine absolute und ausschliessende Einstellung dar, sondern „nur eine, daher notwendig beschränkte normative Orientierung unter anderen", weshalb die Privilegierung der Gleichheitsidee auch zugunsten einer normativen Orientierung an der Individualität abgeschwächt werden kann.[28] Eine solche Betrachtung sieht die Gleichheitsidee „in einem Verhältnis zu den Verpflichtungen aus Individualität, das nicht von Anfang an schon zugunsten des Vorrangs der Gleichheit vorentschieden, sondern stets erneut zu vollziehen [...] ist".[29]

Das Ins-Verhältnis-Setzen des Anspruchs auf Vorrang der Gleichheitsidee führt sodann zu Menkes Hauptaussage, die wie folgt lautet: Das Verhältnis des Gleichheitsgedankens zu anderen, d.h. zum Äusseren oder zum vermeintlich Gegensätzlichen, also zur Einzigartigkeit der Individuen und zum „Eigentümlichen" ist der Gleichheitsidee bereits eingeschrieben. Die Orientierung an Eigentümlichkeiten, sprich die Berücksichtigung von Individualitäten, ist nach dieser Lesart für die Idee der Gleichheit bereits konstitutiv.[30] Dieser Dialektik folgend hält Menke fest, dass die Einstellung der Gleichheitsidee dergestalt ist, „dass sie bereits in sich enthält, was ihr sodann, sie befragend und begrenzend, von aussen entgegentritt".[31] Noch konkreter wird dies an anderer Stelle: „Die moderne Idee der Gleichheit enthält ihren Gegensatz als ihre Voraussetzung."[32] Es handelt sich deswegen um einen dialektischen Gleichheitsbegriff, weil die Befragung von aussen zugleich auch eine Selbstkonstitution bedeutet.[33]

---

28 *Menke*, Spiegelungen, S. 7.

29 *Menke*, Spiegelungen, S. 7.

30 *Menke*, Spiegelungen, S. 7 f.

31 *Menke*, Spiegelungen, S. 7, 12; bereits Luhmann bemerkt, dass Werte wie „Freiheit" oder „Gerechtigkeit" ihr Gegenteil einschliessen (*Luhmann*, Unverzichtbare Normen, S. 28).

32 *Menke*, Spiegelungen, S. 7, 12 f.

33 *Menke*, Spiegelungen, S. 6 ff.; dieser dialektischen Gleichheitsvorstellung steht eine auf die Diskurstheorie basierende Unparteilichkeitsvorstellung gegenüber. Ihr liegt die strikte Trennung zwischen Geltung und Anwendung einer Norm zugrunde. Die Trennung von Geltung und Anwendung gibt es demnach deshalb, weil, wie Günther in seinem Buch „Der Sinn für Angemessenheit" beschreibt, die Beurteilung der Unparteilichkeit bei der Normgeltung sich von der Beurteilung der Unparteilichkeit bei der Anwendungsfrage der Norm unterscheidet (die Unparteilichkeit bei Günther entspricht der Notion der Gleichheit bei Menke). Die Geltung bezieht sich auf die Frage, ob ein Gesetz oder eine Moralität im Allgemeinen anzuwenden ist, während die Anwendung sich auf die konkrete Umsetzung eines Gesetzes oder einer „Moralität" in einer bestimmten Situation bezieht (*Günther*, S. 257). Die Differenzierung an dieser Stelle soll gewährleisten, dass universalen Normen keine Ethikvorstellungen übergestülpt werden, weshalb Günther die Unterscheidung nicht nur für möglich, sondern auch für sinnvoll hält. Dies führt zu einer doppelten Funktion der Universalisierbarkeitsidee: Was die Geltung anbelangt, hat sie den Status eines Moralprinzips. Was die Anwendung einer Norm betrifft, stellt sie die Unparteilichkeit sicher. Die Norm bzw. ihre Geltung rechtfertigen sich unabhängig von ihrer Anwendung, sondern allein durch sich selbst. Im

Nach dieser Auffassung der modernen Gleichheitsidee lassen sich zwei Dimensionen unterscheiden. Die erste ist begründend: Sie ist normativ und formal. Die zweite ist befragend: Sie ist deskriptiv und bestimmt. Letztere dient dazu, den modernen Begründungsmythos der dominanten Rolle der Gleichheitsidee kritisch zu hinter*fragen*.

Dieser Mythos der Moderne besagt, dass Regeln der Gleichbehandlung vor allem deshalb gerechtfertigt sind, weil sie zugleich vernünftig und rational sind. In der modernen Ethik besteht somit eine enge Verbindung zwischen Gleichheit und Rationalität: Gleichheit gilt als Ausdruck von Rationalität. Und Rationalität wiederum als Grundlage von Gleichheit. Menke sagt hierzu: „Rational zu sein bedeutet, egalitär zu sein".[34] Während die begründende Bestimmung auf die Vernunft des Menschen abstellt und einen universellen Anspruch verfolgt, geht es bei der befragenden Bestimmung darum, wie sich die Gleichheitsidee auf die Individualitäten

---

Prinzip geht es um die Frage, „ob es im Interesse aller liegt, dass jeder die Regel befolgt". Die Unterscheidung zwischen Geltung und Anwendung führt demnach dazu, dass „[d]ie Entscheidung über die Geltung einer Norm keine Entscheidung über ihre Angemessenheit in einer Situation [impliziert] – und umgekehrt" (*Günther*, S. 56). Die Trennung zwischen Geltung und Anwendung ist nach Günthers Ansicht deshalb sinnvoll, weil die Beurteilung der Unparteilichkeit im Rahmen der Geltungsfrage einer Norm anders ausfällt als die Unparteilichkeit im Kontext der Anwendungsfrage. Geltung und Anwendung stehen für einen jeweils bestimmten Aspekt der Unparteilichkeitsidee: Die Geltung, also dass eine Norm erst gültig ist, wenn die Folgen für die Interessen aller durch ihre Befolgung von allen akzeptiert werden können, steht für den „universell-reziproken" Sinn der Unparteilichkeit, während die Angemessenheit der Normanwendung für den „applikativen" Sinn der Unparteilichkeit steht (*Günther*, S. 56). Zur Geltungsfrage gehört das Prinzip der Universalisierbarkeit von Normen, welches die Aufgabe hat, das gesamte zurzeit verfügbaren Wissen und alle vorstellbaren und vorhersehbaren Anwendungssituationen, Folgen und Nebenwirkungen einer Norm zu prüfen. Die Universalisierbarkeit steht damit unter einem „Zeit- und Wissensindex" (*Günther*, S. 52). Eine Norm ist nur dann gültig, wenn ihre Befolgung im Interesse eines jeden Einzelnen, der von dieser Norm betroffen ist, liegt. Dies hat damit zu tun, dass Günther seine Thesen auf den Grund der Diskurstheorie abstellt, die im Grundsatz besagt, dass eine Aussage ethisch dann korrekt ist, wenn sie das Ergebnis eines deliberativen, d. h. eines auf vernünftigen Argumenten basierenden Diskurses ist. In diesem Sinne gilt eine Norm aus diskurstheoretischer Sicht daher nur, weil die Folgen ihrer Anwendung im gemeinsamen Interesse aller Betroffenen sind. Die Trennung von Normanwendung und Normbegründung bewirkt *e contrario*, dass die Anwendung selbst begründungsbedürftig wird. Die universalisierten Normen sind nicht in der Lage, die konkrete Situation zu erkennen und daher auch nicht zu begründen. Damit hier die Idee der Unparteilichkeit zu tragen kommt, unterstellt Günther eine fiktionale Verfügbarkeit von unendlich viel Zeit und Wissen, sodass alle möglichen und relevanten Situationsmerkmale berücksichtigt werden können, um eine begründete Auswahl treffen zu können. Um die Unparteilichkeit sicherzustellen, müssen alle Rechtsadressaten der Norm alle relevanten Daten dafür liefern. Anders als für Normgeltung ist für die Normanwendung die einzelne Situation relevant und nicht etwa die Interessensfrage, d. h. jene, ob eine allgemeine Befolgung im Interesse aller Betroffenen liegt. „Es geht darum, *ob und wie* die Regel in einer Situation angesichts aller besonderen Umstände befolgt werden sollte" (*Günther*, S. 55).

[34] *Menke*, Spiegelungen, S. 9.

konkret auswirkt. Die Gleichheitsidee kann daher „von diesen her befragt, ja, sie kann von diesen her begrenzt“ und relativiert werden.[35]

> „Die begründende Reflexion leitet die Einstellung der Gleichbehandlung [...] aus seiner [des Menschen] Vernunft her; damit behauptet sie die unbedingte Gültigkeit der Imperative der Gleichheit. Die befragende Reflexion bezieht die Einstellung der Gleichheit demgegenüber [...] auf die Orientierung an Individualität; sie setzt die Imperative der Gleichheit in ein Verhältnis zu etwas anderem und [...] relativiert sie dadurch.“[36]

In einem dialektischen Verständnis stehen diese beiden Dimensionen der Gleichheitsidee jedoch nicht im Widerspruch zueinander.[37] Die begründete (normative bzw. formale) Reflexion fasst die befragende (deskriptive bzw. bestimmte) Reflexion bereits in sich. Der Grund für diese Dialektik liegt darin, dass es bei der Gleichheitsidee schliesslich um Personen und Regeln geht, die selbst diese „Doppelbestimmung“ enthalten. In den Worten Menkes: „An den Begriffen der Person und der Regel zeigt sich mithin noch einmal die normativ-deskriptive Doppelbestimmung der Gleichheitsidee selbst [...].“[38] Personen enthalten nämlich auch zum einen die Bestimmung von *formal* und zum anderen von *bestimmt.*[39] Das heisst, dass alle Personen, die als *gleich* beschrieben werden können, im Hinblick auf die *bestimmte* Person, d. h. in Ansehung der entsprechenden Zugehörigkeit, auch *formal gleich* behandelt werden.[40] Die Doppelbestimmung verweist zudem auf den Anspruch, alle gleich zu berücksichtigen (die normative, begründete, formale Seite der Gleichheitsidee) bei gleichzeitiger (für das dialektische Verständnis eben nicht nachfolgende) Orientierung an die Individualität bzw. die Bestimmung der Person.[41]

In diesem Sinn ist der oben genannte „Widerspruch“ in einem dialektischen Verständnis kein Problem der „Anwendung“, da dies implizieren würde, dass der normative und deskriptive Gehalt (Bestimmungen bzw. Reflexionen) zwei unterschiedliche Phasen der Gleichheitsidee sind und dass die allgemeine, egalitäre Norm auch ohne, d. h. unabhängig von ihrer Anwendung, existiert.[42] Das ist aber in einem dialektischen Verständnis der Gleichheit nicht der Fall. Vielmehr ist es so, dass sowohl die Gleichheitsidee als auch die Person und die Norm ein begründetes *und* ein befragendes, ein normatives *und* ein deskriptives, ein formales *und* ein bestimmtes Element in sich tragen.

---

[35] *Menke*, Spiegelungen, S. 11.

[36] *Menke*, Spiegelungen, S. 11.

[37] *Menke*, Spiegelungen, S. 12; anders bei *Günther*, S. 158.

[38] *Menke*, Spiegelungen, S. 19.

[39] Das Gleiche gilt auch für jede Rechtsregel.

[40] *Menke*, Spiegelungen, S. 17 ff.

[41] *Menke*, Spiegelungen, S. 17 ff.

[42] Anders bei *Günther*, S. 56 ff.

III. Bedeutung für das personalisierte Recht

Wie mit Verweis auf den zweiten Teil des Gleichheitssatzes (nämlich, dass Ungleiches ungleich zu behandeln ist) gesehen, nimmt die Idee eines personalisierten Rechts beim Befund der doppelten Bestimmungen der Gleichheitsidee ihre Anfänge. Allerdings bleibt das personalisierte Recht nicht bei dieser Relativierung stehen. Denn dem neuen Rechtstypus geht es nicht lediglich um ein inklusives Gleichheitsverständnis. Die Gleichheitsidee (auch im schwachen Sinn) ist aus der Perspektive des personalisierten Rechts selbst *nach* der Befragung von aussen, sprich *nach* der Relativierung, noch zu dominant. Das Ins-Verhältnis-Setzen der Gleichheitsidee impliziert letztlich den Vorrang der Gleichheit vor der Individualität, da das Individuum im Hinblick auf die Gleichheit thematisiert wird – und nicht etwa umgekehrt. Menkes' Relativismus dient daher nur als Brücke, um die eigentliche und weitreichendere rechtsphilosophische Neuorientierung am Eigentümlichen zu formulieren, die das personalisierte Recht voraussetzt. Das personalisierte Recht nimmt die Erfahrungen, wonach „zwei Fälle nie gleich liegen können“[43] und es keine zwei gleichen Menschen geben kann („the individual [...] as a singular and solitary being“)[44], nicht einfach nur zur Kenntnis, sondern will diese nun zur prioritären Einstellung innerhalb der Rechtsidee etablieren. Die Forderung, wonach auch Ungleiches ungleich zu behandeln ist, wird damit zur vorherrschenden Einstellung erkoren.

In diesem Sinne nimmt die neue Einstellung die Rolle der alten Gleichheitsidee unter umgekehrten Vorzeichen ein. Was gleich bleibt, ist der prozedurale Aspekt. Wie auch das Gleichheitsverständnis in der Moderne geht es im personalisierten Recht um die gleichmässige Berücksichtigung aller, allerdings – und das ist der entscheidende Unterschied – nicht in Bezug auf die Gleichheit, sondern hinsichtlich der Unterschiede: Nunmehr sollen alle gleichermassen *ungleich* behandelt werden. In anderen Worten gilt die Maxime: „jedem das Seine!“. Diese Umkehrung der Gleichheitsidee wird zudem von gesellschaftsumgreifenden Singularisierungsprozessen begleitet, die es im Folgenden darzulegen gilt.

C. Soziologische Neuorientierung am Besonderen

„Nehmen wir einmal an, sie [die Wissenschaft] wäre vollständig, vollendet und in einem endgültigen Katechismus gebündelt, welcher mit Leichtigkeit in jedem Gedächtnis ein Eckchen besetzte; im menschlichen Gehirn würden immense Energiereserven für andere Zwecke verfügbar, die wir uns im Augenblick noch gar nicht vorstellen können. Dann würde es offensichtlich, dass die letzte und oberste Existenzberechtigung der vollendeten Systematisierung und der universalen Ausbreitung der wissenschaftlichen Orthodoxie in

[43] *Fikentscher*, Methoden des Rechts 4, S. 203.

[44] *Busch*, Algorithmic Regulation, S. 280.

der einzigartigen Entfaltung von Hypothesen, philosophischen Ketzereien, individuellen, unendlich vielfältigen Systemen und ungewöhnlichen lyrischen und dramatischen Phantasien liegt und sich dank der unpersönlichen Kenntnisse in jedem Geist das tiefe Bedürfnis befriedigt, seine eigene Nuance zu verbreiten und der Welt seinen persönlichen Stempel aufzudrücken."[45]

Der rechtsphilosophische Anspruch des personalisierten Rechts, wonach „jedem das Seine" bzw. „jeder das Ihre" zusteht, trifft in der Spätmoderne zudem auf eine Gesellschaft, die *jeden* und das *ihm Gehörige* bzw. *jeder* und das *ihr Gehörige* in einer bestimmten Weise valorisiert. Diese Art der Valorisierung, auf die es noch ausführlich einzugehen gilt, unterscheidet sich wesentlich von den Wertvorstellungen in den modernen Gesellschaften.

In der Sozialstruktur der Moderne wird das als wertvoll erachtet, was funktional, rationalisierbar und reproduzierbar ist. Dies zeigt sich in den verschiedenen Bereichen der Gesellschaft. Im wirtschaftlichen Kontext führen Rationalisierungsbestrebungen regelmässig zu Prozessen der Standardisierung. Dies manifestiert sich etwa in standardisierten Arbeitsprozessen und in der Vereinheitlichung von Produktpreisen. Die Kultur bringt dies mit der Propagierung eines homogenen Lebensstils zum Ausdruck, die Technologie in der Aufbereitung funktionaler, zweckorientierter Lösungsmechanismen.[46] Im Recht zeigt sich dies in der Formalisierung und Abstrahierung von Rechtsbestimmungen, die insofern reproduzierbar sind, als dass sie auf eine Vielzahl von Fällen anwendbar bleiben.

Diese als stabil und verlässlich wahrgenommene gesellschaftliche Struktur hat sich jedoch in jüngerer Zeit grundlegend gewandelt. Im Wirtschaftssystem zeigt sich diese Transformation etwa durch die Etablierung personalisierter Preise oder singulärer Produkte. In anderen Bereichen der Gesellschaft sind es individuelle Lebensstile und affektiv geprägte soziale Medien, die zunehmend eine bestimmte Art der Individualisierung und eine Kulturalisierung betonen und damit die vormals dominierenden Prinzipien der Standardisierung und Formalisierung ablösen. Im Recht äussert sich diese Veränderung in der Infragestellung des formal-abstrakten Charakters der Rechtsnormen, was auch eine Veränderung der Vorstellungen von Rechtssubjekten und -objekten zur Folge hat.

Der Analyse dieser Verschiebung in der Gesellschaftsstruktur hat sich der deutsche Soziologe Andreas Reckwitz mit seiner Studie „Die Gesellschaft der Singularitäten" gewidmet. Mit Verschiebung ist ein struktureller Wandel von einer sozialen Logik des Allgemeinen hin zu einer neuen sozialen Logik des Besonderen gemeint. Genauer gesagt handelt es sich mehr um eine „Katastrophe" (im Sinne einer Wendung, von griech. *katastrophḗ* [καταστροφή] „Umkehr", „Wendung"), weil dieser Wandel im Grundsatz zur Destruktion von alten Gewissheiten führt und

[45] *Tarde*, S. 74.

[46] *Reckwitz*, Singularitäten, S. 78.

neue Handlungsweisen instruiert, worunter nicht zuletzt auch die Idee eines personalisierten Rechts verzeichnet werden kann.

Wie die meisten zeitgenössischen Gesellschaftstheorien legt auch Reckwitz' Sozialtheorie den Schwerpunkt auf den Individualisierungsdiskurs.[47] Dies bedingt wohl die Disziplin. So gehört, zumindest Luhmann zufolge, die Beschäftigung mit der Individualisierung zur Hauptaufgabe jeder anspruchsvollen soziologischen Theorie.[48] Reckwitz allerdings spricht nicht von Individualisierung, sondern von *Singularisierung*. Der Begriff der Individualisierung eignet sich deshalb nicht, weil, wie er sagt, dieser im normalen Sprachgebrauch auf Subjekte beschränkt wird. In seiner Gesellschaftsanalyse sind hingegen auch weitere soziale Einheiten wie Gegenstände, Orte, Ereignisse oder Kollektive vom gesellschaftlichen Prozess der Singularisierung betroffen.[49] Ein anderer Grund, weshalb sich der Singularisierungsbegriff besser eignet als der Begriff der Individualisierung, ist, dass Letzteres ideengeschichtlich als Gegensatz zur Gesellschaft verstanden wird.[50] Der Wandel, den Reckwitz beschreibt – und für den Bezug zum sozialen Kontext des personalisierten Rechts höchstrelevant ist –, ist gerade nicht als Gegenstück zur Gesellschaft zu denken. Die Singularisierungsprozesse vollziehen sich vielmehr *in* der Gesellschaft, ja sie ist geradezu ein Produkt derselben.[51]

In Zusammenhang mit dem personalisierten Recht ist der Singularitätsbegriff darüber hinaus aus einem weiteren Grund interessant. Wie oben mit Bezug auf Menke festgestellt, steht die Moderne unter dem Vorzeichen einer moralischen und normativen Gleichbehandlung der Individuen. Das Individuum (so auch die von Menke verwendete Begrifflichkeit) wird daher eng mit einer Suche nach seinem eigenen „Platz" (nach seiner individuellen Berücksichtigung) innerhalb eines vor-

[47] *Luhmann*, Gesellschaftsstruktur, S. 149 ff.; vgl. auch *Riesman/Reuel/Glazer*, *passim*; *Beck*, S. 120 und 199.

[48] *Luhmann*, Gesellschaftsstruktur, S. 150.

[49] *Reckwitz*, Singularitäten, S. 57 ff.

[50] Siehe etwa bei *Tönnies*, S. 3 ff.: In der Gegenüberstellung der gemeinschaftlichen Bedürfnisse und der individuellen Interessen verzeichnet er die Unterscheidung von Gemeinschaft und Gesellschaft. Unter Gesellschaft versteht Tönnies die Teilnahme an einer kollektiven Gruppierung aus individuellen Interessen. Damit stellt Tönnies die Gesellschaft der Gemeinschaft, wo sich das Individuum in seinem Handeln in den Dienst des übergeordneten gesellschaftlichen Zwecks stellt, gegenüber. Er markiert damit den Übergang von einer altertümlichen, organischen *Gemeinschaft* hin zu einer modernen, mechanischen *Gesellschaft*. Die rechtliche Widerspiegelung dieses Übergangs von einer organischen Gemeinschaft hin zu einer mechanischen Gesellschaft sah der englische Rechtshistoriker Maine in der Ablösung des an den Status einer Person angeknüpften Rechts (Gemeinschaft) bei gleichzeitiger Herausbildung eines auf freien und gleichen Staatsbürgern und Staatsbürgerinnen basierten Vertragsrechts (Gesellschaft); vgl. ferner *Feaver*.

[51] *Reckwitz*, Singularitäten, S. 57 ff.; damit ordnet sich Reckwitz' Sozialtheorie in die Tradition der entsprechenden Disziplin ein, wonach es stets ums Ins-Verhältnis-Setzen von Individuum und Gesellschaft geht und nicht etwa um die Auslöschung des einen oder anderen; vgl. dazu *Luhmann*, Gesellschaftsstruktur, S. 149.

definierten und dominierenden Gleichheitsbildes assoziiert.[52] Im Gegensatz dazu steht der Begriff des Singulären bzw. des singulären Subjekts nun für den Abbruch dieser Suche nach einem „Platz“ innerhalb der Gleichheitseinstellung. In diesem Sinne kann das Aufkommen des personalisierten Rechts, d. h. die normative Orientierung an der Einzelperson, selbst als Teil dieses gesellschaftlichen Umbruchs gesehen werden. Im Gegensatz zur Individualität bedeutet (und verdeutlicht) der Begriff der Singularität das Ausbrechen aus den modernen Gleichheitsstrukturen, wo es noch um das hergebrachte (und einseitige) Verhältnis zwischen Gesellschaft und Gleichheit auf der einen Seite und Individuum und Individualität auf der anderen Seite geht. Das personalisierte Recht verweist auf das Ende der Vormachtstellung der Gleichheit (und läutet dieses zugleich ein) und kündigt das Primat der Eigentümlichkeiten bzw. des Singulären an. Darin liegt, kurz gesagt, die spätmoderne Korrektur des modernen Gleichheitsbegriffs. Aber wie ist es dazu gekommen? Um diese Frage zu beantworten, ist ein Blick in die nahe Vergangenheit notwendig.

I. *katastrophé*

In der Soziologie bezeichnet der Begriff der Moderne typischerweise die Epoche, die ab dem späten 18. Jahrhundert mit der Industrialisierung, Demokratisierung und Urbanisierung westlicher Gesellschaften einsetzt. Diese wird in zwei Hauptphasen unterteilt: die industrielle Moderne, welche die klassische Industriegesellschaft bis etwa 1970 umfasst, und die daran anschliessende Spätmoderne, die durch tiefgreifende gesellschaftliche, wirtschaftliche und kulturelle Transformationsprozesse geprägt ist. Diesen einschneidenden Veränderungen hat der Historiker Sarasin mit „1977“ ein Buch gewidmet, worunter er die neue Menschenrechtspolitik,[53] die Ich-Suche,[54] eine intensive Identitätspolitik,[55] das Aufkommen des Personal Computers[56] und Techniken der Selbstformung[57] dazuzählt. Aber wieso stellen gerade diese gesellschaftlichen Veränderungen einen Bruch mit der industriellen Moderne dar? Was hat die neue Menschenrechtspolitik mit dem Personal Computer zu tun? Identitätspolitik mit neuen Techniken der Selbstformung? Und besteht ein Zusammenhang zwischen der Ich-Suche und den technologischen Entwicklungen in diesen Jahren? Sind etwa hier die Anfänge eines auf Informationstechnologien abstützenden Rechts, das sich auf jedes einzelne Ich bezieht, zu suchen? Was hat sich

---

[52] *Menke*, Spiegelungen, S. 88 ff.

[53] *Sarasin*, S. 121 ff.

[54] *Sarasin*, S. 181 ff.

[55] *Sarasin*, S. 222 ff.

[56] *Sarasin*, S. 263 ff.

[57] *Sarasin*, S. 395 ff.

also an der Grundlage der Gesellschaft verändert, dass die Moderne in diesem Jahr zweigeteilt wird?

Für Reckwitz lassen sich all diese Ereignisse auf ein bestimmtes Momentum reduzieren, nämlich auf den folgenschweren Übergang von der sozialen Logik des Allgemeinen hin zu einer sozialen Logik des Besonderen. Dieser Paradigmenwechsel, der die Spätmoderne einleitet, bedeutet allerdings nicht, dass die Logik des Allgemeinen und damit die Rationalisierungsprozesse gänzlich verschwinden. Neu bilden sie lediglich eine Infrastruktur im Hintergrund, die, wie noch aufgezeigt werden soll, die Singularisierungs- und Personalisierungsprozesse in der Gesellschaft unterstützen.[58] Der Paradigmenwechsel bedeutet aber auch nicht, dass Erscheinungsformen einer sozialen Logik des Besonderen in früheren Epochen gänzlich gefehlt hätten. Geändert hat sich aber, dass sie nunmehr in den Vordergrund tritt und zum dominanten Element der sozialen Struktur wird. Während also in der Moderne die soziale Logik des Besonderen noch ein Nischenphänomen ist, ist sie in der Spätmoderne „in Massen“ vorhanden.[59]

Dieser fundamentale Wandel wird in der Sozialtheorie Reckwitz' durch drei entscheidende Faktoren begünstigt. Es geht um den kulturellen Wandel der Wertvorstellung, die ökonomische Ausrichtung auf einzigartige Güter und die technologische Unterstützung dieser Prozesse.[60]

1. Sozio-kulturelle Authentizitätsrevolution

In der Spätmoderne vollzieht sich ein grundsätzlicher Wandel in den allgemeinen Wertvorstellungen. Die Auseinandersetzung mit der Selbstbestimmung und Selbstentfaltung hat dazu geführt, dass der Mensch das Anders-Sein wahrnimmt, einfordert und auslebt. Die Konzipierung des postmodernen Ichs birgt, insbesondere im Zusammenhang mit der aufstrebenden neuen Mittelschicht (die sich durch hohe Bildung und urbane Lebensweisen charakterisiert), das Potenzial für die Entfaltung eines authentischen und erfolgreichen Lebensstils.[61] Die Fokussierung auf

[58] *Reckwitz*, Singularitäten, S. 225 ff.

[59] *Reckwitz*, Singularitäten, S. 108.

[60] *Reckwitz*, Singularitäten, S. 103 ff.

[61] Vgl. hierzu *Reckwitz*, Illusionen, S. 93 f.: Dort führt Reckwitz weiter aus, was unter der neuen Mittelklasse zu verstehen ist, nämlich: „Die Lebensform der neuen Mittelklasse ist damit von den Imperativen der Singularisierung und der Valorisierung geprägt. Singularisierung heisst: Was das Leben ausmacht, soll nicht standardisiert und ‚von der Stange‘ sein, sondern einzigartig, besonders und authentisch – die Wohnung ebenso wie der Freundeskreis, der Beruf ebenso wie die Schule für die Kinder oder das Reiseziel. Valorisierung heisst: Was das Leben ausmacht, soll nicht nur Mittel zum Zweck, sondern in sich wertvoll sein – die Ernährung ebenso wie die Partnerschaft, die Yogastunden ebenso wie das politische Engagement. Qua Singularisierung und Valorisierung der Alltagswelt wird das Individuum selbst in seinem Selbstverständnis singulär und wertvoll: ‚Ich bin es mir wert‘, und Kultur wird zum zentralen Betätigungsfeld des Alltags. Mit ‚Kultur‘ ist dabei nicht mehr die alte Hoch- und

die Entfaltung des Subjekts als ein authentisches Ich, als etwas Besonderes, steht dabei im Zentrum:

> „Die leitenden Massstäbe, an denen sich die Lebensführung orientiert, wechseln damit von denen des Allgemeinen und Funktionalen hin zu jenen des Besonderen und der Kultur. Die alten, rationalistischen Massstäbe der Lebensstandards werden in der neuen Mittelklasse von den Massstäben der Lebensqualität überlagert. Die Authentizität des Selbst gewinnt für sie enorm an Signifikanz: Das eigene Selbst soll in seiner Besonderheit entfaltet werden, und die Suche nach entsprechenden authentischen Erfahrungen (im Beruf, im Privatleben, in der Freizeit) wird zum Leitmotiv. Darin genau besteht die spätmoderne Authentizitätsrevolution."[62]

Der Paradigmenwechsel knüpft dabei an vergangene kulturelle Gegentrends der Moderne an und verwebt subkulturelle Phänomene mit dem Lebensstil der neu entstehenden Mittelschicht:

> „Dieser Wertewandel knüpft an die Tradition der kulturell-ästhetischen Gegenbewegungen der Moderne an, die von der Romantik ausgehen und über die Lebensreformbewegungen bis hin zur Counter Culture der 1969er und 70er Jahre reichen. Die Counter Culture, die mit dem Etikett ‚1968' eher oberflächlich begriffen ist, markiert die historische Gelenkstelle zwischen der kulturellen Gegenbewegung der Romantik und der neuen Mittelklasse. Das umfassende Kulturalisierungs- und Singularisierungsprogramm der Romantik, das historisch nur ein subkulturelles Phänomen war, avanciert so erstmals zur Zentralkraft des Lebensstils eines gesellschaftlichen Leitmilieus."[63]

Dieser Lebensstil zeichnet sich zudem durch eine Vielzahl kreativer und einzigartiger Aspekte aus und repräsentiert eigentlich nichts anderes als ein anhaltendes Streben nach Anerkennung, die durch zwei Ideale erlangt werden kann: Kreativität und Singularisierung.

Was das Kreativitätsideal anbelangt, stellt Reckwitz die These auf, dass sich dieses mit der Wende zur Spätmoderne in fast allen Bereichen der westlichen Gesellschaft durchgesetzt hat, so in der Arbeitswelt, in der Konsumkultur und in der privaten Lebensführung.[64] Kreativität meint in seiner Subjekttheorie das Potenzial, Neues hervorzubringen, „sich selbst, seinen Alltag und seine Umwelt zu transformieren und darin subjektive Befriedigung zu finden", und ist zugleich der „Fixpunkt eines Systems normativer Erwartungen", die von aussen an die Lebensform der Subjekte herangetragen werden.[65] Die Kreativität zeichnet sich dadurch aus, dass sie sich nicht in neuen wissenschaftlichen oder technischen Entdeckungen

---

Bildungskultur des Bürgertums gemeint, sondern die neue Mittelklasse hängt einem erweiterten Kulturverständnis an, das alle möglichen Aspekte des Alltags (Kochen, Radfahren, Reisen, beispielsweise zu ‚kultivieren', das heisst als wertvoll zu pflegen und mit entsprechender Expertise und Genuss zu betreiben erlaubt".

[62] *Reckwitz*, Singularitäten, S. 104.

[63] *Reckwitz*, Singularitäten, S. 104 f.

[64] *Reckwitz*, Kreativität, S. 18.

[65] *Reckwitz*, Subjekt, S. 168.

äussert, sondern in der Hervorbringung neuer ästhetischer Reize. Mit ästhetischen Reizen sind sinnliche und affektive Erregungen gemeint, die einen Selbstzweck haben. Damit bilden die ästhetischen Praktiken einen Kontrast zum rationalen und zweckorientierten Handeln des klassischen Subjekts der Soziologie.[66]

Was die Singularisierung anbelangt, geht es um die soziale „Produktion" und Wahrnehmung des Einzigartigen. Die Wahrnehmung als einzigartig ist mit einer qualifizierten Auffassung von Kultur verbunden. Zur Kultur in diesem engeren Sinn gehört eine bestimmte Form der Valorisierung („also dem grundlegenden Prozess des Zuschreibens und Absprechens von Wert")[67] von Einheiten des Sozialen (wozu die Subjekte und Objekte, aber auch Räumlichkeiten, Zeitlichkeiten und Kollektive zählen). Im Gegensatz zur industriellen Moderne, wo der Rationalismus die vorherrschende Gesellschaftsidee darstellt und deshalb „die Einheiten des Sozialen unter dem Aspekt ihres Nutzens und ihrer Funktion klassifiziert werden", wird in spätmodernen Gesellschaften den sozialen Einheiten „ein Eigenwert, d.h. ein nicht abgeleiteter Wert zugeschrieben".[68] In der Spätmoderne sind die sozialen Einheiten, d.h. vor allem die Subjekte und Objekte, daher nicht mehr „Mittel zum Zweck, sondern gewissermassen Selbstzweck".[69] Es handelt sich deshalb um als „*werthaft* und *wertvoll*"[70] anerkannte soziale Einheiten, die über eine eigene Wertkomplexität verfügen.

Für die hier verfolgten Zwecke steht insbesondere das spätmoderne Subjekt im Zentrum des Interesses. Diesem hier (und nachfolgend ausführlich) skizzierten Subjekt, das sein Anders-Sein (seine Singularität) wahrnimmt und auslebt, läuft ein Recht, das mit seiner Gleichheitsidee mehr oder weniger alle über einen Kamm schert, zuwider. Das personalisierte Recht will stattdessen auf die Erwartungen des spätmodernen Subjekts reagieren. Wie noch zu zeigen sein wird, ist das personalisierte Recht aber nicht nur als Antwort auf entsprechende Forderungen des spätmodernen Subjekts zu verstehen. Als selbstständiges Sozialsystem trägt das Recht in seiner personalisierten Form auch selbst aktiv zu den Singularisierungsprozessen in der Gesellschaft bei.

2. Ökonomie des Besonderen

Die qualifizierte Valorisierung des Einzigartigen (statt des Standards und Reproduzierbaren) hält auch Einzug in ökonomische Prozesse. Während der industrielle Kapitalismus in der ersten Epoche der Moderne durch Prozesse des Standar-

---

[66] *Reckwitz*, Kreativität, S. 25 ff.

[67] *Reckwitz*, Singularitäten, S. 78.

[68] *Reckwitz*, Singularitäten, S. 78.

[69] *Reckwitz*, Singularitäten, S. 78.

[70] *Reckwitz*, Singularitäten, S. 78 (Hervorhebungen im Original).

disierens und des Reproduzierens charakterisiert ist,[71] stehen in der postindustriellen Ökonomie die kulturelle Valorisierung der Produkte und die Pluralisierung des Konsums im Vordergrund. Dies lässt sich nach Reckwitz' Analyse etwa an der Form der gehandelten Güter (singuläre und kulturelle statt homogene und funktionale), an ihrer Produktionsweise (kreativ statt standardisiert), an der Art des Konsums (divers und affektiv statt einheitlich und rational) und an der Orientierung der Märkte (an Authentizität statt an Zweck-Nutzen-Überlegungen) erkennen.[72]

Die umgreifende Neuorientierung der sozialen Logik lässt sich für den Bereich der Wirtschaft deshalb wie folgt konkretisieren: Die wirtschaftliche Logik verschiebt sich ab den 1970er-Jahren von einer primär auf industrielle Massenproduktion ausgerichteten Ökonomie hin zu einem „kulturellen Kapitalismus" mit der Ausrichtung auf kulturelle und singuläre Produkte und Dienstleistungen. Im Zentrum der neuen Wirtschaftslogik stehen zunehmend Güter, die Authentizität und Originalität betonen und damit nicht nur als Konsumgüter, sondern auch als Identifikationsobjekte fungieren. Diese Transformation bringt auch neue Formen der Produktion mit, bei denen kreative Arbeitsprozesse dominieren, die auf die Herstellung immer neuer, unverwechselbarer Angebote abzielen und nicht zuletzt durch digitale Technologien ermöglicht werden. Und überhaupt werden die Standardmärkte der Moderne, welche nach der Logik des Preis- und Leistungsprinzips funktionieren, durch „hochgradig affektiv unterfütterte Attraktivitätsmärkte, die von der Aufmerksamkeitslenkung und kulturellen Valorisierung leben"[73], abgelöst.[74]

Diese neuen Formen des Handelns werden von der neoklassischen Wirtschaftstheorie weitgehend ignoriert.[75] Dies ist insbesondere deshalb bemerkenswert, weil der wirtschaftliche Austausch mit singulären (und damit „kulturalisierten") Gütern nicht mehr auf einen Nischenbereich des Handels beschränkt ist. Unter der spätmodernen Sozial- und Wirtschaftslogik umfassen ökonomische Transaktionen mit kulturalisierten Gütern nicht mehr nur Kunstgegenstände wie etwa Gemälde, Weine

---

[71] In Bezug auf die industrielle Moderne hält Reckwitz Folgendes fest: „Sie war erstens auf standardisierte und zugleich funktionale Massengüter ausgerichtet. [...] Zweitens fand die Produktion überwiegend in hierarchisch und arbeitsteilig strukturierten Matrixorganisationen statt. Dabei handelte es sich grösstenteils um technische Arbeit mit Dingen sowie um repetitive Routinearbeit. [...] Drittens herrschte in der industriellen Moderne ein normativ regulierter, weitgehend standardisierter Konsum von vorgefertigten Gebrauchs- (oder auch Status-)Gütern. [...] Viertens waren die Märkte, auf denen die industriellen Güter (und auch die Arbeiter und Angestellten) zirkulierten, sogenannte Standardmärkte, auf denen diese im Wesentlichen um Leistungsfähigkeit und Preis miteinander konkurrierten" (*Reckwitz*, Singularitäten, S. 112 f.).

[72] *Reckwitz*, Singularitäten, S. 112 ff.

[73] *Reckwitz*, Singularitäten, S. 114.

[74] *Reckwitz*, Singularitäten, S. 112 ff.

[75] *Karpik*, S. 13 ff.

oder antike Alltagsgegenstände.[76] Ganz im Gegenteil zeichnet sich die postindustrielle Ökonomie des Besonderen gerade durch die Singularisierung und Kulturalisierung weiter Bereiche der Güter- und Dienstleistungsangebote aus. Dazu gehören etwa Einrichtungsgegenstände für die Wohnung (z. B. der Designerstuhl als Einzelstück), Nahrungsmittel (z. B. das personalisierte Müsli), Coiffeur-Besuche (z. B. der Besuch beim Star-Coiffeur), Ferienorte (z. B. die exklusive Reise in exotische Länder oder zu unberührten Stränden), Eventbranche (der Besuch von Privatkonzerten oder Nischenkünstler).

Im Zusammenhang mit den affektiv aufgeladenen und singulären Produkten stellt sich auch die Frage nach den Bewertungskriterien, zumal Preis- und Leistungsgrundsätze in diesen Märkten keine entscheidende Rolle mehr zu spielen scheinen. Wie werden sodann singuläre Produkte bepreist, wenn sie doch einzigartig sind und deshalb keinen Vergleich zu anderen Produkten erlauben und die Entstehungskosten nicht entscheidend sind? Welche Beurteilungsinstanzen gibt es für die Bewertung von einzigartigen Gütern im „kulturellen Kapitalismus“? Auch auf diese Fragen vermag die neoklassische Wirtschaftstheorie, die sich bekannterweise auf homogene Güter bezieht, keine Antwort bereitzuhalten. Für den ökonomischen Austausch mit singulären Gütern sind deshalb, wie der Wirtschaftssoziologie Karpik vorschlägt, neue Valorisierungsmechanismen und die entsprechende Konzeption der Ökonomie des Besonderen notwendig.[77] Auch aus juristischer Sicht erfordert diese Marktform die Entwicklung neuer rechtlicher Ansätze. Dabei stellt sich insbesondere die Frage, wie unter den gegebenen Umständen das Missverhältnis zwischen Leistung und Gegenleistung, etwa nach Art. 21 OR, bestimmt werden kann.

Die Ökonomie singulärer Güter stellt allerdings nur einen von insgesamt zwei Faktoren dar, die eine objektive Bewertung von Produktpreisen zunehmend erschweren. Aufgrund aufkommender Personalisierungsentwicklungen im Handel wird auch die Objektivität allgemeingültiger Preise infrage gestellt. Die Anwendung von Informationstechnologien macht eine individualisierte Preisdifferenzierung möglich, bei der die Preise auf der Grundlage von Konsumentenpräferenzen, persönlicher Zahlungsbereitschaft und individuellen Persönlichkeitsmerkmalen bestimmt werden. Dieser Prozess erfolgt vornehmlich im Online-Handel, wo Unternehmen durch den Einsatz von *big data analytics* in der Lage sind, detaillierte Konsumentendaten zu sammeln und darauf basierend käuferspezifische Preise festzulegen.[78] In diesem Zusammenhang wird von Preisdifferenzierung oder Preisdiskriminierung gesprochen.

Exkurs Preisdifferenzierung: Obwohl die Preisdifferenzierung mit neueren informationstechnologischen Mitteln ein anderes Ausmass erreicht, ist sie genau ge-

---

[76] *Karpik*, S. 20–33.

[77] *Karpik*, S. 35 ff.

[78] *Zurth*, S. 515.

nommen kein Phänomen des Informationstechnologie-Zeitalters. So unterteilt bereits im Jahr 1932 der englische Ökonom Arthur Cecil Pigou die Preisdifferenzierung graduell in drei Kategorien.[79] Die Unterteilung beabsichtigt die Analyse der Auswirkungen von Preisen auf das Konsumverhalten in den zu Beginn des 19. Jahrhunderts aufkommenden Wohlfahrtsstaaten. Die Differenzierung beginnt mit einer „groben" Unterscheidung zwischen den Konsumenten und Konsumentinnen (dritter Grad der Differenzierung), geht über eine Preisdifferenzierung im Hinblick auf Qualitäts- und Quantitätsfragen (zweiter Grad der Differenzierung) und endet mit einer „feinen" Unterscheidung in Bezug auf die Einzelperson (erster Grad der Differenzierung).

Die Preisdifferenzierung *dritten Grades* hält z.B. für verschiedene Konsumentengruppen verschiedene Preise bereit. So zahlen etwa häufig Studierende für eine Mahlzeit in der Universitätskantine weniger als externe Gäste. Es geht also um eine Preisdifferenzierung, welche die Kundschaft in verschiedene Gruppen einteilt. Bei der Preisdifferenzierung *zweiten Grades* hängt der Preis nicht direkt von der Kundschaft ab, sondern vom Produkt bzw. von der Dienstleistung, genauer gesagt von einer Qualitäts- oder Quantitätsbewertung.[80] Ein Beispiel hierfür sind Mengenrabatte. Die Preisdifferenzierung *ersten Grades* bestimmt schliesslich den Preis in Bezug auf eine konkrete Transaktion, d.h. in Berücksichtigung des konkreten Käufers bzw. der konkreten Käuferin und des in Frage stehenden Kaufgegenstands. Während Pigou in seinem Werk die Preisdifferenzierung *ersten Grades* zwar für theoretisch möglich hält, gleichwohl aber nicht für praktikabel und diese für ihn deshalb nur von akademischem Interesse ist,[81] steht sie im Zeitalter von Big Data und Künstlicher Intelligenz im Zentrum der praktischen Bedeutsamkeit. Daran lässt sich einmal mehr ablesen, dass Singularisierungsprozesse (einzigartige Produkte) und Personalisierungstendenzen (personalisierte Preise) in der Spätmoderne eng mit informationstechnologischen Entwicklungen verbunden sind.

3. Informationstechnologischer Wandel

Digitale Technologien umfassen u.a. das Computing, die Digitalisierung medialer Formate und die kommunikative Vernetzung. Mit Computing sind die Rechnermaschinen und die darin agierenden Algorithmen gemeint. Die Digitalisierung medialer Formate bedeutet u.a. die Codierung und Zusammenführung verschiedener Medien (z.B. Bild und Ton). Die kommunikative Vernetzung schliesslich bezeichnet vor allem das Internet und die uneingeschränkte Datenübertragung.[82] Alle drei Komponenten der digitalen Technologie dienen in der in-

---

[79] *Pigou*, S. 279.

[80] *Eidenmüller/Wagner*, S. 224.

[81] *Pigou*, S. 279 f.

[82] *Reckwitz*, Singularitäten, S. 229 ff.

dustriellen Moderne dazu, um zu standardisieren, universalisieren und verallgemeinern.

Das Neue und Verwirrende ist, dass die digitalen Technologien nunmehr im Stande sind, *Singularitäten* zu fabrizieren. Das ist insofern irritierend, als in der Vergangenheit der technologische Fortschritt dahingehend kritisiert wurde, dass durch seine Rationalisierungsprozesse gerade das Besondere (das Singuläre) unberücksichtigt bleibe, wenn nicht sogar verschwinde. In der Spätmoderne ist es ausgerechnet der technologische Fortschritt, der nun in Form digitaler Informationstechnologien im Stande ist, das Besondere vorzubringen.[83] Im Inneren der neueren Technologie bleibt die Logik des Standardisierens und der Formalisierung zwar bestehen,[84] diese bildet aber nunmehr eine Infrastruktur für anschliessende Produktionen von Singularitäten. Reckwitz fasst diese Funktionsverschiebung der Technik wie folgt zusammen:

> „Seit dem Ende des 20. Jahrhunderts wechselt die avancierteste Technologie der Epoche nun jedoch gewissermassen die Seite und verkehrt sich von einem Transformationsriemen der Rationalisierung in einen der Kulturalisierung, von einem Motor der Standardisierung in einen der Fabrikation von Singularitäten. Die Technologie wird nun in einer speziellen Weise zu einer Förderin dessen, was sie zuvor zu eliminieren trachtete: der Einzigartigkeiten und der Kultur. Es findet eine basale technologische Umkehrung statt: von der technischen Kultur der industriellen Moderne zur Kulturmaschine der Spätmoderne."[85]

Auch in Bezug auf informationstechnologische Entwicklungen hat der Kulturbegriff im Laufe der Zeit einen signifikanten Wandel erfahren: Während in der industriellen Moderne die Technik selbst als Kulturgut verstanden wurde, steht in der Spätmoderne das von dieser (insbesondere digitalen) Technik hervorgebrachte Produkt im Zentrum des Kulturbegriffs. Technologien fungieren heute nicht mehr primär als Fabrikanten der Standardisierung, wie es in der industriellen Epoche noch der Fall war. Stattdessen treten sie zunehmend als kulturstiftende Akteure in

[83] *Reckwitz*, Singularitäten, S. 105.

[84] Zu den wesentlichen Trägern der Berechenbarkeit und Formalisierung innerhalb der Technologien gehören zum einen die rechentechnischen Systeme. Bei diesen Systemen handelt es sich um zeichenverarbeitende Maschinen, die algorithmische Operationen ausführen. Algorithmen fungieren als technische Verhaltensanweisungen, die auf berechenbare Handlungsprogramme reduziert sind. Ihre automatisierte Abarbeitung steht im Zeichen einer ausgeprägten formalen Rationalität. Zum anderen ist die Digitalisierung medialer Formate zu nennen. Mediale Artefakte werden in binäre Signale überführt, was zu einer strukturellen Homogenisierung sämtlicher medialer Inhalte führt. Diese technische Gleichförmigkeit verweist auf einen tiefgreifenden Prozess der Formalisierung. Schliesslich fungiert das Internet als eine Infrastruktur für eine universale Vernetzung, wie Reckwitz festhält: „Das Netz setzt die Algorithmizität und Digitalität als Verallgemeinerungsverfahren voraus, geht aber dann über sie hinaus, indem es mit Hilfe des allgemeingültigen Basisprotokolls (TCP/IP bzw. http) eine *universale*, im Prinzip grenzen- und schrankenlose Kommunikation und Kooperation zwischen allen Netzteilnehmern ermöglicht. Das Verallgemeinern des Netzes nimmt damit die Form einer Universalisierung der Kommunikation an [...]." (*Reckwitz*, Singularitäten, S. 229, Hervorhebung im Original).

[85] *Reckwitz*, Singularitäten, S. 228.

Erscheinung. Kultur wird somit nicht länger über Produktionsweisen definiert, sondern über die durch diese Produktionsweisen geschaffenen Resultate, die nun als kulturell bedeutsam erachtet werden.[86]

Zur Produktion von Kulturformaten und Singularitäten („kulturelle Singularisierung") gehört aber nicht nur die Tatsache, dass Maschinen in ihren Interaktionen mit Subjekten (Usern) die hierfür unterstützende Hintergrundstruktur bilden. Reckwitz treibt die Analyse weiter und diagnostiziert für die spätmoderne Gesellschaft, dass diese Maschinen auch in Interaktion mit *anderen Maschinen* an der Produktion von Singularitäten beteiligt sind. Dieser technisch vermittelte Prozess wird von ihm als „maschinelle Singularisierung" gefasst. Dies gilt insbesondere im Hinblick auf die Generierung von einzigartigen Subjektprofilen: „Aus Massen von Daten und Massendaten – Big Data – lassen sich damit via allgemeine Algorithmen besondere Profile einzelner Personen erstellen beziehungsweise und mutmasslich: das besondere Profil jedes Einzelnen."[87] Digitale Technologien sind somit im Stande, mittels *data tracking* systematisch Einzigartigkeiten zu beobachten und mit diesen dann maschinell Einzelprofile zu erstellen.[88] Als Beispiel können etwa besondere Konsumenten-, Interessenten- oder Patientenprofile jedes bzw. jeder Einzelnen genannt werden. Im Zusammenhang mit dem personalisierten Recht ist es das besondere *Rechts*profil einer jeder Einzelperson. Dieses wird weiter unten unter der Bezeichnung „*homo singularis*" noch präziser umschrieben werden.[89]

Zusammenfassend lässt sich festhalten, dass die kulturellen, ökonomischen und informationstechnologischen Entwicklungen die konstitutiven Rahmenbedingungen für eine postindustrielle Gesellschaft der Singularitäten darstellen. Dabei zeigt sich, dass diese drei Dimensionen nicht isoliert wirken, sondern vielmehr in einem wechselseitigen Bedingungsverhältnis stehen und sich gegenseitig beeinflussen: Der Wandel der Wertvorstellung (und die *subjektive* Wahrnehmung des Anders-Seins),[90] die Ökonomie der Singularitäten und die informationstechnologische Kulturmaschine „gewinnen ihre charakteristische Form jeweils erst aus dieser Konstellation heraus."[91] Vor dem Hintergrund dieser Entwicklungen ist das Recht insofern auf besondere Weise gefordert, als es gleich für eine Reihe von neuen Phänomenen an diesen Schnittstellen (so z.B. für singuläre Produkte, personali-

---

[86] *Reckwitz*, Singularitäten, S. 225 ff.; zum Kulturbegriff siehe S. 75 ff.; zum Unterschied zwischen Kulturalisierung und Rationalisierung, siehe S. 84 ff.

[87] *Reckwitz*, Singularitäten, S. 244.

[88] *Reckwitz*, Singularitäten, S. 244.

[89] Denn auch das personalisierte Recht operiert mit diesen Formen der digitalen Technologien, um sowohl die gewünschten individuell-konkreten „Produkte" (in Form von Normen) als auch das rechtsrelevante Personenprofil „jedes Einzelnen" (Rechtssubjekte, „*homines singularum*") zu entwerfen. Diese Techniken der digitalen und algorithmischen Normgewinnung und Subjektgenerierung werden im 3. Teil ausführlich behandelt.

[90] Hierzu aber gleich mehr.

[91] *Reckwitz*, Singularitäten, S. 106.

sierte Preise und, wie noch zu sehen sein wird, für neuartige Informationsasymmetrien) Antworten bereitstellen muss.[92]

Neben den damit verbundenen Folgewirkungen auf das Rechtssystem (und einer möglichen Antwort desselben mit personalisierten Normen) muss das personalisierte Recht selbst, besser gesagt, das Aufkommen der Idee für ein personalisiertes Recht, als Ausdruck des soeben beschriebenen sozialen Wandels in der Spätmoderne verstanden werden. Im Mittelpunkt dieser Neuorientierung steht die Reflexion über das Subjekt. Im bestehenden Diskurs rund um das personalisierte Recht wird dem Subjekt zwar vielfach eine spezifische Verbindung zur Individualisierung zugeschrieben und zudem eine hypothetische Artikulierung der Forderung nach einer rechtlichen Entsprechung seiner Individualität nachgesagt. Diese Zuschreibungen bleiben allerdings reduktionistisch und verweisen lediglich auf ein (implizites) Verständnis von Subjektivität, das jedoch bislang weitgehend ohne eine systematische bzw. sozialtheoretische Fundierung bleibt. Im Folgenden wird daher behauptet, dass hinter der Idee eines personalisierten Rechts ein Subjekt steht, welches sich im Zuge sozio-kultureller, ökonomischer und digitaler Neuorientierung am Besonderen nunmehr über seine Singularität definiert. Für ein eingehenderes Verständnis dieses Subjekts ist es erforderlich, den Begriff der Singularisierung näher zu erläutern.

II. Singularisierung in der Gesellschaft

Für die Beschreibung des Singularitätsbegriffs erscheint es sinnvoll, mit einer Abgrenzung zu beginnen. Es geht um die Unterscheidung der Kategorien des *Allgemein-Besonderen*, der *Idiosynkrasie* und der *Singularität.*[93] Mit Reckwitz lässt sich diese Differenzierung wie folgt in einem Satz zusammenfassen: „Während im Allgemein-Besonderen das relativ Besondere die Ordnung des Allgemeinen reproduziert und sich die Idiosynkrasien jenseits und vor aller sozialer Kommunikabilität bewegen, wirken die Singularitäten *innerhalb* der sozialkulturellen Ordnung [...].“[94] Während also das Allgemein-Besondere lediglich eine Variation des Gleichen ist und es sich bei Idiosynkrasien um vor- bzw. aussersoziale Abstrusitäten handelt, befinden sich Singularitäten dazwischen. Sie unterscheiden sich vom Allgemein-Besonderen darin, dass sie nicht lediglich Ausformungen von Bestehendem, sondern neu und einzigartig sind, und von Idiosynkrasien darin, dass sie trotz der Neuartigkeit sozial anschlussfähig bleiben. Es handelt sich bei der Kategorie der Singularitäten um sozial fabrizierte, d. h. anerkannte (weil in den gesellschaftlichen Prozessen eingebettete) Einzigartigkeiten, die weder Variationen des Gleichen noch

[92] Siehe im 4. Teil.

[93] *Reckwitz*, Singularitäten, S. 48.

[94] *Reckwitz*, Singularitäten, S. 50 (Hervorhebung im Original).

Idiosynkrasien darstellen.[95] Zu den Voraussetzungen für eine Qualifikation einer sozialen Einheit als singulär gehören folgende Charakteristika:

- *Inkommensurabel*: Die Singularität lässt sich ex negativo als eine „Nichtverallgemeinerbarkeit, Nichtaustauschbarkeit und Nichtvergleichbarkeit" definieren.[96]
- *Distinktiv*: Der Wert einer sozialen Einheit, etwa eines Subjekts, oder, im Kontext des Internets, eines Profil-Subjekts, bestimmt sich durch seine Andersheit im Vergleich zu anderen Subjekten bzw. Profilen. Die Bestimmung des Subjekts bzw. seines sozial zugesprochenen Werts ist in diesem Sinne eine differenzlogische. Das heisst im Falle des Subjekts, dass ihm seine Bedeutung über den Kontrast zu anderen Subjekten zukommt. Für Reckwitz ist diese Eigenschaft allerdings nicht entscheidend. Singularitäten verfügen ihm zufolge vor allem über eine dichte Eigenkomplexität, also gerade einen ontologischen Wert.[97]
- *Dichte Eigenkomplexität*: Wenn es um die Logik der Singularitäten geht, stehen das Hervorbringen von Eigenkomplexität und die Markierung von Differenzen in einer Hierarchie, wie Reckwitz betont: „Im Unterschied zum differenztheoretischen Gemeinplatz des Primats des Unterschieds gegenüber der Identität gilt also für die Logik der Singularitäten gewissermassen ein Primat der Eigenkomplexität gegenüber der Differenzierungsmarkierung nach aussen".[98] Die sozialen Einheiten, also Subjekte, Objekte, Orte, Ereignisse und Kollektive sind aufgrund ihrer anerkannten Eigenkomplexität als wertvoll qualifiziert.[99] Das heisst auch, dass unter den sozialen Einheiten „keine Reihen- oder Rangfolge" herrscht, sondern „eine qualitative Andersheit, die den Charakter einer Inkommensurabilität hat".[100]
- *Sozial zertifiziert*: Wie oben erläutert, ist im Gegensatz zur Idiosynkrasie das Singuläre sozial zertifiziert. Das heisst, dass sich Besonderheiten nicht auf allgemeine Schemata reduzieren lassen. Sie werden vielmehr als einzigartige Phänomene anerkannt und als solche ausgewiesen.[101]

---

[95] *Reckwitz*, Singularitäten, S. 50 ff.; anders bei *Badiou*, S. 96 ff.

[96] *Reckwitz*, Singularitäten, S. 51 (Hervorhebung im Original); vgl. auch S. 54.

[97] Die Analogie zu einer bestimmten Sparte der modernen Sprachwissenschaft, wonach die sozialen Einheiten nicht unbedingt über eine ontologische Eigenschaft verfügen, also über einen eigenen intrinsischen Wert, liegt bei einer differenzlogischen Beschreibung des Singulären auf der Hand. Zum Vergleich mit der Differenztheorie der modernen Sprachwissenschaft siehe *Reckwitz*, S. 53; der Begriff des Distinktionsgewinns wurde insb. von Bourdieu geprägt: zu den negativen Folgen einer solchen Singularisierung in der Gesellschaft siehe bspw. *Kinnert*, S. 49 unter dem Begriff der „kollektiven Vereinzelung".

[98] *Reckwitz*, Singularitäten, S. 53.

[99] *Reckwitz*, Singularitäten, S. 78.

[100] *Reckwitz*, Singularitäten, S. 54.

[101] *Reckwitz*, Singularitäten, S. 51: „Innerhalb einer sozialen Logik der Singularitäten sind die Besonderheiten nicht auf ein Schema des Allgemeinen zurückführbar, sondern erscheinen als einzigartig und werden als solches zertifiziert. Wenn das Allgemein-Besondere die Va-

- *Nicht zwingend einmalig*: Die Einmaligkeit ist keine unerlässliche Voraussetzung für Singularitäten. Eine technische Reproduzierbarkeit schliesst das Singularitätsmerkmal nicht von vorherein aus. So kann z. B. auch die Bibel, trotz der massenhaften Reproduktion, als singuläres Buch klassifiziert werden. In den Gesellschaften der Singularitäten gehört es gerade dazu, dass singuläre Einheiten in der Vielzahl auftreten. Dies ist die Konsequenz der Prädominanz der sozialen Logik des Besonderen in der Spätmoderne. Diese Massensingularisierung wird, wie oben gesehen, durch eine maschinelle Infrastruktur unterstützt.

Zusammenfassend lassen sich Singularitäten somit als Entitäten definieren, „die innerhalb von sozialen Praktiken als besonders wahrgenommen werden [...]“.[102] Diese Zuschreibung von Singularität lässt sich grundsätzlich auf alle Einheiten des Sozialen übertragen.[103] Im Zusammenhang mit dem personalisierten Recht rückt insbesondere die Frage nach dem Subjekt in den Fokus, der sich die folgenden Ausführungen widmen. Ausgangspunkt der Überlegungen ist die Annahme, dass sowohl die Forderung nach einem personalisierten Recht als auch dessen Legitimationsgrundlage wesentlich von der Emergenz des neuen Gesellschaftssubjekts getragen werden. Charakteristisch für dieses spätmoderne Subjekt ist insbesondere das Bewusstsein seiner Singularität, aus dem heraus es zunehmend systematische Einwände gegenüber der normativen Gleichbehandlung erhebt.

Das Subjekt der Spätmoderne – keine Unterordnung

Das Subjekt erlangt die Qualität des Singulären, wie oben festgestellt, wenn es innerhalb sozialer Kontexte als einzigartig wahrgenommen wird. Zum einen strebt das spätmoderne Subjekt selbst danach, als singulär zu gelten, zum anderen wird diese Singularität durch einen neuen sozialen Imperativ eingefordert. In anderen Worten liegt eine Situation des *nolens volens* vor, in welcher das Individuum sowohl willentlicher Ausgangspunkt als auch Produkt des gesellschaftlichen Wandels in der Spätmoderne ist.

Was den *volens*-Aspekt anbelangt, so haben die Auseinandersetzungen mit der Selbstbestimmung und Selbstentfaltung dazu geführt, dass der Mensch das Anders-Sein wahrnimmt, einfordert und auslebt. Das Subjekt der Spätmoderne bricht in diesem Sinne mit dem modernen Ideal der Gleichheit und „erlangt jenseits aller Typisierungen [...] eine anerkannte Eigenkomplexität“.[104] Dazu gehört, dass sich das Subjekt nunmehr „gegen eine Reduktion auf Funktionsrollen oder Herkunfts-

---

riationen des Gleichen bezeichnet und die Idiosynkrasie die vorsoziale Eigentümlichkeit, dann ist die Singularität sozialkulturell fabrizierte Einzigartigkeit.“

[102] *Reckwitz*, Singularitäten, S. 50 f.

[103] Das heisst auf Objekte, Subjekte, Orte, Ereignisse oder Kollektive. Zu den Einheiten des Sozialen, siehe *Reckwitz*, Singularitäten, S. 37 ff.

[104] *Reckwitz*, Singularitäten, S. 59.

gruppen [sperrt]".[105] Damit bewirkt die Singularisierung gegen innen eine sozial fabrizierte Nichtverallgemeinerbarkeit, Nichtaustauschbarkeit und Nichtvergleichbarkeit (Eigenkomplexität) und gegen aussen eine Markierung von Differenzen.

Die Singularisierung bedeutet aber auch (insbesondere für die sogenannte neue Mittelklasse als neue kulturell dominante Gesellschaftsklasse, die sich dadurch auszeichnet, dass sie hochqualifiziert, urban und flexibel ist)[106] die *unbedingte* Modellierung eines authentischen und erfolgreichen Lebensstils (*nolens*-Aspekt). Dieser Lebensstil ist gekennzeichnet durch ästhetische und einzigartige Elemente sowie einen stetigen sozialen Kampf um Anerkennung, der nur über die *Singularisierung* gewonnen werden kann.

Das Porträt des singulären Subjekts in der Spätmoderne erweist sich angesichts dessen, was bisher erläutert wurde, als unvereinbar mit Gemeinschaftserwägungen, Kollektivdenken oder Gleichbehandlungsregeln. Das so skizzierte singuläre Subjekt kann sich nur schwer in ein einheitliches Ganzes und Gleiches integrieren. Darin unterscheidet es sich vom autonomen Subjekt der Moderne. Während in der Moderne die Individuen zwar als freie und autonome Willenssubjekte verstanden werden, bleiben sie in ein übergeordnetes Ganzes eingebunden.[107] Diese Einbindung erfolgt u. a. durch normative Gleichbehandlungsregeln, die für alle Bürger und Bürgerinnen gelten, und stellt zugleich eine Antwort auf das Inklusionsproblem dar, das sich aus der Zugehörigkeit zu unterschiedlichen sozialen Schichten in modernen Gesellschaften ergibt.[108]

In den spätmodernen Gesellschaften ist es ein anderes Inklusionsproblem, das die Subjekte beschäftigt. Denn während es dem bürgerlichen Subjekt, das an Statuskategorien gebunden ist, darum geht, gleichermassen am sozialen Leben teilzuhaben – eine Inklusion, die durch die Unterordnung in eine statusunabhängige, integrative Rechtsordnung ermöglicht wird –, fordert das spätmoderne Subjekt die Berücksichtigung seiner Einzigartigkeit und Nichtvergleichbarkeit. Es sperrt sich damit gegen eine Gleichbehandlung durch das Recht, gegen die Eingliederung bzw. Unterwerfung (so zumindest aus der Sicht des spätmodernen Subjekts) in eine verallgemeinernde Rechtsordnung und gegen die damit verbundene Missachtung seiner Singularität. Weil die Rechtsordnung verallgemeinert, sieht sie gerade über jenes Merkmal hinweg, welches das Wesen des spätmodernen Subjekts im Kern ausmacht: seine Singularität. Eine derartige Rechtsordnung verfehlt es somit, die Einzigartigkeit des singularisierten Subjekts zu berücksichtigen und dessen spezifische Identität sowie individualisierte Ansprüche angemessen zu adressieren.

---

[105] *Reckwitz*, Singularitäten, S. 59.

[106] *Reckwitz*, Subjekt, S. 180 f., und *Ders.*, Illusionen, S. 90 ff.

[107] Zur Unterscheidung zwischen dem autonomen Individuum und seiner Eingliederung in eine übergeordnete Einheit, siehe *Abegg*, S. 58.

[108] *Luhmann*, Recht der Gesellschaft, S. 116.

In der Spätmoderne wirken das Kreativitätsdispositiv sowie die gesellschaftliche Prämierung des Singulären als transformative Kräfte, die das idealtypische Korsett des *rational actor* bzw. des formal-abstrakten Rechtssubjekts aufbrechen. Die Zweckrationalität wird zunehmend durch Kreativität ersetzt, während Abstraktion und Gleichbehandlung durch die Aufwertung von Singularität und Personalisierung abgelöst werden. So geht es für das spätmoderne Subjekt nicht mehr darum, „an den rationalisierten Lebensführungen und den rationalen Institutionen teilzunehmen".[109] Das Rationalisierungsnarrativ der Moderne und die damit einhergehende Entzauberung der Welt haben nunmehr zu einem Motivations- und Sinnverlust geführt, auf welche das Subjekt in der Spätmoderne mit dem Kreativitäts- und Singularisierungswunsch antwortet.[110]

Die Rationalisierungsprozesse versprachen Ordnung, Stabilität und Effizienz. Sind diese Ziele jedoch erreicht – sind also der Mangel und die Unordnung gebannt –, rückt die Motivations- und Sinnfrage in den Vordergrund. Wenn alles erreicht ist, um das Eingangszitat dieses Kapitels wieder aufzunehmen, d.h., wenn alle Wissenschaften bis zu Ende gedacht, die Dinge kategorisiert und systematisiert sind, beginnt die Entfaltung des Einzigartigen, sprich die Singularisierung.[111] Das meint Reckwitz, wenn er, zwar zunächst etwas relativierend, aber dann umso bestimmter, sagt, dass „[d]as Sinn- und Motivationsproblem, auf das die Kulturalisierung antwortet, generell so präsent [ist] wie das Effizienz- und Ordnungsproblem – und sobald die Effizienz- und Ordnungsprobleme weniger dringlich geworden sind, tritt es sogar in den Vordergrund".[112] Was die spätmodernen Gesellschaften und ihre Subjekte umtreibt, sind also weniger Effizienz- und Zwecküberlegungen als vielmehr die Sinnlücken, die sie mit der Kulturalisierung und Singularisierung des Sozialen zu füllen versuchen.[113]

III. Bedeutung für das personalisierte Recht

Doch was bedeuten die Singularisierungsprozesse in den spätmodernen Gesellschaften für das Recht genau? Reckwitz bleibt hier, anders als bei der Beschreibung anderer Bereiche der Gesellschaft, ungenau. Zwar hält er für die Moderne fest, dass „Recht und normative Rationalisierung eine grundsätzliche juridische Gleichheit, aber auch psychische Gleichartigkeit der Subjekte als eigenverantwortliche und normbefolgende [voraussetzen]",[114] doch entzieht er im Kontext spätmoderner Singularisierungsprozesse das Recht gleichwohl einer vergleichbaren Transforma-

[109] *Reckwitz*, Kreativität, S. 317.

[110] *Reckwitz*, Kreativität, S. 314 ff.

[111] Vgl. hierzu *Tarde*, S. 74.

[112] *Reckwitz*, Singularitäten, S. 87.

[113] *Reckwitz*, Kreativität, S. 86 f.

[114] *Reckwitz*, Singularitäten, S. 35 ff.

tionsdynamik. Dem scheint eine Auffassung des Rechts zugrunde zu liegen, wonach das Recht einen weitgehend stabilen und gegenüber sozialen Wandlungsprozessen resistenten Bereich darstellt – eine Art Relikt der Moderne, das jeder strukturellen Transformation entkommt.

Hinweise für Reckwitz' unterschiedliche Behandlung des Rechts könnte sein Umgang mit den Begriffen *Moral* und *Ethik* geben. „Es verhält sich nämlich kurz gesagt so", führt Reckwitz in die Begrifflichkeiten ein,

> „dass das Register der Moral zur Logik der (normativen) Rationalität gehört, das Register des Ethischen hingegen zur Logik der Kultur. Die Moral partizipiert insofern an der sozialen Logik des Allgemeinen, als ihre Prinzipien und Imperative allgemeingültigen, möglichst universalen Charakter haben und (somit) zur Grundlage eines normativen Systems werden können. Sie ist strikt anti-affektiv und verlangt, dass ihren Prinzipien ohne Wenn und Aber Folge geleistet wird, notfalls widerstrebend und möglichst ohne Gefühlsregung. Das Ethische hingegen partizipiert an der sozialen Logik des Besonderen und ist bezogen auf Lebensformen als Geflechte von Praktiken, die von den Teilnehmern als Ausdruck des intrinsisch Guten begriffen werden. Das Ethische wendet sich nicht an alle, sondern kommt als Dimension der Singularisierung in Form von Individualethiken und partikularen Gruppenethiken vor. Es kann im Extrem das Gute sakralisieren und ist – in Gegensatz zum Moralischen – in der Regel mit einer narrativen und einer ästhetischen Qualität verwoben."[115]

Reckwitz zufolge bleibt die Verschiebung der sozialen Logik vom Allgemeinen hin zum Singulären im Bereich des Rechts weitgehend ohne spürbare Auswirkungen. Das Recht operiert weiterhin, trotz der folgenschweren Umwälzungen in allen anderen Bereichen der Gesellschaft ab den 1970er-Jahren, nach dem altbekannten Schema der Generalisierung und Formalisierung. Die Singularisierung vollzieht sich demnach in einer von der Moral und vom Recht abgetrennten Sphäre, nämlich in jener der Ethik.[116]

Nach der hier vertretenen Auffassung bleibt jedoch unklar, warum gesellschaftliche Entwicklungen zwar die Ethik, nicht aber das Recht erreichen. So ist zum einen aus einer systemtheoretischen Perspektive das Recht, genauso wie die Wirtschaft (vgl. die Ökonomie des Besonderen), ein gleichwertiger und integraler Bestandteil der Gesamtgesellschaft.[117] Grundlegende soziale Transformationsprozesse

---

[115] *Reckwitz*, Singularitäten, S. 90.

[116] Somit unterscheidet sich zwar Reckwitz' Moralbegriff nicht von jenem Menkes, aber dafür umso mehr sein Ethikbegriff. Denn anders als Reckwitz versteht etwa Menke in Anlehnung an Luhmann die Ethik nicht als etwas grundsätzlich anderes als die Moral, sondern lediglich als deren Reflexionstheorie. Vgl. *Menke*, Spiegelungen, S. 3 f., 8 und Fn. 6 mit Verweis auf Luhmann.

[117] Zum Verhältnis von Recht und Gesellschaft, d. h. von Normen und sozialen Fakten, gibt es im Grundsatz zwei methodische Ansätze: Der erste besagt, dass zwischen den beiden eine Wechselwirkung besteht. Der zweite, dass es sich um zwei voneinander unabhängige Sphären handelt. Für Ehrlich, der als Begründer der Rechtssoziologie gilt, ist die Rechtssoziologie gar die eigentliche und einzige Aufgabe der Rechtswissenschaft. Seine soziologische Jurisprudenz untersucht die Wechselwirkungen zwischen Recht und Gesellschaft, um daraus rechtsevolut-

betreffen somit auch immer das Recht. Zum anderen stehen auch ethische Überlegungen in einer Interdependenz zur Rechtsauffassung. Diese Annahmen lassen sich nicht nur theoretisch begründen, sondern finden auch praktische Bestätigung. Gerichte verdeutlichen regelmässig die enge Verflechtung von Gesellschaft und Recht. So hob das Bundesverfassungsgericht in einem Urteil im Zusammenhang mit § 218 des deutschen StGB die weitreichenden Implikationen hervor, die soziale Prozesse und ethische Bewertungen auf das Rechtssystem ausüben. Dabei behandelte das Gericht soziale und ethische Erwägungen als ineinandergreifende Dimensionen der rechtlichen Bewertung. So hielt es z. B. fest, dass „[d]as Gesetz nicht nur Instrument zur Steuerung gesellschaftlicher Prozesse nach soziologischen Erkenntnissen und Prognosen [ist], es ist auch bleibender Ausdruck sozialethischer und – ihr folgend – rechtlicher Bewertung menschlicher Handlungen; es soll sagen, was für den Einzelnen Recht und Unrecht ist“.[118]

Da aber nun für Reckwitz die spätmodernen Singularisierungsprozesse sowohl Moral- als auch Rechtsvorstellungen unberührt lassen, stellt sich für ihn im Hinblick auf die neue Gesellschaftslogik auch nicht die Frage nach einem spezifischen Funktionsverständnis des Rechts. Dabei ist es doch kein Zufall, dass ausgerechnet in der Spätmoderne die Idee eines personalisierten Rechts aufkommt. Es liegt auf der Hand, dass die Forderungen nach einer normativen Berücksichtigung der Besonderheiten der einzelnen Subjekte ganz im Zeichen ebendieser sozialen Singularisierungsentwicklungen stehen.

Im Folgenden kann daher nur von einem Ethikbegriff als „Metareflexion“ der „moralischen Einstellung“, wie ihn auch Menke verwendet, ausgegangen werden.[119] Moral und Recht, genauso wie die Ethik und andere Bereiche der Gesellschaft sind allesamt innerhalb der gesellschaftlichen Prozesse der Spätmoderne zu denken. Legt man dem Recht und der Moral dieses Verständnis zugrunde, so bedarf es vor

---

orische Erkenntnisse zu ziehen. Er kritisierte damit die zu seiner Zeit und bis heute dominierende positivistische Jurisprudenz, welche die Rechtswissenschaft als eine Disziplin, die sich auf die Gewinnung von Rechtssätzen und deren Systematisierung bezieht, versteht. Die Gewinnung von Rechtsätzen durch Abstraktionen und das logisch folgerichtige Zusammenbringen dieser Rechtssätze in ein Rechtssystem ist für ihn gar keine Wissenschaft, sondern lediglich eine Technik im Sinne eines Handwerks. Denn Normen haben keinen wissenschaftlichen Zugang. Das Recht muss vielmehr als eine gesellschaftliche Tatsache betrachtet werden und erst als solches ist es der Wissenschaft zugängig. Hierfür entwickelte er den Begriff des lebenden Rechts (*Ehrlich*, S. 382 ff.). Die zweite Perspektive auf das Verhältnis von Recht und Gesellschaft besagt, dass zwischen der juristischen und soziologischen Methode eine kategorische Gegensätzlichkeit besteht. Dies wird insbesondere von Kelsen in seiner reinen Rechtslehre vertreten. Seine Rechtslehre nennt sich deshalb rein, weil sie strikt zwischen Faktischem und Normativem und damit zwischen Gesellschaft und Recht unterscheidet. In seiner Theorie ist das Recht ein autonomes System (*Kelsen*, Über Grenzen, S. 35 ff.). Anders als später in der Systemtheorie Luhmanns ist bei Kelsen die Norm, das Sollen, gerade keine der Empirie zugängliche Einheit. Deshalb warnte er vor einer soziologischen Jurisprudenz, die das Recht als „a piece of reality given by nature“ betrachtet (*Aufricht*, S. 31).

[118] BVerfGE 39, 1 (59).

[119] *Menke*, Spiegelungen, S. 8.

dem Hintergrund der umgreifenden Neuorientierung am Besonderen und Singulären in Ethik und Gesellschaft auch einer rechtswissenschaftlichen Korrektur.[120]

Die spätmoderne Orientierung an Singularitäten ist daher sowohl in einem ethischen als auch im sozial- und rechtswissenschaftlichen Diskurs verankert. Im Ergebnis führt dies dazu, dass die Gleichheitsidee der Moderne ihren Vorranganspruch an die Idee der Eigentümlichkeit abgibt, die „moderne" Person („*rational actor*")[121] ihre abstrakte Zusammensetzung an das spätmoderne, singulär verfasste Subjekt[122] verliert und, wie im Folgenden zu zeigen sein wird, das Recht seinen generell-formalen Charakter zugunsten der individuell-konkreten Beschaffenheit eines personalisierten Rechts einbüsst.

Denn auch in einer rechtsinternen Untersuchung geht es zunächst um die Frage, wie sich in der Spätmoderne Haupt- und Nebenziel verschieben. Während diese Verschiebung unter einem rechtsphilosophischen Gesichtspunkt bedeutet, dass „das Verstehen von Individualitäten bzw. Eigentümlichkeiten" das Hauptziel der Gerechtigkeitsidee bildet,[123] und in einer soziologischen Betrachtungsweise, dass die Orientierung am Besonderen die soziale Struktur dominiert, zeichnet sich zur gleichen Zeit auch in der rechtsinternen Logik eine entsprechende Verschiebung ab. Bei dieser geht es konkret um eine normative Neuorientierung *am Konkreten.*

Dass die juristische Neuorientierung hin zum Konkreten zeitgleich mit philosophischen und soziologischen Umbrüchen stattfindet, ist dabei keine zufällige Koinzidenz. Diese Entwicklung zeigt einmal mehr, dass der Wandel im Recht nicht isoliert verläuft, sondern in einen grösseren interdisziplinären und sozialen Kontext eingebettet ist. In diesem Sinne kennt die Rechtsmethodik bereits Umwertungen in Richtung des Konkreten. Weil aber das personalisierte Recht auf eine spezifische Form der Konkretisierung abzielt, soll im Folgenden zunächst eine Abgrenzung zu bestehenden juristischen Methoden vorgenommen und mögliche Anschlussstellen aufgezeigt werden.

---

[120] Vgl. zudem *Engisch*, Die Idee, S. 193 f.: „Ist es richtig, dass es ein Kennzeichen der Geistes- und Kulturwissenschaften ist, individualisierend zu sein, so sollte man auch bei der Rechtswissenschaft und ihrem Gegenstand: dem Recht mit individualisierenden Konkretisierungen bzw. mit Individualitäten und Konkretionen rechnen dürfen."

[121] *Hutter/Teubner*, S. 141.

[122] Vgl. hierzu eingehend den 3. Teil.

[123] *Menke*, Spiegelungen, S. 26.

D. Rechtsmethodische Neuorientierung am Konkreten[124]

„Die menschlichen Geschichten, die sich nach unserer Wahrnehmung ereignen, sind ja so vielfältig und so unvorstellbar seltsam, dass weder die Fantasie noch das Erfahrungswissen eines Gesetzgebers ausreichen, um sie auch nur annährend einzufangen.“[125]

In der juristischen Arbeit sind Sachverhalte nicht unmittelbar zugänglich. Das liegt daran, dass es sich bei den zu bearbeitenden Fällen nicht um juristische, sondern um *Lebens*sachverhalte, d.h. um „menschliche Geschichten“ handelt. (Gesetzes-)Texte und Sachverhalte stehen stets in einer gewissen unüberwindbaren Distanz zueinander. Aus diesem Grund ist der Gesetzestext allein für die Anwendung des Rechts nicht ausreichend. Vielmehr erfordert das Funktionieren des modernen Rechts immer auch eine ergänzende interpretative Arbeit, die den normativen Rahmen mit der konkreten Lebenswirklichkeit verbindet.[126]

Demgegenüber erhebt das personalisierte Recht den Anspruch, eine rechtliche Antwort auf diese Diskrepanz bereitzuhalten. Es soll in der Lage sein, den realen Sachverhalt zu erfassen und, in Anlehnung an das obige Zitat, die menschlicher Lebenswirklichkeiten rechtsrelevant *einzufangen*. Im Gegensatz zum modernen Recht, das den Sachverhalt in abstrahierter und formalistischer Weise erschliesst, scheint das personalisierte Recht eine direkte und unmittelbare Zugänglichkeit des Sachverhalts zu ermöglichen.

Diese Gegenüberstellung wirft die Frage auf, inwieweit das personalisierte Recht tatsächlich an bestehende Interpretationskonzepte der juristischen Methodenlehre anschliesst. Die Methodenlehre kennt im Grundsatz zwei Modelle: zum einen das Subsumtionsmodell und zum anderen das Konkretisierungsmodell.[127]

---

[124] Wie noch zu zeigen sein wird, geht die Neuorientierung am Konkreten über das Subsumtionsparadigma hinaus, wonach die Rechtsentscheidungen in den generell-abstrakten Rechtssätzen bereits vorgezeichnet sind und nur noch auf den *konkreten* Fall angewendet werden müssen, vgl. hierzu *Röhl*, S. 44 f.

[125] Vorwort von Gauch bei *Abegg/Amstutz/Karavas*, S. 1.

[126] Mit der Rechtsanwendung und der damit einhergehenden Interpretation eines Gesetzestextes beschäftigt sich grundsätzlich die juristische Methodenlehre (*Vesting*, S. 116 ff.).

[127] *Vesting*, S. 117 f.: „Für einen ersten Zugriff können dabei das herkömmlicherweise dem rechtswissenschaftlichen Positivismus zugeschriebene ‚Anwendungs- und Subsumtionsmodell‘ auf der einen Seite und das im Anschluss an die juristische Hermeneutik des 20. Jahrhunderts formulierte ‚Konkretisierungsmodell‘ auf der anderen Seite unterschieden werden.“ Zum Letzteren gehört sodann auch das Konzept des Methodenpluralismus, wonach das Gesetz anhand von grammatikalischen, historischen, teleologischen und systematischen Methoden ausgelegt werden soll (siehe bei *Hänni*, S. 29 ff.). Der pragmatische Methodenpluralismus besagt, dass zwischen diesen verschiedenen Auslegungselementen keine bestimmte Randordnung besteht, sondern ein pragmatischer Ansatz verfolgt wird (grundlegend dazu BGE 141 III 195 E.2.4 oder auch BGE 131 III 314, E. 2.2: „Im Übrigen sind bei der Auslegung alle herkömmlichen Auslegungselemente zu berücksichtigen, wobei das Bundesgericht einen pragmatischen Methodenpluralismus befolgt und es ablehnt, die einzelnen Auslegungselemente einer Prioritätsordnung zu unterstellen“). Im rechtstheoretischen Diskurs finden sich

Im klassischen Subsumtionsmodell bedeutet die Interpretation des Rechts nach einer Definition Vestings die

> „Anwendung des Gesetzes auf einen gegebenen Fall. Oder umgekehrt: Subsumtion des Tatsachenmaterials eines Rechtsfalls unter das Gesetz. Die Anwendung von Rechtsnormen und Gesetzestexten erfolgt hier im Wege eines logisch zwingenden Verfahrens, welches nach dem Muster des deduktiven Syllogismus (von gr. syllogizesthai, zusammenbrechen) als Schluss von einem weiteren auf einen engeren Begriff angelegt ist [...]".[128]

Der deduktive Syllogismus bezeichnet den Prozess, bei dem ein Sachverhalt durch Reduktion auf seine wesentlichen Merkmale in Beziehung zu allgemeinen gesetzlichen Tatbeständen gesetzt wird. Dabei wird das Besondere des Einzelfalls abstrahiert, um eine Vergleichbarkeit und Gleichsetzung mit normativ vorgegebenen Strukturen zu ermöglichen. Wenn Subsumtion nämlich bedeutet, wie Engisch anmerkt,

> „dass wir den zu subsumierenden Sachverhalt ‚im ganzen' oder wenigstens in seinen ‚wesentlichen Beschaffenheiten' gleichsetzen denjenigen Fällen, die zweifellos durch den gesetzlichen Tatbestand gemeint und betroffen sind, so läuft die Subsumtion stets hinaus auf Herausnahme aus der Isolierung, aus der Einzigartigkeit, auf Vergleichung, Gleichsetzung, Ausscheidung unwesentlicher [...] Besonderheiten, also kurz: auf Abstraktion".[129]

Anders verhält es sich im Konkretisierungsmodell. Im Gegensatz zum Subsumtionsmodell erschöpft sich hier die Interpretationsarbeit nicht bereits in der blossen Einordnung eines Falls unter eine abstrakte Rechtsnorm. Für die Verbindung des normativen Rahmens auf den (Lebens-)Sachverhalt wird nicht einfach auf das de-

---

zudem alternative Interpretationen des pragmatischen Methodenpluralismus, die hier deshalb erwähnenswert sind, weil sie die Orientierung am konkreten Fall und die normative Erfassung der Eigentümlichkeit als primäre Orientierung für pragmatische Wahl der möglichen Auslegungselementen halten. Mit diesen Ansätzen, die alle miteinander der Grundsatz von *ex facto ius oritur* (aus den Tatsachen entsteht das Recht) verbindet, hat sich etwa Amstutz in seinem Aufsatz „Ouroboros" beschäftigt. Darin macht er zunächst auf Walters und seinen Verweis auf die bundesgerichtliche Formel aufmerksam, die wie folgt lautet: „Die Gesetzesauslegung hat sich vom Gedanken leiten zu lassen, dass nicht schon der Wortlaut die Norm darstellt, sondern erst das an Sachverhalten verstandene und konkretisierende Gesetz" (Amstutz mit Verweis auf BGE 133 III 273, 278 [Hervorhebung durch Amstutz]). Damit spricht sich Walter allem Anschein nach dafür aus, dass bei der Wahl oder Priorisierung der Methode der konkrete Fall das entscheidende Kriterium darstellen sollte. Es bleibt allerdings unklar, wie Amstutz bemerkt, wie sich das Kriterium auf die Methodenpriorisierung genau verhält (*Amstutz*, „Ouroboros", S. 29 mit Verweis auf *Walter*, S. 161 ff.). In diesem Zusammenhang hat sich Schluep mit Bezug auf die Formel *ex facto iuris oritur* etwas konkreter befasst, wie Amstutz weiter anführt: „Seiner Auffassung nach läuft die Sinnermittlung gemäss bundesgerichtlichem Methodenpluralismus stets ‚im Blick auf das Verhalten in einem konkreten [Fall] ab'. Oder anders gewendet: ‚Der letzte Sinn eines generell-abstrakten Rechtssatzes verwirklicht sich immer in konkreten Sachverhalten'." (*Amstutz*, „Ouroboros", S. 29 f. mit Verweis auf *Schluep*). Die Funktion des Methodenpluralismus ist demnach allen voran die „Ermittlung des Sinnes einer Norm aus dem ‚Fall'" und den Fakten (*Amstutz*, „Ouroboros", S. 30).

[128] *Vesting*, S. 117 f.

[129] *Engisch*, Die Idee, S. 199 f.

duktive Verfahren abgestellt, indem von allgemeinen Prinzipien auf den konkreten Einzelfall „geschlossen" wird. Das Konkretisierungsmodell geht über ein rein deduktives Verfahren hinaus und stellt eine eigene Form der Rechtsgewinnung dar. Dabei wird betont, dass die Arbeit mit den (Gesetzes-)Texten *produktiv* ist. In diesem Sinn wird die Rechtsnorm als ein flexibel anzuwendendes Instrument verstanden, das in der Wechselwirkung mit dem Sachverhalt eine präzisere rechtliche Bewertung ermöglicht. Auf diese Weise kann das Konkretisierungsmodell eine differenziertere und kontextbezogenere Rechtsanwendung gewährleisten, die den Besonderheiten des Einzelfalls stärker Rechnung trägt. Vesting bringt den Unterschied zum Subsumtionsmodell wie folgt zum Ausdruck:

> „Dagegen besteht bei den Anhängern des Konkretisierungsmodells Einigkeit darüber, dass eine jenseits rein logischer Schlussverfahren angesiedelte juristische Argumentation vor allem auf Grund der Unbestimmtheit der Rechtsnormen unumgänglich ist [...] Jedenfalls geht die Methodenlehre davon aus, dass die Rechtsinterpretation selbst produktiv ist, dass diese sozusagen ihre eigene Rechtsschöpfung ist; nur vereinzelt wird heute noch an einer strikt deduktiven Vorstellung von Rechtsanwendung festgehalten. Um diesen Unterschied zum rechtspositivistischen Anwendungs- und Subsumtionsmodell auch sprachlich zum Ausdruck zu bringen, ist seit den 1960er Jahren statt von ‚Auslegung' oder ‚Interpretation' von ‚Rechtsgewinnung', ‚Rechtsarbeit', ‚juristische Argumentation' oder eben von ‚Rechtskonkretisierung' die Rede."[130]

Die Ablösung der rein deduktiven Subsumtion durch das produktive Modell der Konkretisierung erfolgte nicht zufällig ab den 1960er-Jahren, also nahezu zeitgleich mit dem von Reckwitz postulierten Paradigmenwechsel in der sozialen Logik. Diese Epoche markiert zudem eine zunehmende Öffnung der Rechtswissenschaft für sozialwissenschaftliche Erkenntnisse, die nunmehr verstärkt in die juristische Methodik einfliessen.[131] Diese Entwicklungen verdeutlichen erneut, dass der Wandel in der Rechtsmethodik nicht isoliert, sondern als Teil gesamtgesellschaftlicher Transformationsprozesse zu verstehen ist. In diesem Kontext erscheint es daher sinnvoll, das personalisierte Recht – zumindest in einem ersten Schritt – als Fortführung dieser methodischen Entwicklungen zu betrachten.

I. *apostrophé*

Die bisherigen Überlegungen lassen erkennen, dass sowohl die verstärkte Rezeption sozialwissenschaftlicher Erkenntnisse als auch das zunehmende Interesse

---

[130] *Vesting*, S. 117 f.

[131] Auch Röthel vermerkt eine Zunahme ab den 1970er-Jahren des sozialwissenschaftlichen Einzugs ins Recht (*Röthel*, S. 10). Mehr dazu auch bei *Friedman/Raiser*, Das lebende Recht. Ebenso wenig zufällig entstand nur wenige Jahre später Fikentschers Fallnormtheorie, die eine vergleichbare Umkehrung im Sinne des Konkretisierungsmodells postuliert (*Fikentscher*, Methoden des Rechts 4, S. 202 ff.; *Ders.*, Fallnorm, S. 161 ff.). Hierzu aber weiter unten mehr.

an einer stärkeren Konkretisierung des Rechts die juristische Methodenlehre nachhaltig geprägt haben. In diesem Zusammenhang gewinnt das Konzept der *Normkonkretisierung* an Bedeutung,[132] das sich im Grundsatz um eine genauere Auseinandersetzung mit den spezifischen Gegebenheiten des Einzelfalls bemüht. Vor diesem Hintergrund erscheint es lohnend, die daraus resultierenden Entwicklungen weiter zu betrachten und ihre möglichen Implikationen für das personalisierte Recht zu reflektieren. Die Normkonkretisierung hat dabei in rechtsmethodischer Hinsicht mehrere Bedeutungen. Röthel unterteilt die Normkonkretisierung in eine Normverwirklichung, Normerzeugung und Normausfüllung:[133]

- *Konkretisierung als Normverwirklichung*: Diese Art der Konkretisierung nimmt Bezug auf Kelsens' Konkretisierungsverständnis, wonach „[j]eder Schritt in der Normenhierarchie nach unten sowie jede ‚Anwendung' des Gesetzes durch Richterspruch oder Verwaltungsakt sich als Schritt der Konkretisierung verstehen [lässt]".[134] Die Normkonkretisierung als Normverwirklichung meint die hinabsteigende Normverwirklichung zum Zweck der Begründung der Legalität des jeweils nachfolgenden Rechtsaktes.[135]
- *Konkretisierung als Normerzeugung*: Bei dieser Konkretisierungsart handelt es sich um einen hermeneutischen Ansatz der Normkonkretisierung.[136] Er unterscheidet sich von der *Konkretisierung als Normverwirklichung* dadurch, dass sich die Anwendung des Rechts nicht in der blossen Reproduktion von Normtexten erschöpft, sondern diese stets von einer interpretativen Arbeit abhängt. Dabei wird die Norm nicht isoliert und auch nicht prinzipiell als vorrangig (kein *lex ante casum*) betrachtet, sondern stets im Hinblick auf die Anwendungsfrage, sprich stets im Zusammenspiel mit den konkreten Sachverhaltselementen des Einzelfalls.

  Zu dieser Konkretisierungsform können auch Müller mit seiner dafür entwickelten strukturierenden Rechtslehre[137] und Fikentscher mit der Fallnormtheo-

[132] Dies, obwohl die Konkretisierung im Recht eine dunkle Vergangenheit hat. Sie stand nämlich lange Zeit für ein Instrument von „gesetzeskorrigierender, nationalsozialistischer ‚Rechtserneuerung'" (*Röthel*, S. 8, 10 ff.). Dazu gehörte auch die Proklamation einer neuen „Rechtsidee" (*Rüthers*, S. 556 ff.); vgl. ferner *Agamben*, S. 13. Die Rehabilitation des Konkretisierungsgedankens gelang, wie Röthel anmerkt, schliesslich *Engisch* mit seinem Buch „Die Idee der Konkretisierung im Recht und Rechtswissenschaft unserer Zeit" (*Röthel*, S. 9; siehe auch das Vorwort der 1. Auflage bei Engisch, wo der Konkretisierungsbegriff in all seinen Facetten der juristischen Anwendungsthematik dargestellt wird).

[133] *Röthel*, S. 14 ff.

[134] *Röthel*, S. 15.

[135] *Röthel*, S. 15, vgl. auch *Kelsen*, Rechtslehre, S. 75 ff.

[136] *Röthel*, S. 16.

[137] Weil Müller unter Methodik die „Analyse der Struktur rechtlicher Normativität und der grundsätzlichen Bedingungen juristischer Konkretisierung" versteht, heisst diese Rechtslehre „strukturierende Rechtslehre" (*Vesting*, S. 117).

rie[138] gezählt werden. Wie wir noch sehen werden, bietet sowohl die strukturierende Rechtslehre als auch die Fallnormtheorie relevante Bezugspunkte für das personalisierte Recht.

- *Konkretisierung als Normausfüllung*: Diese Konkretisierungsform betrifft die nachträgliche Verdeutlichung von unbestimmten Gesetzesbegriffen oder Generalklausen. Es geht um ein Verfahren, das auf die inhaltliche Ergänzung und Präzisierung unbestimmter Gesetzesbegriffe und Generalklauseln abzielt. Die Konkretisierung als Normausfüllung beschreibt im Wesentlichen den Prozess der inhaltlichen Bestimmung und Präzisierung offener Rechtsbegriffe und die systematische Zuordnung zu diesen rechtlichen Unbestimmtheiten.[139]

Während die erste Konkretisierungsmethode die Normhierarchie anspricht und die dritte die Ausfüllung von unbestimmten Rechtsbegriffen und Generalklauseln zum Ziel hat, bedeutet die *Konkretisierung als Normerzeugung* die Abkehr (griech. *apostrophé*) von der Vorstellung eines *lex ante casum*, also die Ablehnung der Annahme, wonach die Norm bereits vor der Begegnung mit dem Fall existiert.[140] Dieser Konkretisierungsart zufolge weist der Gesetzestext an sich noch keinen „idealen Bedeutungsgegenstand“ auf, wonach diese „die Fallentscheidung schon enthält“[141]. Vielmehr entsteht die normative Bedeutung erst im Prozess der Anwendung und Auslegung, indem die allgemeine Norm mit dem konkreten Sachverhalt in Beziehung gesetzt wird. Diese dynamische Betrachtungsweise findet sich auch im personalisierten Recht wieder, wie im dritten und vierten Teil noch zu zeigen sein wird. Auch im neuen Rechtstyp in der Gestalt des personalisierten Rechts existiert vor dem Ereignis eines rechtsrelevanten Sachverhalts noch keine Rechtsnorm. Die mit juristischer Verbindlichkeit ausgestattete Norm entsteht im

---

[138] *Fikentscher*, Fallnorm, S. 161 ff.

[139] *Röthel*, S. 20: „Ganz überwiegend wird Normkonkretisierung als Ausfüllung – ‚Aktualisierung‘, ‚Präzisierung‘, ‚inhaltliche Fortbestimmung‘ – von unbestimmten Gesetzesbegriffen und Generalklausen verstanden […] Diese Modellvorstellung der Normkonkretisierung hat zwei Aspekte: die generelle Charakterisierung der Normkonkretisierung als Normausfüllung und die spezifische Problemzuordnung zu bestimmten Gesetzesbegriffen und Generalklauseln.“

[140] Vgl. *Müller*, Juristische Methodik, S. 190 ff.

[141] *Christensen/Kudlich*, S. 231. Zur Auslegungslehre als implizite Sprachtheorie der Juristen, auch *Christensen/Kudlich*, S. 231: „Die klassische Auslegungslehre ist damit nicht nur ein Modell zur Rechtfertigung juristischen Handelns, sondern gleichzeitig eine Theorie sprachlicher Bedeutung. Allerdings hat sie eine wesentliche Schwachstelle. Sie beruht auf der Voraussetzung, dass sich eine volle und mit sich selbst identische Textbedeutung als sicherer Ausgangspunkt für weitere Ableitungen und juristische Entscheidungen nachweisen lässt, welche die Rechtfertigungsfrage weg vom Richter und hin zur objektiven Instanz des Gesetzes verschiebt. Wenn man ‚normativ‘ all die Umstände nennt, die der anstehenden Entscheidung ihre Richtung geben, so ist diese Normativität in der klassischen Lehre sowohl vom Entscheidungssubjekt als auch vom Argumentationsprozess vollkommen abgelöst […].“

personalisierten Recht vielmehr *ad-hoc*, d.h. im Moment der Begegnung mit dem Fall,[142] sprich auf frischer Tat (*in flagranti!*).

Für die Abkehr vom Prinzip des *lex ante casum* (wonach der Gesetzestext die Fallentscheidung bereits beinhaltet) ist insbesondere die von Müller entwickelte und oben genannte „strukturierende Rechtslehre“ zu nennen. In dieser Konzeption des Rechts wird von der Prämisse ausgegangen, wonach die Normkonkretisierung keine einfache Übertragung des Normativen, des bereits Bestehenden bzw. des Gehalts eines Rechtssatzes auf einen Sachverhalt bedeutet. Auch der Sachverhalt ist nicht etwas für das Recht im Voraus unmittelbar Zugängliches. Das Verständnis, sowohl von der normativen Aussage des Rechtssatzes als auch vom juristisch relevanten Sachverhalt, stellt vielmehr einen „einheitlichen Vorgang“[143] dar. Nach der strukturierenden Rechtslehre ist es deshalb ein „Grundirrtum, die Rechtsnorm als *vor* dem Rechtsfall vorhanden anzusehen“[144].

Dass sich die Normativität nicht einfach aus dem Gesetzestext ergibt, liegt allem voran darin, dass dieser sich am *konkreten* Fall orientiert. In Müllers Worten: „Ein Normtext ist nicht (nur) deshalb interpretationsbedürftig, weil und insofern er nicht ‚eindeutig‘, nicht ‚evident‘, weil und insofern er ‚unklar‘ ist, sondern vor allem deshalb, weil er auf einen (wirklichen oder erdachten) Fall angewandt werden muss.“[145] Gesetzestexte sagen demnach ohne die Konkretisierung auf einen Fall hin noch nichts aus: „Ohne ihnen zugeordnete (tatsächliche oder erfundene) Fälle können Normtexte überhaupt nicht zureichend beurteilt werden; auch nicht daraufhin, ob sie klar oder unklar sind. Das erweist sich immer erst beim Versuch der Konkretisierung“.[146] Zu diesem Zeitpunkt ist weder die Gesetzesnorm noch der zu beurteilende Sachverhalt vollendet. Man könnte auch sagen, dass sich Gesetzestext und Sachverhalt noch im Zustand des Werdens befinden.[147] Jedenfalls wird im Konkretisierungsprozess „nicht etwas Fertiges auf einen gleichfalls als abgeschlossen verstehbaren Sachverhalt angewandt“.[148] Gesetzestext und Sachverhalt

[142] Bzw. mit den für den Fall relevanten Daten.

[143] *Müller*, Juristische Methodik, S. 190 f.

[144] *Müller*, Juristische Methodik, S. 200; vgl. hierzu auch *Derrida*, S. 47 aus Gerechtigkeitserwägungen: „[D]amit eine Entscheidung gerecht und verantwortlich sein kann, muss sie in dem Augenblick, da sie getroffen ist […], einer Regel unterstehen und [zugleich] ohne Regel auskommen.“

[145] *Müller*, Juristische Methodik, S. 190.

[146] *Müller*, Juristische Methodik, S. 190.

[147] Vgl. hierzu auch *Derrida*, S. 78.

[148] *Müller*, Juristische Methodik, S. 190; vgl. auch *Derrida*, der die subsumtionsartige Anwendung des Gesetzestextes vor dem Hintergrund von Gerechtigkeitserwägungen thematisiert, Gesetzeskraft, S. 35: „Begnüge ich mich damit, eine angemessene, richtige Regel anzuwenden, ohne Gerechtigkeitssinn und ohne jedesmal die Regel und das Beispiel gleichsam zu erfinden, werde ich vielleicht vom Recht gedeckt, werde ich dem objektiven Recht gemäss handeln, aber ich werde nicht gerecht sein“.

vollziehen stattdessen einen Prozess der Annäherung. Dies macht die strukturierende Rechtslehre deutlich:

„Durch wechselseitige Präzisierung und Überprüfung des Normtextes am Sachverhalt und des (weder isolierbaren noch in diesem Sinn ‚abgeschlossenen') Sachverhalts am Normtext wird in einem durchgehend normtextorientierten Verfahren mit Hilfe aller hier erörterten Konkretisierungselemente herausgearbeitet, was im Einzelfall Rechtens sein soll."[149]

Dies erinnert an Engischs Hin- und Herwandern zwischen Rechtsnorm und Sachverhalt („Sieht man aber näher zu, so handelt es sich nur um eine ständige Wechselwirkung, ein Hin- und Herwandern des Blickes zwischen Obersatz und Lebenssachverhalt […]").[150] Die Annäherung vollzieht sich durch einen einheitlichen Vorgang der wechselseitigen Überprüfung von Normtext und Sachverhalt. Demzufolge handelt es sich um eine „Konkretisierung der Rechtsnorm im Ausgang von Normtext und Fall" bzw. um eine „Individualisierung [der Rechtsnorm] zur Entscheidungsformel des rechtlich noch nicht entschiedenen Sachverhalts zum entschiedenen Rechtsfall".[151] Die strukturierende Rechtslehre verdeutlicht damit, dass es nicht bei einem „blossen ‚Nachvollzug' legislatorischer Wertungen"[152] bleiben darf und dass die „Verengung einer gegebenen allgemeinen Rechtsnorm auf den Fall hin"[153] für die normative Bewertung des konkreten Falls nicht ausreicht. Vielmehr steht „das Erzeugen einer allgemeinen Rechtsnorm im Rahmen der Lösung eines bestimmten Falls"[154] im Vordergrund.[155]

Da der Gesetzestext allein nicht in der Lage ist, einen normativen Gehalt zu erfassen,[156] fungiert dieser der strukturierenden Rechtslehre zufolge lediglich als ein Zeichen, ein sogenannter „Signal- oder Anknüpfungsbegriff", der auf das hinweist, was „als Entsprechung in der sozialen Realität gedacht ist".[157] Doch stellt sich die Frage, ob mit den Konkretisierungsbestrebungen tatsächlich immer ein direkter Bezug zur sozialen Realität gemeint ist – und trifft dies auch auf das personalisierte Recht zu? Um diese Fragen zu beantworten, könnte es aufschlussreich sein, Engischs Auseinandersetzung mit dem rechtlichen Konkretisierungsbegriff beizuziehen. Es wird sich zeigen, dass der Begriff der Konkretisierung keine einheitliche Definition aufweist und sogar unterschiedliche Bedeutungen annehmen kann. Dar-

---

[149] *Müller*, Juristische Methodik, S. 190.

[150] *Engisch*, Logische Studien, S. 15.

[151] *Müller*, Juristische Methodik, S. 191.

[152] *Müller*, Juristische Methodik, S. 201.

[153] *Müller*, Juristische Methodik, S. 200.

[154] *Müller*, Juristische Methodik, S. 200; vgl. auch *Röthels* Recht als Normerzeugnis oben.

[155] Zum Ganzen *Müller*, Juristische Methodik, S. 200 ff.

[156] *Müller*, Juristische Methodik, S. 201. In Müllers Konkretisierungsmodell wird eine Differenzierung zwischen Gesetzestext und Gesetzesnormativität vorgenommen, vgl. dazu S. 202: „[…] der Normtext [ist] mit der Rechtsnorm nicht identisch". Für die vorliegenden Zwecke scheint es nicht nötig zu sein, auf diese Differenzierung explizit einzugehen.

[157] *Müller*, Juristische Methodik, S. 201.

über hinaus bleibt die Frage zu klären, welche spezifische Konkretisierung das personalisierte Recht unter der Personalisierung versteht.

II. Konkretisierung im Recht

Während die Literatur zum Abstraktionsbegriff und zu rechtlichen Abstraktionsprozessen eine breite und vielfältige Diskussion bietet, fehlt es dem Diskurs zur Konkretisierung an vergleichbarer Tiefe und Umfang. Umso wichtiger sind daher Engischs Überlegungen rund um die vielfältigen Bedeutungszusammenhänge des Konkreten in den unterschiedlichen juristischen Kontexten.[158] Bereits dem Inhaltsverzeichnis seines Buchs „Die Idee der Konkretisierung im Recht und Rechtswissenschaft unserer Zeit“ vernimmt man die Vieldeutigkeit des Begriffs der Konkretisierung. Das „Konkrete“ kann als das „Bestimmte“, in anderen Kontexten als das „Anschauliche“, das „Spezifische“ oder das „Einzelne-Singulare“ auftreten. Es kann sich aber auch als das „Ganzheitliche“, das „Unteilbar-Individuelle“ oder als das „Typische in seiner besonderen Vieldeutigkeit“ zeigen.[159] Nachfolgend werden die einzelnen Erscheinungsformen des Konkreten kurz beschrieben:

- *Konkret als das Bestimmte*: Das Konkrete wird in der juristischen Arbeit häufig mit dem Bestimmten gleichgesetzt. Dabei ist im Zusammenhang mit der richterlichen Arbeit häufig die Rede von der Bestimmung (oder auch von Spezialisierung) von Generalklauseln und sonstigen allgemeinen Formeln. Die Bestimmtheit wird dabei nicht als eine „einfache Ableitung“ des Besonderen vom Allgemeinen verstanden. Die Konkretisierung als das Bestimmte wird vielmehr durch Wertung und Abwägung gewonnen.[160] In der gesetzgeberischen Arbeit zeigt sich diese Art der Konkretisierung „überall dort, wo ‚abstrakte Ideen‘, ‚vage Pläne‘ in greifbaren Rechtsnormen ‚konkrete Gestalt‘ gewinnen sollen.“[161]
- *Konkret als das Anschauliche*: Als konkret gilt auch etwas, was anschaulich ist, sprich, was, im Gegensatz zum Abstrakten, einfach vorstellbar ist. Im modernen Formalrecht gehört das Anschauliche gerade nicht zu den zentralen Bestrebungen.[162]

---

[158] *Engisch*, Die Idee, S. 1 f.

[159] *Engisch*, Die Idee, S. 76 f., 82 f., 138, 153, 164, 202 f., 261 f.

[160] *Engisch*, Die Idee, S. 76 f.

[161] *Engisch*, Die Idee, S. 77. Die Konkretisierung zum Zweck einer Bestimmung oder Veranschaulichung ist von einer begrifflichen Bestimmung durch Definition, die wiederum durch „abstrakte Redewendungen“ geleistet wird, zu unterscheiden (*Baumgarten*, S. 206 ff., zitiert bei *Engisch*, S. 76).

[162] Hierzu hält Engisch fest: „[W]enn uns auch anschauliche Rechtsbegriffe und Rechtsinstitute lieber sind als unanschauliche, wenn wir auch im Interesse der Volkstümlichkeit des Rechts dieses im Bereich des Anschaulichen festzuhalten bestrebt sind, wenngleich wir schliesslich im Rechtsunterricht das ‚Abstrakte‘ durch anschauliche Beispiele begreiflich zu machen und zu beleben bemüht sind, so ist uns doch die Anschaulichkeit, die ‚Sinnlichkeit‘

- *Konkret als Hinwendung zum Realen*: Nach diversen Ausführungen, auf die hier nicht näher eingegangen wird, kommt Engisch bei der Konkretisierung als Hinwendung zum Realen zum Schluss, dass es darum geht, „das Mögliche zu fordern, die praktisch richtigen Mittel für einen vorgegebenen Zweck zu finden, die wahren Bedürfnisse und Interessen zu berücksichtigen, die eingewurzelten und die neu aufkeimenden Wertungen des Volkes zur Richtschnur zu nehmen".[163] Ein konkretes Recht im Sinne einer Hinwendung zum Realen ist ein Recht, das z.B. „die Sorgfaltspflicht aller Berufskreise nach den tatsächlichen Möglichkeiten des Einzelfalls" berücksichtigt, das weiter „die Zweckstrafe auf die realen Grundlagen der Persönlichkeit des Verbrechers und der Ursachen seiner Tat stellt", welches „die an einem Konflikt beteiligten Interessen ans Licht zieht".[164]
- *Konkret als das Ganzheitliche*: Das Konkrete als das Ganzheitliche darf nicht mit Prozessen des Abstrahierens verwechselt werden. Es geht hier vielmehr darum, einen Einzelfall nicht nur in seinen Einzelteilen zu betrachten. Die Konkretisierung besteht darin, den Einzelfall als Ganzes zu erfassen, wodurch unter Umständen erst seine Eigenheiten erkennbar werden.[165] Ein Beispiel für die Konkretisierung als das Ganzheitliche wäre die Betrachtung eines Mietverhältnisses, bei dem wiederholte Zahlungsverzögerungen nicht isoliert bewertet, sondern im Kontext der gesamten Umstände – wie langjähriger Vertragstreue oder temporärer finanzieller Notlage – beurteilt werden, um die Spezialität (das Konkrete in diesem Sinn) des betreffenden Falls zu erfassen.
- *Konkret als das Spezifische*: Das Konkrete als das Spezifische zielt nicht darauf ab, die rechtlichen Situationen bis in die spezifischen Details des Einzelfalls zu differenzieren, sondern darauf, diese anhand typischer Merkmale zu kategorisieren und in Gruppen einzuordnen. Dabei werden die gemeinsamen Merkmale in spezifische Kategorien übersetzt.[166] Es geht um eine Kategorisierung nach Gruppen aufgrund von geteilten Merkmalen. Ein Beispiel ist die Spezifizierung von Rechten. So können z.B. die (subjektiven) Rechte dahingehend spezifiziert werden, dass man nicht mehr von „Berechtigten" spricht, sondern von „konkreten Berechtigungen" eines Unternehmens, eines/einer Arbeitnehmenden oder eines Konsumenten bzw. einer Konsumentin.[167] Diese Konkretisierung erfolgt, indem allgemeine Rechte (wie z.B. vertragliche Rechte, Kündigungsschutz) auf bestimmte Subjekte und deren typische Rechtsverhältnisse angewendet werden. So werden die rechtlichen Situationen durch die Zuordnung zu bestimmten Ka-

des Rechts kein zentrales Anliegen mehr [...] Aber die Anschaulichkeit erscheint dabei mehr als erfreuliche Begleiterscheinung denn als eigentliches Ziel." (*Engisch*, Die Idee, S. 83).

[163] *Engisch*, Die Idee, S. 126.

[164] *Engisch*, Die Idee, S. 126.

[165] *Engisch*, Die Idee, S. 131 ff. mit Beispielen auf S. 138.

[166] *Engisch*, Die Idee, S. 153.

[167] *Engisch*, Die Idee, S. 153.

tegorien spezifiziert und das Recht erhält eine handlungsorientierte Struktur, ohne sich in der vollständigen Individualität eines Einzelfalls zu verlieren.

- *Konkret als Hinwendung zum Typus*: Der Typus ist das, was nur „vergleichsweise konkret ist"[168]. Genauso wie der Begriff des Konkreten kann auch jener des Typus unterschiedliche Formen annehmen. So kann er als „Bauplan", „nach dem ‚die einzelnen Glieder zum Ganzen der Organisation verbunden sind'",[169] als „empirischer Typus"[170], „Realtypus", „Durchschnittstypus"[171] oder auch als „*lebens*naher Typus", der sich „der Variabilität und Graduierbarkeit der Merkmale sowie dem allmählichen Übergang einer Art in die andere anpasst", daherkommen.[172]
- *Das Konkrete als das Einzelne/Individuelle*: Das Einzelne bzw. das Individuelle kann sich sowohl auf den Sachverhalt als auch auf die (Rechts-)Person beziehen. Was den Sachverhalt anbelangt, besteht die Konkretisierung im Recht darin, „die an ‚das wirkliche Rechtsleben' nicht heranreichende abstrakte Norm ‚zu Ende zu denken'".[173] Beim Konkreten als das Einzelne und das Individuelle geht es in Bezug auf den Sachverhalt also darum, „der konkret-individuellen Lagerung der Umstände des zu beurteilenden Falles, der Eigenart der rechtlich zu meisternden Situation, kurz: der Individualität des Ordnungs*objekts* gerecht zu werden".[174] Denn der allgemeine Charakter des kontinentalen Formalrechts kann unter Umständen den Gesetzeszielen „zuwider laufen". So hält etwa Hume zum Erbrecht fest:

  „Das Recht der Erbfolge kann im einzelnen Fall schädlich sein […]. Alle das Eigentum regelnden natürlichen Gesetze, ebenso wie alle bürgerlichen Gesetze, sind allgemeiner Art und fassen nur einige wesentliche Umstände der Sachlage ins Auge, ohne Rücksicht auf die Charaktere, Situationen und Verflochtenheiten der Beteiligten oder auf irgendwelche Einzelfolgen, die sich aus der Anwendung dieser Gesetze im besonderen Fall ergeben könnten."[175]

  In Bezug auf die Rechtsperson zeigen sich bei den Konkretisierungsbestrebungen als das Einzelne bzw. Individuelle zwei (gegensätzliche) Gefahren, die sich aus der Spannung zwischen Individualität und rechtlicher Ordnung ergeben: Auf der einen Seite besteht die Gefahr des liberalen Rechtssystems, das aus übertriebenem Respekt vor der individuellen Freiheit und Autonomie das Individuum aus seiner

---

[168] *Engisch*, Die Idee, S. 239.

[169] *Engisch*, Die Idee, S. 239.

[170] Wenn wie hier das personalisierte Recht als Idee eines neuen Rechts*typs* vorgestellt wird, dann liegt dem Typusbegriff in „Rechtstyp" die Form des „empirischen Typus" zugrunde.

[171] *Engisch*, Die Idee, S. 240.

[172] *Engisch*, Die Idee, S. 240.

[173] *Engisch*, Die Idee, S. 183.

[174] *Engisch*, Die Idee, S. 193 (Hervorhebung im Original).

[175] *Hume*, S. 157 ff. zitiert bei *Engisch*, Die Idee, S. 201.

staatlich-rechtlichen Einbindung entlässt. In einem solchen System, wo weitgehend staatliche Eingriffe und rechtliche Bindungen fehlen, wird der gesellschaftliche Zusammenhalt nicht angestrebt. Das Individuum wird in seiner Vereinzelung belassen, ohne eine Struktur, die es in soziale und rechtliche Verantwortung einbindet.[176] Auf der anderen Seite besteht die Gefahr eines autoritären Rechtssystems, welches „das Individuum bei dem Versuch der Beeinflussung, der Bildung, der Prägung [...] in seiner Individualität zu verbiegen und zu zerbrechen" beabsichtigt.[177] In einem solchen System wird die rechtliche Bindung nicht als Rahmen für die Entfaltung der Persönlichkeit verstanden, sondern als Instrument zur Durchsetzung bestimmter ideologischer oder politischer Ziele. Durch übermässige Regulierung und Eingriffe in die Selbstbestimmung des Individuums wird dessen Einzigartigkeit nicht nur ignoriert, sondern potenziell zerstört. Das Individuum wird seiner Eigenständigkeit beraubt und in eine staatlich vorgegebene Norm gepresst, was zu einer Entmündigung und Entfremdung führen kann.[178]

III. Bedeutung für das personalisierte Recht

Diese beiden Gefahren – die Überbetonung der Freiheit im liberalen und die Überregulierung in einem autoritären System – verdeutlichen die Herausforderungen der rechtlichen Konkretisierung, mit welchen sich auch das personalisierte Recht konfrontiert sieht. Denn möchte man nun das personalisierte Recht – nicht in seiner Funktionsweise (zumal das personalisierte Recht, wie erläutert, auf neuere Informationstechnologien abstellt und es sich bei Engischs Kategorien um Kategorien vor dem Computerzeitalter handelt), sondern in seiner systemischen Einstellung – einer dieser Kategorien zuteilen, so steht es vor allen anderen Konkretisierungskategorien jener *zum Einzelnen, zum Individuellen* besonders nahe.

Die anderen Kategorien scheiden für die Beschreibung des personalisierten Rechts aus folgenden Gründen aus:

- Obwohl das personalisierte Recht auch ein auf Bestimmung ausgerichtetes Recht ist, geht es, anders als beim Konkreten als *das Bestimmte*, nicht um eine nachträgliche Konkretisierung (durch Wertungen und Abwägungen) abstrakter Begriffe. Das personalisierte Recht lehnt die Vorstellung eines *lex ante casum* ab, weshalb es auch keine Konkretisierung *post festum* kennt. Wie noch eingehend beschrieben wird, handelt es sich beim personalisierten Recht um ein *Ex-ante-* bzw. *Ad-hoc*-Recht.[179]

[176] *Engisch*, Die Idee, S. 202.

[177] *Engisch*, Die Idee, S. 203.

[178] *Engisch*, Die Idee, S. 203.

[179] Siehe unten 2. Teil C. III.

- Das personalisierte Recht ist mit seinen Konkretisierungsbestrebungen auch nicht auf *Anschaulichkeit* aus. Das personalisierte Recht operiert nicht mal mehr mit der natürlichen Sprache. Die Konkretisierung erfolgt vielmehr durch die Verwendung einer formalisierten Sprache, wodurch der neue Rechtstyp an Anschaulichkeit einbüsst und den Charakter einer Blackbox annimmt.[180]
- Die Personalisierungsbestrebungen des neuen Rechtstypus werden in der Literatur dann und wann als eine *Hinwendung zum Realen* verstanden (als Beispiel von vielen, siehe Hacker: „[T]he metrics of personalization would measure the *real* behavior, and thus approximate the *real* needs, of citizens, and tailor laws accordingly").[181] Wie insbesondere im 3. Teil dieser Arbeit zu zeigen sein wird, liegt dem personalisierten Recht nicht etwa die Korrespondenztheorie zugrunde. Das personalisierte Recht (genauso wie das moderne Formalrecht) konstruiert hingegen seine eigene Wirklichkeit.[182] Denn in beiden Fällen gilt, dass „[e]ine Korrespondenz der juristischen Begriffe mit den ‚Dingen' der Welt *out there* [...] nicht möglich [ist], es kann keinen Zugang zu dieser Welt geben, der nicht diskursiv vermittelt ist"[183].
- Das personalisierte Recht geht zudem nicht davon aus, dass in einer *ganzheitlichen Betrachtung* des Falles oder der Person die Qualität des Konkreten zu finden ist. Die Konkretisierung erfolgt vielmehr aus einer Beobachtung der Einzelteile (bzw. der Daten).
- Das personalisierte Recht darf des Weiteren auch nicht als eine Konkretisierung im Sinne einer *Spezifizierung* verstanden werden, handelt es sich bei den Spezifizierungen doch meistens um relationale Differenzierungen lediglich auf Gruppenebene (in Bezug auf Personen) oder Kategorienbildung (in Bezug auf Objekte oder Rechte). Obwohl das personalisierte Recht aufgrund der dafür benötigten vorgängigen Datenverarbeitung auch ein relationales Element aufweist (insbesondere bei der Arbeit am personalisierten Rechtssubjekt), dient die „Relationalisierung" lediglich als Zwischenschritt, um zum einzigartigen Profil eines jeden Einzelnen zu gelangen (anstelle eines Durchschnittstyps). Deshalb handelt es sich beim personalisierten Recht auch nicht um eine *Hinwendung zum Typus.*
- Die letzte Kategorie, das Konkrete *als das Einzelne und das Individuelle*, weist hingegen auf einen zentralen Aspekt hin, den auch das personalisierte Recht teilt: Der Vergleich mit dem Konkreten *als das Einzelne und das Individuelle* zeigt nämlich auf, dass es sich beim neuen Rechtstyp trotz der Bezeichnung „personalisiert" nicht um eine Konkretisierung in lediglich *personaler* Hinsicht handelt,

[180] Zu den Unterschieden zwischen der natürlichen und formalen Sprache, siehe Diskussion zwischen *Kotsoglou*, Subsumtionsautomat, *Ders.*, Subsumtionsautomat 2.0 und die Replik *Engels*.

[181] *Hacker*, Ambivalence, S. 101 (Hervorhebungen durch Verf.).

[182] *Karavas/Salihu*, S. 15 f.

[183] *Karavas*, Körperverfassungsrecht, S. 122 (Hervorhebungen im Original).

sondern auch um eine Konkretisierung in *tatsächlicher* Hinsicht. Ein flüchtiger Blick in die Literatur rund um das personalisierte Recht genügt, um diese zwei Seiten der Konkretisierung zu erkennen. Dies ist deshalb der Fall, weil das personalisierte Recht auf die Unzulänglichkeiten der generell-abstrakten Normen reagiert. Diese „Insuffizienz der Norm", wie Engisch in Bezug auf das Konkrete als das Einzelne und Bestimmte festhält und die für das personalisierte Recht *tel quel* gilt, besteht aber sowohl „gegenüber der Eigenart und Einzigartigkeit der *Person*" als auch gegenüber „der Eigenart und Einzigartigkeit des *Falles*".[184] Die Distinktion gilt für beides: Genauso wie in der Wirklichkeit „da draussen" kein Individuum existiert, das vollkommen identisch mit einem anderen wäre, so gleicht in der Welt „da draussen" auch kein Fall exakt dem anderen.

E. Resumée

Die Kontextualisierung des personalisierten Rechts innerhalb der rechtswissenschaftlichen Nebendisziplinen dient primär dem Ziel, dieses neue Rechtsphänomen auf ein breit gefächertes juristisches und ausserjuristisches Fundament zu stellen. Die hier vorgenommenen genealogischen Analysen schliessen zudem wesentliche Forschungslücken, indem sie gesellschaftliche und ideengeschichtliche Dimensionen des personalisierten Rechts beleuchten, die bislang weitgehend unberücksichtigt geblieben sind. Denn aus der hier entwickelten Perspektive lässt sich das Aufkommen des personalisierten Rechts nur im Zusammenhang mit den beschriebenen, spätmodernen Entwicklungen in der Rechtsphilosophie, der Sozialtheorie und der Rechtsmethodik nachvollziehen.

In all diesen Bereichen kann eine strukturelle Verschiebung von einer Logik des Verallgemeinerns, Abstrahierens und Standardisierens hin zu einer Logik des Personalisierens, Konkretisierens und Individualisierens festgestellt werden. Während das Formalrecht der Moderne der ersteren Kategorie zuzuordnen ist, steht die Idee des personalisierten Rechts ganz im Zeichen der Letzteren. Wie erläutert, zeigt sich dieser Wandel im rechtsphilosophischen Diskurs, so etwa bei Menke und seinem Gleichheitsbegriff (oder bei Günthers Angemessenheitsbegriff)[185] in einer stärkeren Betonung (*haíresis*) der Verpflichtung gegenüber Individualitäten bei gleichzeitiger Aufgabe des Primats der Gleichbehandlung. In der soziologischen Auseinandersetzung mit starkem Bezug auf Reckwitz' Sozialtheorie zeigt sich diese Verschiebung in der Wende (*katastrophé*) von einer sozialen Logik des Allgemeinen hin zu

[184] *Engisch*, Die Idee, S. 202 (Hervorhebungen im Original). Es handelt sich beim personalisierten Recht schliesslich um eine Rechtsordnung von genau zugeschnittenen Gesetzen (um „Individualgesetze"), die das menschliche Verhalten genau zu erfassen versprechen „in order to tailor laws to their specific needs and capacities" (*Hacker*, Ambivalence, S. 93); vgl. ferner *Casey/Niblett*, Death of Rules, S. 98 ff.

[185] Siehe 1. Teil, Fn. 33.

einer sozialen Logik des Besonderen bzw. Singulären. Auch in der Rechtsmethodik setzt ab den 1970er-Jahren eine Abkehr (*apostrophé*) von der Vorstellung eines abstrakten und allumfassenden Rechtstextes ein zugunsten eines Trends der Konkretisierung.

Unter der Konkretisierung im Rahmen der Gesetzesinterpretation kann das „Konkrete" analytisch unterschiedlich verstanden werden. Die Analyse der verschiedenen Formen des „Konkreten" verfolgt dabei einerseits das Ziel, eine präzisere Abgrenzung des personalisierten Rechts von anderen bereits etablierten Konkretisierungskategorien innerhalb der Rechtswissenschaft herauszuarbeiten. Andererseits gibt sie Klarheit darüber, dass die Personalisierung nicht nur auf eine Konkretisierung in Bezug auf die *Person*, sondern zwangsläufig auch in Bezug auf den *Sachverhalt* hinarbeitet. Beide Aspekte werden in einem eigens dafür vorgesehenen Kapitel näher untersucht. So widmet sich der zweite Teil dieser Arbeit, nach einer Einführung in Fikentschers Theorie der Fallnorm, insbesondere der mangelnden *Sachverhalts*bezogenheit des modernen Formalrechts. Auf dieser Grundlage wird zum einen die methodische Funktionsweise des personalisierten Rechts nachvollzogen, zum anderen werden dessen mögliche Einsatzfelder exemplarisch erörtert. Im darauffolgenden dritten Teil dieser Arbeit steht die mangelnde *Personen*bezogenheit des bestehenden Rechtssystems im Vordergrund. Dabei wird sich zeigen, dass es treffender erscheint, anstatt mit Engisch von einer Konkretisierung hin zum „Individuellen" von einer Hinwendung zur *persona*, im Sinne einer Maske,[186] zu sprechen.

---

[186] Vgl. *Gellar-Goad*, S. 110: „*Persona* – a concept derived from the Latin word for ‚mask' – is a behavioral tool you can use to become a different you. Some ancient Romans thought that their word *persona* came from *per* + *sonare*, ‚to make sound through.' but it actually is borrowed from Etruscan, a language that was spoken north of Rome (in modern-day Tuscany), whose word *phersu* means actor. The Romans used *persona* first to refer to a theatrical mask but extended its meaning into the legal concept of ‚person' that can be found in modern law as well. A ‚person' is a legal construct, ‚a paradoxical figure of concealment and disclosure,' that gives a human a voice and standing before the law" (Hervorhebungen im Original).

2. Teil

Personalisierte Rechtsnormen

A. Einführung

„Imagine a world where lawmakers enact a catalog of precisely tailored laws, specifying the exact behavior that is permitted in every situation. The lawmakers have enough information to anticipate virtually all contingencies, such as that laws are perfectly calibrated to their purpose – they are neither over- nor underinclusive.“[1]

Das zentrale Anliegen des personalisierten Rechts ist die Schaffung hochgradig spezifischer Normen, die in ihrer Anwendung präzise auf die jeweiligen Umstände zugeschnitten sind. Dieses Konzept folgt der Vorstellung, wonach das Recht nicht mehr mit allgemein-abstrakten Gesetzesnormen, sondern mit situativen und individuellen Rechtsbestimmungen operiert. Das personalisierte Recht unterscheidet sich dabei grundlegend in seiner technischen Umsetzung von bestehenden Konkretisierungsbestrebungen in der Rechtswissenschaft. Im Fokus steht nicht eine methodologische Auslegung bestehender Normen (oder die schrittweise Konkretisierung des Rechts durch Einbezug gerichtlicher Präzedenzfälle), sondern die „akute“ (*ad-hoc*), wenn nicht sogar im Voraus erfolgte (*ex ante*) und *digitale* Gestaltung von personalisierten Normen. So beschreibt auch Zeno-Zencovich, ein weiterer Verfechter des neuen Rechtstyps, diese Entwicklung als einen Prozess, in dem digitale Technologien durch die Analyse relevanter Daten *ex ante* individualisierte Normen entwerfen: „In this case however the destructuring is not done through a microscopic analysis of precedents, but through digital technologies which, analyzing data concerning the parties involved, circumstances, goals (e.g. efficiency), are able to set, ex ante, an individualized rule.“[2]

Wie solche individualisierten Rechtsnormen konzipiert werden und worin mögliche Anwendungsfelder für die neue (und hoch technologisierte) Rechtsform liegen, damit beschäftigen sich die nächsten Seiten. Um die Darlegungen greifbarer zu gestalten, bietet sich eine Anknüpfung an die bereits oben erwähnte Fallnormtheorie von Fikentscher an. Denn ungeachtet der Unterschiede zwischen dem personalisierten Recht und der Fallnormtheorie, wie etwa jene in der Zuhilfenahme der für die Konkretisierung notwendigen Instrumentarien, nimmt der neue Rechtstypus mit seinem Konkretisierungsauftrag auf eine gewisse Weise die Falllösungslogik

[1] *Casey/Niblett*, Death of Rules, S. 98.

[2] *Zeno-Zencovich*, S. 275.

der Fallnormtheorie auf und baut sie weiter aus. Was das personalisierte Recht mit der Fallnormtheorie im Besonderen verbindet, ist die Grundprämisse, dass es keine zwei gleichen Fälle gibt und diese deshalb nicht gleichbehandelt werden dürfen. Die Fallnormtheorie kann daher als Vorläuferin des personalisierten Rechts erachtet werden.

B. Der Syllogismus und seine Umdrehung

> „Recht ist auf Normen gegründete Ordnung. Wer aber Normen sät, kann keine Gerechtigkeit ernten [...]. Die Norm misst mit gleichem Masse, sie verbürgt Rechtsgleichheit. Die Gerechtigkeit lässt aber keine Ungleichheit unbeachtet."[3]

Dass zwei Fälle gleich liegen, entspringt nicht der Natur der Sache, sondern ist einzig dem juristischen Umgang mit Lebenssachverhalten geschuldet. Die rechtliche Gleichbehandlung von andersartig liegenden Lebenssachverhalten und einzigartigen Menschen stellt lediglich einen Kompromiss dar, wie Fikentscher ausführt: „Da nun aber das Recht den Menschen ‚widernatürlich' zwingt, wenngleich in einem anderen Sinne das Angewiesensein auf Moral (und damit auch auf Recht) zur ‚Natur' des Menschen gehört, wollen Menschen, wenn schon ‚widernatürlich', dann zumindest auch gleichmässig widernatürlich behandelt werden".[4] Das Einschreiten der Rechtsordnung in Lebenswirklichkeiten ist daher immer mit zwei Entfremdungsmomenten verknüpft.[5] Das erste Momentum betrifft die grundsätzliche Art des Operierens des Rechts in sozialen Lebenssachverhalten und die damit verbundene Diskrepanz zwischen der Rechtsauffassung zum einen und der Lebenswirklichkeit zum anderen. Die zweite Entfremdung ist das Resultat einer spezifisch juridischen Gleichbehandlungsregel, die, wie Fikentscher meint, von den Betroffenen selbst gewollt ist, („wenn schon ‚widernatürlich', dann zumindest auch gleichmässig widernatürlich")[6]. Das Gleichbehandlungsparadigma fungiert in diesem Sinn als eine widernatürliche Notwendigkeit der juristischen Operation.

Den Gegensatz zwischen der „Natur" der Lebenssachverhalte und dem juristisch-künstlichen Eingreifen (samt Konsequenz der gleichmässigen Behandlung) fängt Menke, wie erläutert, mit den Begrifflichkeiten *Deskription* und *Normativität* ein und weicht diesen anschliessend mit der Idee einer „Befragung" der Gleichheitsidee auf.[7] Das Zusammenbringen dieser beiden Kontrapunkte wird bei Menke mittels einem im Recht angelegten selbstreflexiven Prozess bewerkstelligt. Neben

---

[3] *Mayer*, S. 80.

[4] *Fikentscher*, Methoden des Rechts 4, S. 203.

[5] Betr. Rechtsentfremdungen vgl. *Teubner/Zumbansen*, S. 189 ff.

[6] *Fikentscher*, Methoden des Rechts 4, S. 203.

[7] Hierbei erlaubt die „Befragung", dass das Gleichbehandlungsparadigma ins Verhältnis gesetzt wird zu anderen Paradigmata, wie z. B. die Verpflichtung gegenüber Individualitäten, vgl. hierzu den 1. Teil, B.

dieser rechts-reflexiven Übertragung kann der Widerspruch zwischen Sachgerechtigkeits- und Gleichgerechtigkeitserfordernis bzw. zwischen dem Einzelfallgerechtigkeits- und Gleichbehandlungsgrundsatz auch als rechts*technisches* Problem beschrieben werden. Mit Technik ist dabei die Art und Weise, *wie* das Rechtssystem die soziale Wirklichkeit im Einzelfall juristisch verarbeitet, gemeint. Wird der oben angesprochene Widerspruch erstmal auf die Ebene der Rechtstechnik gelagert, kann die Auflösung der Unvereinbarkeit von inkommensurablen Realitätssachverhalten einerseits und normativer Gleichbehandlung andererseits auch in der konkreten Rechtsarbeit am Fall gesucht werden. Hierfür muss das personalisierte Recht, das nach dem bisher Gesagten als ein Phänomen der Spätmoderne auftritt, auch in Bezug auf die Rechtstechnik mit der Moderne brechen. Indem sich der neue Rechtstyp von einer (für die Moderne charakteristischen) juridischen Priorisierung des Allgemeinen abwendet, läutet er zugleich ein neues Verfahren ein.

Ein rechtstechnischer Ansatz, der (zumindest vorerst) nicht vom Primat des Allgemeinen ausgeht, sondern beim Konkreten, beim Lebenssachverhalt, ansetzt, ist die eben bereits erwähnte Fallnormtheorie Fikentschers. Von der Prämisse ausgehend, dass es in der Wirklichkeit keine zwei gleichen Fälle gibt, kommt die Fallnormtheorie zum Schluss, dass der juristische Anspruch der Gleichbehandlung von *gleichen* Fällen ein rein fiktives Unterfangen ist: „Dass man gleichliegende Fälle gleichbehandeln soll, ist ein Satz des Rechts, der in der Wirklichkeit keine Stütze findet.“[8] Der Angriff auf diese Rechtsfiktion der Gleichbehandlung steht als Grundgedanke hinter beiden Reformansätzen.

Die Alternative fürs Recht, die dabei angeboten wird, besteht im Grunde genommen darin, anstelle allgemeiner Regeln, unter die (künstlich und zwangsläufig) unterschiedliche Sachverhalte subsumiert werden, die Umkehrung dieses Vorgangs vorzunehmen. Anstatt von der Regel auf die Fälle zu schliessen, soll die Regel aus den Fällen entspringen. Das Ziel der Fallnormtheorie ist es daher, eine *technische* Regel des objektiven Rechts, die sogenannte „Fallnorm“, zu bestimmen, die „dem einen lösungsbedürftigen Sachverhalt eine ihn regelnde Rechtsfolge zuordnet“.[9]

In rechtsmethodischer Hinsicht wendet sich die Fallnormtheorie mit dieser Umkehrung vom allgemeinbekannten und in der kontinentaleuropäischen Rechtstradition weit verbreiteten syllogistischen Verfahren für die Entscheidungsfindung ab.[10] Im Schema des Syllogismus wird bekanntlich von einer (allgemeinen) Geset-

---

[8] *Fikentscher*, Methoden des Rechts 4, S. 203; gerügt wird u. a., sowohl von der Fallnormtheorie als auch (zumindest implizit) vom personalisierten Recht, dass eine zu kleine Anzahl an Rechtsnormen für die unendlich vielfältigen Lebenssachverhalte (da draussen in der Wirklichkeit) zuständig sind (*plura negotia quam vocabula*), vgl. zudem *Femia*, S. 156.

[9] *Fikentscher*, Methoden des Rechts 4, S. 202.

[10] Fikentscher stellt diesbezüglich fest, dass in der Rechtswissenschaft überwiegende Einigkeit bestehe, „dass ein Rechtssatz geeignet ist, im Wege des ‚aristotelischen Syllogismus‘ auf den Sachverhalt angewandt zu werden“ (Methoden des Rechts 3, S. 655). Dies gilt nicht nur in Kontinentaleuropa, hielt der Syllogismus doch auch Einzug in andere Rechtskulturen.

zesbestimmung ausgegangen, die anschliessend auf einen (konkreten) Sachverhalt angewendet wird. So wird im deduktiven Verfahren in einem ersten Schritt die Gesetzesbestimmung definiert (Prämisse I bzw. Obersatz), in einem zweiten Schritt der Sachverhalt unter die definierte Bestimmung subsumiert (Prämisse II bzw. Untersatz), um schliesslich eine logische Schlussfolgerung gestützt auf die Prämissen I und II (Fazit) zu ziehen.

Fikentscher stellt mit seiner Fallnormtheorie einen Ansatz vor, der sich von der kontinentaleuropäischen, legizentristischen Tradition deutlich unterscheidet. Während im Letzteren der Gesetzestext als Ausgangspunkt der Fallbearbeitung dient,[11] basiert seine Theorie auf der Idee, dass die Lösung eines Sachverhalts nicht aus vorgegebenen, abstrakten Normen abgeleitet wird, sondern auf einer spezifischen *Fallnorm* beruht, die erst nach dem Eintreten des zu beurteilenden Sachverhalts ermittelt werden kann. Der Vorgang spielt sich also genau andersrum ab als im syllogistischen Verfahren. Gesucht wird nicht eine starre, bereits existierende Norm, unter die der Fall untergebracht werden kann. Es wird vorerst gar nichts gesucht. Stattdessen gilt es zunächst, eine mit Blick auf den Lebenssachverhalt passende Norm zu *erarbeiten.* Es handelt sich nicht um einen subordinativen Prozess, der oben bei der Prämisse I (beim Obersatz) beginnt und in der Schlussfolgerung endet. Vielmehr spielt sich die meiste Arbeit in der Mitte ab, man könnte sagen beim „Untersatz“. Von hier aus wird sowohl nach oben zum Obersatz als auch nach unten zum Fazit hingearbeitet. Dies geschieht durch die Entwicklung einer zusätzlichen Rechtsregel, eben der „Fallnorm“.[12]

Ziel dieses Vorgehen ist es, die zum Sachverhalt passende Fallnorm bzw. Rechtregel zu eruieren. Die zu ermittelnde Fallnorm kann zwar von der gesetzlichen Normvorschrift, die in der Fallnormtheorie weiterhin bestehen bleibt, wiedergegeben sein, sodass Fallnorm und Gesetzesnorm zusammenfallen. Dies stellt jedoch eine Ausnahme dar, wie Fikentscher betont: „Immer, aber auch nur dann, wenn die einzelne Fallnorm angesichts des zu entscheidenden Falles unter den Anforderungen der Sach- und Gleichgerechtigkeit keine Abwandlung der Gesetzesvorschrift verlangt, […] sind Gesetzesvorschrift und Fallnorm identisch, sonst nicht.“[13] Der

---

So galt etwa im Mittelalter der aristotelische Syllogismus als Propädeutikum für die islamische Jurisprudenz und Rechtstheorie, vgl. hierzu *Rudolph*, S. 75.

[11] Fikentscher liess sich durchaus vom angloamerikanischen Common Law inspirieren, indem er sich z. B. für die Konzeption der „Fallnorm“ bei dem im *Case Law* zentralen Begriff der *ratio decidendi* bedient. Zur Definition der *ratio decidendi:* „The part of the case that is said to possess authority is the ratio decidendi, that is to say, the rule of Law upon which the decision is founded“ (*Glanville*, S. 62.). Fikentscher benennt die *ratio decidendi* um zu „Fallnorm“ und beschreibt diese wie folgt: „Die Fallnorm ist der Rechtssatz im technischen Sinne“ (*Fikentscher*, Methoden des Rechts 4, S. 202); sie ist der „Schlüssel zur Lösung“ der methodischen Frage nach einem Rechtssatzbegriff, der geeignet ist, „der Entscheidung eines konkreten Falles zu dienen“ (*Fikentscher*, Methoden des Rechts 4, S. 271).

[12] *Hüpers*, S. 398.

[13] *Fikentscher*, Methoden des Rechts 4, S. 218.

Regelfall ist hingegen, dass die Fallnorm lediglich innerhalb der Wortlautgrenze einer Gesetzesvorschrift liegt. In diesen Fällen muss diese durch einen Auslegungsprozess gewonnen werden. In einigen Fällen befindet sich die Fallnorm nicht mal innerhalb der sprachlichen Auslegungsmöglichkeiten einer Gesetzesnorm, dann gehört sie, so Fikentscher, dem Richterrecht an.[14]

Das Problem, welches die Fallnormtheorie lösen will, betrifft die Unzulänglichkeit des positiven Rechts. Diese Unzulänglichkeiten zeigen sich für Fikentscher in Urteilsformulierungen wie z.B. in: „Die Entscheidung ist an sich ungerecht, trotzdem ist sie vom Gesetz gewollt."[15] Oder in einem Satz wie diesem: „Das Ergebnis ist ungerecht, aber weil es kein Gesetz gibt, das hier einschlägig ist, muss so und nicht anders entschieden werden."[16] Dieser Erkenntnis folgend will die Fallnormtheorie das Unvermögen des positiven Rechts (Fallnormen gehören zum objektiven Recht und stehen als methodisches Substrat damit hinter dem positiven Recht, welches aus den Gesetzen und dem Gewohnheitsrecht besteht) korrigieren. Für jeden Lebenssachverhalt, egal wie eigenartig und individuell er auch sein mag, muss es immer eine ihm zugehörige Fallnorm geben. Diese Regel wird dadurch garantiert, dass sie zunächst beim Sachverhalt und nicht etwa bei der abstrakten Norm ansetzt, wie Fikentscher weiter ausführt: „Der Akzent liegt auf der Herausbildung der Fallnorm. Dies kann nicht ohne eine – im ganzen gesehen – gründlichere Beschäftigung mit dem zu entscheidenden Sachverhalt erfolgen, als dies in der kontinentalen Praxis bisher der Fall war."[17]

Sowohl in der Fallnormtheorie als auch im personalisierten Recht steht der Lebenssachverhalt daher im Zentrum der Bedeutsamkeit; beide verhandeln das Zusammenspiel zwischen dem Sein und dem Sollen neu. Nur fällt die Reaktion auf die Diskrepanz zwischen der faktischen und der normativen Dimension im personalisierten Recht radikaler aus als noch in der Fallnormtheorie. Die Fallnormtheorie reagiert auf dieses Entfremdungsmoment mit einer methodischen Einarbeitung der Norm bis weit in den Fall hinein: „Da fast jeder Fall vom anderen abweicht, sind Fallnormen sehr weit in den faktischen Bereich, in den zu subsumierenden Sachverhalt vorgeschoben."[18] Nichtsdestotrotz lässt sich in der Fallnormtheorie gleichwohl eine Differenzierung zwischen dem Faktischen und dem Normativen erkennen; so in Fikentschers Worten: „Trotzdem sind Norm und Sachverhalt nicht das gleiche. Die Fallnorm, so fallzugeschnitten wie auch immer, ist doch Norm und daher allgemein, und somit vom Fall zu unterscheiden."[19] Das personalisierte Recht hingegen bricht, wie wir noch sehen werden, diese Unterscheidung schliesslich gänzlich auf. Das zum normativen Personalisierungsprogramm gehörende Plädoyer

[14] *Fikentscher*, Methoden des Rechts 4, S. 224 f.

[15] *Fikentscher*, Methoden des Rechts 4, S. 234.

[16] *Fikentscher*, Methoden des Rechts 4, S. 234.

[17] *Fikentscher*, Methoden des Rechts 4, S. 225.

[18] *Fikentscher*, Methoden des Rechts 4, S. 382.

[19] *Fikentscher*, Methoden des Rechts 4, S. 382.

für eine umfassende Berücksichtigung der Lebenssachverhalte und der persönlichen Umständen des Einzelnen führt allen voran aufgrund der Verwendung von informationstechnologischen Verfahren zu einer Situation der Ununterscheidbarkeit, also dazu, dass Fall und Norm unerkennbar ineinander fallen.[20]

Das Konzept des personalisierten Rechts knüpft jedenfalls an die theoretischen Vorarbeiten der Fallnormtheorie an. Ebenso wie die Fallnormtheorie beruht auch das personalisierte Recht, wie dargelegt, auf der grundlegenden Annahme, dass das bestehende Rechtssystem, das auf generell-abstrakte Normen abstellt, unzulänglich ist. Auch sie will diesen Mangel korrigieren, indem das Konkrete dem Allgemeinen vorgezogen wird. Hierfür bedient sich das personalisierte Recht allerdings nicht einer *analogen* Regeltechnik, sondern *digitaler* Technologien, bei welchen, wie gleich zu zeigen sein wird, den digitalen (Personen-)Daten eine besondere Bedeutung zukommt.

C. *lex personalis*

„Hier konnte niemand sonst Einlass erhalten, denn dieser Eingang war nur für Dich bestimmt."[21]

Die Fallnormtheorie liegt bereits einige Jahrzehnte zurück. Unter der Bezeichnung *personalized law* (oder auch *granular law*) interessieren sich in jüngster Zeit wieder vermehrt Juristen und Juristinnen für eine Neuorientierung des Rechts am Konkreten.[22] Im Zentrum des Konkretisierungsinteresses steht neben der rechtlichen Berücksichtigung der singulären Umstände des Einzelfalls der normative Einbezug der Einzelperson. In ihrer ausgeprägtesten Form bedeutet die Personalisierung, dass jedem Rechtsadressaten bzw. jeder Rechtsadressatin seine bzw. ihre eigene Rechtsbehandlung zukommt. Die Materialisierungsbestrebungen im personalisierten Recht zielen in diesem Sinne auf eine möglichst genaue Würdigung der persönlichen Eigenschaften, der individuellen Fähigkeiten und der spezifischen Interessen jeder Einzelperson ab.

Die normative Umorientierung am Individuum und seiner Einzigartigkeit soll dabei unter Einbezug von Daten, die über ein genügendes Aussagepotenzial verfü-

---

[20] Nicht nur die Unterscheidung zwischen Fall und Norm, sondern auch zwischen Fall und Subjekt wird in einem personalisierten Recht nicht mehr deutlich, siehe mehr dazu im 3. Teil.

[21] *Kafka*, S. 198.

[22] Überblick über die Literatur: *Auer*, Zum Erkenntnisziel; *Dies.*, A Critique; *Ben-Shahar/Porat*, Personalized Law; *Dies.*, Personalizing Mandatory Rules; *Dies.*, Personalizing Negligence Law; *Bender*; *Busch*, The Future; *Ders.*, Implementing Personalized Law; *Ders.*, Algorithmic Regulation; *Busch/De Franceschi*, Granular Legal Norms; Sunstein; *Casey/Niblett*, Framework; *Dies.*, Death of Rules; *Denozza/Maugeri*; *Grigoleit/Bender*; *Hacker*, Ambivalence; *Ders.*, Personalizing EU Private Law; *Ders.*, Personalized Law and the Behavioral Sciences; *Micklitz*; *Patti*; *Porat/Strahilevitz*; *Sirena*; *von Bar*; *Zeno-Zencovich*.

gen, um sie für die Personalisierung fruchtbar zu machen, bewerkstelligt werden. Weil Daten für sich genommen noch keinen Personalisierungsgehalt aufweisen, müssen sie zunächst durch den Einsatz neuer digitaler Technologien produktiv nutzbar gemacht werden.

In einem ersten Schritt lassen sich daher im Grundsatz zwei Elemente ausmachen, welche das personalisierte Recht kennzeichnen und in der entsprechenden Literatur dominieren: Zum einen ist es die radikale Individuum-Bezogenheit (das Personalisierungselement) und zum anderen die algorithmische Bearbeitung von Personendaten (das technische Element). Während das technische Element ein neueres Phänomen darstellt, handelt es sich beim Versuch, dem Wirklichkeitsmenschen juristisch gerecht zu werden, um eine alte Idee, wie Ben-Shahar und Porat in ihrem Buch „Different Rules for Different People" gleich zu Beginn vorwegschicken: „The idea that legal commands should be customized to the idiosyncratic characteristics of individual actors has been with us for millennia."[23] Die alte Idee des *suum cuique*[24] bekommt in einer Gesellschaft der Singularitäten und im Datenzeitalter allerdings entscheidende Impulse. Im Folgenden soll es darum gehen, sowohl das Personalisierungselement als auch das technische Element unter der Berücksichtigung der relevanten Literatur näher darzulegen.

I. *per-datas*

Zu den prominentesten Autoren, welche die Idee der Personalisierung wiederentdeckt haben, gehören die soeben erwähnten US-amerikanischen bzw. israelischen Juristen Ben-Shahar und Porat. In einer von ihnen vorgeschlagenen Definition des personalisierten Rechts kommen das Personalisierungselement und das technische Element besonders deutlich zum Ausdruck: „Personalized law is precision law characterized by two primary features: individualization and machine-sorted information."[25] Genau genommen sind es allerdings nicht Informationen, sondern Daten, die durch eine maschinelle Verarbeitung „sortiert" werden und für das personalisierte Recht unabdingbar sind. Dass zwischen Informationen und Daten unterschieden wird, ist in der Informationswissenschaft weitgehend anerkannt:

> „Nach gängigen Definitionen des Begriffs in der Informatik ist *Information* von puren *Daten* durch ihren Sinngehalt zu unterscheiden. Streng genommen kann Information daher nur durch menschliche Interpretation von Daten entstehen und das, was technisch gesehen

---

[23] *Ben-Shahar/Porat*, Personalized Law, S. 3.

[24] Vgl. ferner *Engisch*, Die Idee, S. 193.

[25] *Ben-Shahar/Porat*, Personalized Law, S. 1.

auf Computern aller Couleur abläuft, ist *Daten*verarbeitung – nicht etwa *Informations*verarbeitung."[26]

Legt man dieser Unterscheidung Gewicht bei, scheint die folgende Beschreibung des personalisierten Rechts desselben Autorenpaars adäquater: „Personalized law is the name we give to a novel institutional template that merges a jurisprudential transformation of to each their own law with an ambitious implementation project relying on Big Data."[27] Mit Big Data wird der Datenbegriff um eine bestimmte Komponente qualifiziert, ohne die eine Personalisierung des Rechts gar nicht denkbar wäre. Damit ist das Verfahren gemeint, bei dem Computer grosse Datenmengen analysieren, um bestimmte Muster zu erkennen, die dann, erst in einem zweiten Schritt, semantische Aussagekraft (Informationen) über die besonderen Profile eines Einzelnen bzw. einer Einzelnen bereithalten.[28]

Der Begriff Big Data wird dabei unterschiedlich diskutiert. Im Anschluss an eine Untersuchung der unzähligen Definitionen in der Literatur schlagen De Mauro, Greco und Grimaldi, alle Experten auf dem Gebiet des Informationsingenieurwesens, vor, die Definition zunächst auf die Kriterien Datenvolumen (*volume*), Geschwindigkeit der Datengenerierung (*velocity*) und Bandbreite der Datenquelle (*variety*) abzustellen. Die Verarbeitung der Daten nennen sie weiter *technology* oder *analytical methods*. Sie sprechen schliesslich von nutzbarem Informationswert (*value*), um das Produkt der Anwendung der vorhin erwähnten Verfahren zu bezeichnen:

> „The conjoint analysis of the existing definitions for Big Data and of the main research themes in literature allows us to conclude that the nucleus of the concept of Big Data includes the following aspects:
>
> ‚Volume', ‚Velocity' and ‚Variety', to describe the characteristics of information. ‚Technology' and ‚Analytical Methods', to describe the requirements needed to make proper use of such information. ‚Value', to describe the transformation of information into insights that may create economic value for companies and the society. [...] Therefore, the following consensual definition is proposed:
>
> Big Data is the Information asset characterised by such a High Volume, Velocity and Variety to require specific Technology and Analytical Methods for its transformation into Value."[29]

---

[26] *Jendrian/Weinmann*, S. 108 (Hervorhebung im Original); zum Begriff der Information vgl. ferner *Strauch*, S. 53.: „Information im philosophischen Sinne ist ein in (symbol-) sprachlicher Form dargestellter mentaler/begrifflicher Ausdruck mit bestimmter (lebensweltbezogener) inhaltlicher Bedeutung, der mit Trägermedien verbunden zur (raum-zeitlichen) Übermittlung seines Bedeutungsgehaltes zwischen verstehensfähigen (menschlichen) Subjekten bestimmt ist. Information hat damit eine triadische Struktur: Sender/Empfänger-Relation (Interpreten), inhaltliche Bedeutung (Weltbezug), sprachlich/mediale-übermittlungsfähige Gestalt."

[27] *Ben-Shahar/Porat*, Personalized Law, S. 1.

[28] Der Personalisierungsprozess wird unten noch ausführlich behandelt.

[29] *De Mauro/Greco/Grimaldi*, S. 130 f.

Es ist deshalb durchaus begründet, das Verfahren hinter der Transformation von Einzeldaten zu spezifischen Informationswerten, die für das Personalisierungsvorhaben unabdingbar sind, mit *big data analytics* zu bezeichnen. Mit *big data analytics* können relevante Strukturen und Korrelationen in ausgewählten Datensätzen ergründet werden, die vor dem Aufkommen von Rechenalgorithmen nicht analysiert werden konnten.[30] Wenn also eingangs die Rede davon war, dass es sich bei der Personalisierung im Recht um die alte Idee des *suum cuique* handelt, die bis jetzt unrealisiert geblieben ist, dann deshalb, weil das Versprechen des personalisierten Rechts erst mit dem Aufkommen von *big data analytics* die notwendigen methodischen und technologischen Voraussetzungen für die Umsetzung erhalten hat.

Was den Begriff des Algorithmus betrifft, wird für die hier verfolgten Zwecke auf Hackers Definition abgestellt, wonach Algorithmen im Voraus genau definierte Recheninstruktionen darstellen: „Algorithms [...] are well-defined instructions, often in machine-readable format, which tell a computer how to generate an output from a given input."[31] Die Algorithmen arbeiten im Sinne von „Regeltechniken" also im Transformationsprozess von Einzeldaten zu spezifischen für das personalisierte Recht relevanten Informationswerten mit. In diesem Sinne kann das personalisierte Recht als ein sich auf *big data analytics* abstützendes oder auch als *algorithmisches* Recht bezeichnet werden.

II. *ad-hoc*

Durch die Verwendung von *big data analytics* steht der Umsetzung der Idee von einer digitalen Individualisierung im Recht nichts im Wege, wie z. B. Hacker, kritischer Anhänger des personalisierten Rechts, prophezeit: „At the extreme, when Big Data is used, algorithms are coded to identify relations between people's attributes and the outcome of interest, to design fully individualized commands."[32] In diesem Sinne ist, in Anlehnung an das einführende Zitat, das personalisierte Recht mit dem dafür geeigneten Werkzeug im Stande, jedem Individuum seinen eigenen Rechtszugang zuzuweisen. Es geht lediglich darum, individuelle Unterschiede als distinktive Merkmale für rechtliche Zwecke zu operationalisieren. Um es in den Worten Ben-Shahars und Porats zu sagen: „People differ in many respects, and the key challenge for personalized law is to identify these variations, measure them, and build a model to determine how the legal commands should fit them."[33]

---

[30] Siehe *Hacker*, Ambivalence, S. 88: „[...] to discover structures, correlations, and regularities in specific data sets that could not be fruitfully analyzed before the advent of computational algorithms".

[31] *Hacker*, Ambivalence, S. 88.

[32] *Ben-Shahar/Porat*, Personalized Law, S. 19.

[33] *Ben-Shahar/Porat*, Personalized Law, S. 24.

Mit der Aufnahme individueller Unterschiede in die rechtliche Beobachtung sind dem personalisierten Recht also keine Grenzen mehr gesetzt. Vor diesem Hintergrund scheint auch eine grundlegende Transformation von formalen Rechtssätzen bis hin zu kontextspezifischen Anweisungen, sogenannte „Mikrodirektive", denkbar. Hier sind insbesondere die Darstellungen des Autorenpaars Casey/Niblett interessant:

> „Imagine a world where lawmakers enact a catalog of precisely tailored laws, specifying the exact behavior that is permitted in every situation. The lawmakers have enough information to anticipate virtually all contingencies, such as that laws are perfectly calibrated to their purpose – they are neither over- nor underinclusive. Now imagine that when a citizen in this world faces a legal decision, she is clearly informed of exactly how to comply with every relevant law before she acts. This citizen does not have to weigh the reasonableness of her actions, nor does she have to search for the content of a law. She just obeys a simple directive. The laws at work in this world are not traditional rules and standards [...] This new form – we call it the microdirective – is the future of law."[34]

Diese Mikrodirektiven sind Produkte von antizipatorischen Analysen und neuen Formen von Kommunikationstechnologien, die in der Literatur als „the idealized version of a personalized law"[35] gehandelt werden. Durch die algorithmische Verarbeitung werden allgemeine Regeln zu einzelnen spezifischen personalisierten Anweisungen transformiert, und zwar – und das ist hier entscheidend – genau zu dem Zeitpunkt, zu welchem der betroffene Rechtsadressat diese Anweisung mit dem passenden rechtlichen Gehalt braucht.[36] So gesehen kann das personalisierte Recht, zumindest in seiner „idealen" Version, auch als ein *Ad-hoc*-Recht bezeichnet werden.

III. *ex-ante*

Für ein besseres Verständnis des rechtlichen Personalisierungsprogramms erweist sich ein kurzer Exkurs auf die medizinische Praxis als hilfreich. Sowohl die klassisch-moderne Medizin als auch die moderne Rechtsanwendung operieren auf der Grundlage des Paradigmas „*one size fits all*"[37]. In beiden Feldern markiert die Personalisierung einen paradigmatischen Bruch mit dieser Generalisierungslogik. Die zunehmende Etablierung personalisierter Therapiemethoden in der Medizin, die auf einer Fokussierung auf den individuellen Körper beruht, kann als Referenz für vergleichbare Tendenzen im Recht gedeutet werden.[38]

---

[34] *Casey/Niblett*, Death of Rules, S. 98.

[35] *Casey/Niblett*, Framework, S. 338.

[36] *Casey/Niblett*, Framework, S. 338.

[37] *Debatin/Müschenich/Spahn*, S. 35; im Zusammenhang mit dem personalisierten Recht siehe *Busch/De Franceschi*, Granular Legal Norms, S. 423.

[38] Betr. die alte Analogie zur Medizin, vgl. den auf Aristoteles bezogenen Einstiegssatz in der Rezensionsschrift Vismanns zu Günther: „Nun mag es zwar nicht schwer sein, die Wir-

Im Gegensatz zur klassischen Schulmedizin stellt die personalisierte Medizin Therapieverfahren zur Verfügung, die sich auf den einzelnen Menschen, seine genetische bzw. biophysische Disposition und das individuelle Krankheitsbild abstützen. Mit dieser Abkehr vom generalistischen Ansatz zugunsten eines individualisierten verspricht man sich bessere Heilungschancen, wie z.B. auch die Strategie der Kompetenz- und Koordinationsstelle von Bund und Kantonen „eHealth Suisse" konstatiert: „Das übergeordnete Ziel der personalisierten Medizin als solcher besteht darin, ungünstigen gesundheitlichen Bedingungen präziser vorbeugen und diese diagnostizieren zu können sowie Krankheiten effizienter und mit weniger Nebenwirkungen zu behandeln."[39] Die Gesundheitsversorgung soll nicht nur besser, sondern auch sicherer und effizienter werden; so lautet das Versprechen.[40] Die Personalisierung im medizinischen Kontext drückt sich etwa darin aus, dass die anzuwendenden Therapiemethoden je nach Blut-, Urin- oder Speichelwerten des Patienten bzw. der Patientin anders ausfallen. Die auf diese Ergebnisse abstützenden Therapieverfahren ermöglichen z.B., dass mit hoher Wahrscheinlichkeit vorhergesagt werden kann, ob erstens das entsprechende Medikament für den jeweiligen Patienten bzw. die jeweilige Patientin wirksam sein wird, zweitens dieser Patient bzw. diese Patientin das Medikament gut verträgt und drittens, wie es im individuellen Fall am besten dosiert werden kann.[41]

Gerade im Bereich der Prävention gilt die Entwicklung der personalisierten Medizin als vielversprechend, weshalb sie auch von staatlichen Stellen finanziell unterstützt wird.[42] Ob das personalisierte Recht auch eine ähnliche Unterstützung geniesst, bleibt abzuwarten. Es steht allerdings fest, dass nicht nur die Grundidee der Individuum-Bezogenheit hinter der personalisierten Medizin und dem personalisierten Recht die gleiche ist, sondern auch, dass sich der Transfer von relevanten Personendaten aus dem einen für den anderen Bereich als nützlich erweisen könnte. Es kann nicht genug betont werden, dass die für die Personalisierung des Rechts erforderlichen personenbezogenen Daten auf alle verfügbaren und nutzbaren (Lebens-)Bereiche zurückgreifen; dazu gehören auch Daten aus dem Gesundheitsbereich. Um es mit Ben-Shahar und Porat zu sagen: „At the limit, personalized law is based on all personal attributes that are correlated with the legal outcome – inclu-

---

kung von ‚Honig, Wein, Nieswurz' zu kennen, ‚aber zu wissen, wie und bei wem und wann man alles dieses anwenden muss, damit es der Gesundheit diene, ist gerade so schwer' als Gesetze richtig anzuwenden" (*Vismann*, S. 372).

[39] *eHealth Suisse*, S. 11.

[40] Vgl. *Eckhardt/Navarini/Recher et al.*, S. 143.

[41] *Debatin/Müschenich/Spahn*, S. 71.

[42] *eHealth Suisse*, S. 11: „Die Entwicklung der personalisierten Medizin wird vom Bund mit einer eigenen nationalen Initiative gefördert: Die Schweizerische Akademie der Medizinischen Wissenschaften (SAMW) wurde vom Staatssekretariat für Bildung, Forschung und Innovation (SBFI) und vom BAG mit der Einrichtung eines ‚Swiss Personalized Health Network' (SPHN) beauftragt. Im Rahmen des SPHN wird mit Mitteln des Bundes die notwendige Infrastruktur aufgebaut, um die vielfältigen gesundheitsbezogenen Daten für Forschung und Innovation nutzbar zu machen."

ding a person's mental skills, physique, health, expertise, and preferences, as well as the environment the person lives in and the idiosyncratic risks he or she creates."[43]

Was den zu personalisierenden „Gegenstand" anbelangt, so ist er in beiden Feldern breit zu fassen. Im medizinischen Kontext gehört neben der somatischen auch die psychische, biographische und soziale Ebene dazu. Gleichsam gehört es zum Versprechen des personalisierten Rechts, das Individuum in seiner ganzen „Einheit"[44] (und Einzigartigkeit) zu erfassen, wozu neben den Persönlichkeitsmerkmalen wie individuelle Fähigkeiten, eigenartige Eigenschaften und persönliche Interessen auch gesundheitsrelevante und sozio-ökonomische Informationen eine Rolle spielen.[45]

Sowohl die personalisierte Medizin als auch das personalisierte Recht verfolgen zudem ähnliche Ziele: Es geht in beiden Bereichen um die Prävention bzw. Antizipation des Eintritts des Ereignisses (des Eintritts des Krankheitsfalls bzw. des Rechtsfalls), mit dem sich jeder dieser beiden Bereiche im Grundsatz beschäftigt. So liegt der Fokus der personalisierten Therapiemethoden in einer präzisen Prävention von Krankheiten durch einen individuell abgestimmten Ansatz. Die Personalisierung im Recht zielt darauf ab, zukünftige Verhaltensweisen vorherzusagen und darauf abgestimmte Regelungen zu treffen. In der Medizin erfolgt die Personalisierung dabei durch den Einsatz von genetischen Analysen, biometrischen Daten und individualisierten Therapien, um präventive Massnahmen und Behandlungen gezielt auf die spezifischen Bedürfnisse eines Patienten bzw. einer Patientin zuzuschneiden. Ähnlich dazu ermöglicht das personalisierte Recht die antizipative Steuerung potenzieller Konflikte, indem es mithilfe datenbasierter Analysen individuelle und konkrete Risiken erkennt und rechtliche Massnahmen an die spezifischen Merkmale einer Person oder Situation anpasst.[46] Während allerdings die Vorbeugung von Krankheiten im Sinne der Präventivmedizin gemeinhin als etwas Positives interpretiert wird, werden Vorhersagen von menschlichem Verhalten sowie politische bzw. rechtliche antizipatorische Mechanismen von (künftigen) Konflikten eher mit Kontrolle und der Gefahr der Manipulation assoziiert.

Die Erkenntnisse bzw. die Daten und Informationen aus der Personalisierung des einen Bereichs, wie z.B. aus der Medizin, können aber nicht nur auch auf andere Bereiche, etwa auf das Recht, übertragen werden und dort wertvolle Impulse für

[43] *Ben-Shahar/Porat*, Personalized Law, S. 24.

[44] *Luhmann*, Gesellschaftsstruktur, S. 194: „Was immer das Individuum nun ist: in jedem Fall ist es eine Einheit."

[45] Dabei handelt es sich nicht um einen belanglosen Hinweis, denn, wie im 3. Teil noch zu zeigen sein wird, das personalisierte Recht kann nach der hier vertretenen Ansicht dieses Versprechen der individuellen Berücksichtigung dieser „Einheit" nicht ganz einlösen. Es wird behauptet, dass das personalisierte Recht sein Subjekt durch dividierende (Nicht-Einheit) Verfahren immer wieder, d.h. für jede Rechtsoperation eigens, neu konstituiert, weshalb unten auch vom *dividuellen* Subjekt die Rede ist.

[46] Auf diese Weise operieren auch die hier vorgeschlagenen (personalisierten) Inkompatibilitätsregeln, mehr dazu im 4. Teil.

eigene Personalisierungsansätze liefern. Die Personalisierung vermag darüber hinaus zwei gesellschaftliche Gebiete technisch so zu verschmelzen, dass daraus neuartige Formen der Entscheidungsfindung resultieren. Wie Casey und Niblett an einem hypothetischen Beispiel anführen, könnten z. B., um beim Verhältnis Recht und Medizin zu bleiben, ärztliche (im konkreten Fall sind es chirurgische) Entscheidungen anders strukturiert werden als bis anhin. Mit Entscheidungen sind komplexe, auf den konkreten Fall bezogene Handlungsanweisungen für den behandelten Arzt bzw. die behandelte Ärztin in einer konkreten medizinischen Situation gemeint. Weil Handlungsanweisungen aufgrund der Vielzahl von Möglichkeiten kostspielig und für die behandelnde Ärzteschaft im Einzelfall nur schwer zu überblicken sind, schlagen die Autoren daher vor, sofern die technischen Mittel es zulassen – und davon gehen sie aus –, dass „Maschinen" diese Aufgabe übernehmen und entsprechende Entscheidungsanweisungen in Form von Mikrodirektiven *instantan* erteilen könnten: „The machine instantly examines the patient's history and symptoms, analyzes millions of prior cases, and reads all articles in medical journals. It then makes a perfect prediction [...] The machine's predictions provide the exact content of the law. The machine provides microdirectives for each and every scenario."[47]

Diese Mikrodirektiven müssten dann nur noch adressatengerecht dem behandelnden Chirurgen oder der behandelnden Chirurgin kommuniziert werden, sodass im Ergebnis die individuelle Patientengeschichte und der entsprechende konkrete ärztliche Eingriff konvenieren:

> „[...] [L]awmakers need some form of technology to allow a doctor to easily input all the relevant facts about a patient and receive an instant output that dictates whether or not the patient requires surgery. One might imagine a web-based program or mobile app, where the doctor can quickly and easily enter all relevant facts, submit the information and instantly receive a binding ex ante opinion [...] Even though the rule will be highly complex and based on a sophisticated algorithm, from the perspective of the doctor, the rule will be simple: operate or do not operate."[48]

Nach dieser Konzeption beziehen sich Sorgfaltspflichten nicht auf allgemeine Grundsätze oder Prinzipien; auch ist eine nachträgliche Überprüfung der Sorgfaltspflichten unter diesen Voraussetzungen nicht mehr notwendig. Der fall- und patientenorientierte Ansatz entwirft hingegen personalisierte Regelungen ärztlicher Sorgfaltspflichten. Diese sind das Ergebnis aller dafür relevanten personenbezogenen und medizinischen Daten und werden nach dieser Vorstellung *instantan*, oder besser noch *ex ante*, produziert.[49] *Instantane* oder im Voraus entworfene konkrete Sorgfaltspflichten, wie sie von Casey und Niblett beschrieben werden, können als fortgeschrittene Ausprägungen eines personalisierten Rechts begriffen werden.

---

[47] *Casey/Niblett*, Death of Rules, S. 107.

[48] *Casey/Niblett*, Death of Rules, S. 107 f.

[49] *Casey/Niblett*, Death of Rules, S. 105 ff.

Im Folgenden soll der Fokus auf weitere (und allenfalls naheliegendere) praktische Anwendungsfelder eines personalisierten Rechts gelegt werden. Dabei wird untersucht, wie die Personalisierung in verschiedenen Bereichen des Rechts umgesetzt werden könnte und welche sozialen, technologischen sowie rechtlichen Herausforderungen damit verbunden sind.

D. Einsatzfelder

In einigen Rechtsgebieten ist bereits eine gewisse Abkehr von der allgemein-abstrakten Rechtsordnung hin zu einem stärker individualisierten und spezifischen Rechtsprogramm zu beobachten. Nach Ansicht einiger Anhänger des personalisierten Rechts könnte insbesondere der Finanzdienstleistungsbereich einen solchen Schritt eingeleitet haben. So hat sich in der EU-Finanzdienstleistungsgesetzgebung beispielsweise eine Verschiebung hin zu einer personalisierten Perspektive auf den Kunden bzw. die Kundin vollzogen.[50] Unter dem Titel „Know-Your-Customer" wurden zudem auch auf bundesrechtlicher Ebene in der Schweiz gesetzliche Vorgaben etabliert, die auf eine personalisierte Ausgestaltung vertraglicher Beziehungen abzielen. In diesem Sinne verlangen z. B. die entsprechenden Richtlinien und Verordnungen im Finanzdienstleistungsbereich eine detaillierte Überprüfung der Identität, der individuellen Eignung und der persönlichen Risiken, die mit der Pflege einer Geschäftsbeziehung mit einem Kunden bzw. einer Kundin verbunden sind. Die entsprechenden Verfahren fallen in den breiteren Rahmen der Vorschriften zur Bekämpfung der Geldwäscherei.[51]

Nicht zuletzt vor dem Hintergrund bereits erkennbarer Personalisierungstendenzen erscheint es naheliegend, dass sich grundsätzlich kein Rechtsgebiet ausschliessen lässt, das nicht potenziell für eine personalisierte Ausgestaltung in Betracht käme. Dennoch gibt es in der rechtswissenschaftlichen Diskussion weitgehend Konsens darüber, dass bestimmte Rechtsbereiche aufgrund ihrer Struktur und praktischen Anwendungsweise besonders gut für eine personalisierte Ausgestaltung geeignet sind. Dazu zählen insbesondere das Strafrecht, das dispositive Vertragsrecht, Offenlegungspflichten[52] und bestimmte Rechtsinstitute wie die Handlungs- und Urteilsfähigkeit.[53] Im Folgenden sollen einige Einsatzfelder besprochen werden.

---

[50] *Sirena*, S. 195 ff.

[51] Vgl. etwa GwG Art. 3 ff.; vgl. ferner *Sirena*, S. 195 ff.

[52] *Porat/Strahilevitz*, S. 5 ff.

[53] *Ben-Shahar/Porat*, Personalizing Negligence Law, S. 54 ff.

I. Strafrecht

Ein flüchtiger Blick in die Literatur genügt, um festzustellen, dass der Personalisierung des Strafrechts besondere Aufmerksamkeit geschenkt wird.[54] Das hat zum einen damit zu tun, dass einige nationale Justizsysteme bereits datenbasierte Softwares einsetzen, um beispielsweise das individuelle Rückfallrisiko eines Straftäters zu berechnen.[55] Zum anderen berücksichtigen Strafgerichte bereits heute die individuellen Umstände eines Straftäters bei der Bemessung der zu verhängenden Strafe. Dieser Impuls geht bereits vom Gesetzgeber aus. So heisst es etwa in Zusammenhang mit der Geldstrafe in Art. 34 Abs. 2 des StGB: „[...] Es [das Gericht] bestimmt die Höhe des Tagessatzes nach den persönlichen und wirtschaftlichen Verhältnissen des Täters im Zeitpunkt des Urteils, namentlich nach Einkommen und Vermögen, Lebensaufwand, allfälligen Familien- und Unterstützungspflichten sowie nach dem Existenzminimum." Die Berücksichtigung individueller Umstände gehört zu den Grundsätzen des Strafrechts.[56]

Dennoch bieten sich auch im Strafrecht umfassende Ansätze zur qualifizierten Personalisierung. Die Personalisierung könnte etwa darin bestehen, das Verhältnis zwischen der Wirkung einer zu verhängenden Strafe und dem individuellen Nutzen, den ein Straftäter bzw. eine Straftäterin zu erreichen hofft, zu kalibrieren. Ben Shahar und Porat stellen sich etwa ein Strafrechtssystem vor, das darauf abzielt, einzelne schädliche Verhaltensweisen gezielt zu unterbinden. Dies soll z. B. durch die Verhängung einer Sanktion erfolgen, die den potenziellen Nutzen für den Täter oder die Täterin, der sich allenfalls aus der verübten Straftat ergeben könnte, übersteigt. Durch eine solche Kalkulation könnte sichergestellt werden, dass sich rechtswidriges Handeln für den Einzelnen nicht lohnt.[57] Um eine unerwünschte Straftat zu verhindern, dürfte nach dieser Logik der subjektiv erhoffte Nutzen der Straftat (z. B. ein Diebstahl) für eine Täterin nicht höher liegen als die Folgen der drohenden Strafe. Bei Vermögensdelikten würde ein Täter, der besonders wertvolle Gegenstände entwendet oder gestohlenes Eigentum gewinnbringend nutzt, eine entsprechend höhere Strafe erhalten. Dadurch könnte den Autoren zufolge verhindert werden, dass lukrative Straftaten zu milde geahndet werden, während gleichzeitig Bagatelldelikte nicht unverhältnismässig hart bestraft würden.[58]

Bei diesem Prozess, den Ben-Shahar und Porat „Benefit-Based Personalization"[59] nennen, bestehen die Herausforderungen in der adäquaten Einschätzung des Nutzens. Solange sich dieser auf ökonomische Werte bezieht, scheint dies durchaus

---

[54] Statt vieler *Ben-Shahar/Porat*, Personalized Law, S. 76 ff.; *von Bar*, S. 236 ff.; *Kugler/Strahilevitz*, S. 489 ff.

[55] Vgl. *Ben-Shahar/Porat*, Personalized Law, S. 77.

[56] So beispielsweise bei der Strafzumessung (Art. 47 Abs. 1 StGB).

[57] *Ben-Shahar/Porat*, Personalized Law, S. 78.

[58] *Ben-Shahar/Porat*, Personalized Law, S. 79.

[59] *Ben-Shahar/Porat*, Personalized Law, S. 79.

möglich zu sein, wie sie selbst einräumen: „Some benefits from crime are easily measured, like the economic yield.“[60] Darüber hinaus gibt es analoge Systeme unter umgekehrten Vorzeichen: „Indeed, some crime rings pay participants according to the booty they produce. The state could likewise, simply flipping the signs of the pay-off.“[61] Es ist klar, dass die Berechnung des Nutzens für normative Zwecke (Sanktionen) sich regelmässig komplexer gestaltet als hier suggeriert wird, und zwar immer dann, sobald es sich nicht mehr ausschliesslich um geldwerte Vorteile handelt.

Aber auch für die komplexeren Fälle bestehen bereits Personalisierungsüberlegungen, wie die beiden Autoren mit Verweis auf eine Abhandlung der Kriminologin Denno feststellen. Denno untersucht, wie neurowissenschaftliche Erkenntnisse zur Personalisierung des Strafrechts beitragen können. Es geht um die Frage, wie neurologische und genetische Daten in Zukunft genutzt werden können, um die individuellen Eigenschaften und Verantwortlichkeiten von Straftätern und Straftäterinnen präziser zu beurteilen. Grundsätzlich geht es darum, dass die Neurowissenschaft dazu beitragen kann, Strafen und rechtliche Massnahmen stärker an die spezifischen kognitiven und neurologischen Bedingungen des Einzelnen bzw. der Einzelnen anzupassen, anstatt ausschliesslich auf allgemeinen Normen und generalisierten Täterprofilen zu basieren. Diese Entwicklung individualistischer Strafkonzepte betrifft Fragen zur Schuldfähigkeit und zur Prävention von Straftaten.[62] Dies könnte nicht nur eine differenziertere Bewertung der individuellen Verantwortlichkeit ermöglichen, sondern auch präventive Massnahmen effektiver gestalten.

II. Haftpflichtrecht

Ein weiterer Bereich der Personalisierung betrifft das Haftpflichtrecht, wo sich die Sorgfaltspflichten nicht mehr nach objektiven Massstäben, sondern einzig nach dem persönlichen Vermögen bemessen sollen.[63] In diesem Sinne besteht die Personalisierung im Wesentlichen darin, den Sorgfaltsmassstab nicht an einem „reasonable man“, sondern an den individuellen Eigenschaften und Fähigkeiten der betroffenen Person auszurichten.[64] Ben-Shahar und Porat sprechen in dieser Hinsicht von einem „reasonable *you*“:[65] „Now imagine a world of personalized negligence law. There is no longer a ‚reasonable person‘ whose fictional attributes an-

[60] *Ben-Shahar/Porat*, Personalized Law, S. 79.

[61] *Ben-Shahar/Porat*, Personalized Law, S. 79.

[62] *Denno*, S. 359 ff.

[63] *Ben-Shahar/Porat*, Personalized Law, S. 67 ff.

[64] *Ben-Shahar/Porat*, Personalized Law, S. 61; *Bender*, S. 101.

[65] *Ben-Shahar/Porat*, Personalizing Negligence Law, S. 629 (Hervorhebung durch Verf.).

chor the standard of care. Instead, there is the ‚reasonable you' – how each person should act given individual circumstances, skill, and risks."[66]

Im Strassenverkehr könnte dies bedeuten, dass individuelle Eigenschaften wie Sehvermögen, Reflexe und Müdigkeit eines Fahrers bzw. einer Fahrerin die erlaubte Geschwindigkeit und Fahrdauer beeinflussen könnten. Anstelle eines festen Geschwindigkeitsbegrenzungsschilds würde ein dynamisches System das Tempolimit in Echtzeit anpassen, basierend auf persönlichen und situativen Faktoren:

> „A young person with good eyesight and quick reflexes, who does not take drowsing medications, would be allowed to drive faster and over longer hours in the same road conditions as someone without these traits. The speed limit tailored to this young person could change by the hour of the day, as subjective factors affecting the predicted degree of alertness change – including how fatigued they become and whether they are having a conversation while driving. A on-size-fits-all speed limit sign posted alongside the road would be replaced by a flashing speed limit screen in the driver's car, displaying an algorithmically derived command."[67]

In diesem Sinne würden sich die Sorgfaltspflichten nach diesen subjektiven und situativen Kriterien richten. Dies stünde im Kontrast zum geltenden Schweizer Haftpflichtrecht. Im Letzteren wird grundsätzlich ein objektiver Vergleich zwischen dem Verhalten der konkret handelnden Person (Schädiger/in) und dem Verhalten einer „hypothetischen Person unter gleichen Umständen" gezogen, wie dieser Auszug von vielen aus einem Bundesgerichtsentscheid in Zusammenhang mit Art. 41 OR zeigt:

> „Dabei wird das in Frage stehende Verhalten nach einem objektiven Massstab bewertet, d.h. es wird verglichen mit jenem Verhalten, das nach der Rechtsordnung unter den gegebenen Verhältnissen von einem Durchschnittsmenschen erwartet werden durfte. Tadelnswert und damit schuldhaft ist ein Verhalten dann, wenn es von dem unter den gegebenen Verhältnissen als angebracht geltenden Durchschnittsverhalten abweicht, wobei das Verschulden umso schwerer wiegt, je grösser das Ausmass der Abweichung vom Durchschnittsverhalten ist."[68]

Anderswo heisst es: „Die Sorgfaltswidrigkeit ergibt sich aus dem Vergleich des tatsächlichen Verhaltens des Schädigers mit dem hypothetischen Verhalten eines durchschnittlich sorgfältigen Menschen in der Situation des Schädigers."[69] Fahrlässig handelt der Täter oder die Täterin also dann, wenn er oder sie von diesem objektivierten Massstab abweicht. Diesen objektiven Massstab gäbe es in einem

---

[66] *Ben-Shahar/Porat*, Personalized Law, S. 62.

[67] *Ben-Shahar/Porat*, Personalized Law, S. 62; das Beispiel eines personalisierten Tempolimits im Strassenverkehr erachten Casey/Niblett als besonderes interessant, weil sich auch im Hinblick auf autonom fahrende Fahrzeuge ähnliche Frage stellen. So muss der Gesetzgeber in beiden Konstellationen im Voraus eine Abwägung etwa zwischen Fahrgeschwindigkeit und Unfallrisiko und allenfalls weiteren Kriterien treffen (*Casey/Niblett*, Framework, S. 340 f.).

[68] BGE 116 Ia 162 E.2.c).

[69] BGE 137 III 539 E.5.2.

personalisierten Haftungsrecht nicht mehr. Er gilt als mangelhaft, da er – im Gegensatz zu einem individualisierten Massstab – nur über begrenzte Kenntnisse der für die Beurteilung des menschlichen Verhaltens zu berücksichtigenden Datenmenge verfügt.[70]

III. Transplantationsgesetz (Organspende)

Mit der Abstimmung vom 15. Mai 2022 hat sich der Schweizer Souverän für die (erweiterte) Widerspruchslösung bei der Organspende ausgesprochen. Mit dieser neuen Regelung, die frühestens 2026 in Kraft tritt, hat man sich für eine Default-Regel entschieden, wonach im Ausgangsfall grundsätzlich alle als Spender und Spenderinnen in Frage kommen, sofern – wie es die Bezeichnung bereits besagt – kein Widerspruchsgrund vorliegt.[71] Dies bedeutet, dass Personen, die nach ihrem Tod keine Organe spenden möchten, dies künftig im Voraus erklären müssen. Bis zur Einführung der neuen Regelung gilt noch die Zustimmungsregelung, bei der eine Entnahme von Organen nur möglich ist, wenn eine Zustimmung vorliegt.

Auch in anderen Staaten, wie z. B. in den USA, gilt die Zustimmungslösung. In diesem Zusammenhang unternommene Forschungen zeigen, dass bestimmte Persönlichkeitsmerkmale mit der Bereitschaft zur Organspende regelmässig korrelieren. So würden etwa Personen mit einer hohen Verträglichkeit („agreeable individuals") oder Gewissenhaftigkeit („conscientiousness") eher spenden. Andere Studien lassen zudem erkennen, dass die Zustimmung oder Ablehnung einer Spende von weiteren persönlichen Merkmalen wie dem individuellen Lebensstil oder der politischen Ausrichtung abhängt.[72] So würden etwa Menschen, die politisch eher konservativ eingestellt sind, der Organspende eher weniger zustimmen.

Wenn solche Korrelationen feststellbar sind, besteht ein günstiger Rahmen für die Entwicklung einer personalisierten Regelung der Organspende. Die Berücksichtigung individueller Präferenzen könnte sich als eine praktikable Alternative zu den bisherigen zwei Optionen der Widerspruchs- oder Zustimmungslösung im Bereich der Organtransplantationsgesetzgebung erweisen.[73] Durch eine personalisierte Vorgabe liesse sich die Voraussetzung für eine Organspende von einem persönlichen Profil eines Einzelnen abhängig machen, ohne die Möglichkeit einer expliziten Einwilligung oder eines Widerrufs auszuschliessen. Die Personalisierung könnte

---

[70] *Von Bar*, S. 236 ff.; vgl. die Ausführungen bei *Ben-Shahar/Porat*, Personalizing Negligence Law, S. 632 ff.

[71] Vgl. https://www.bag.admin.ch/bag/de/home/medizin-und-forschung/transplantationsmedizin/rechtsetzungsprojekte-in-der-transplantationsmedizin/revision-des-transplantationsgesetzes/indirekter-gegenvorschlag-organspende-initiative.html (zuletzt besucht am 05.05.2025).

[72] Eine Zusammenfassung dieser Studien findet sich bei *Porat/Strahilevitz*, S. 24 ff.

[73] *Porat/Strahilevitz*, S. 24 ff.

dazu beitragen, das Potenzial einer erhöhten Spendebereitschaft in der Bevölkerung besser zu nutzen.

IV. Dispositives Vertragsrecht

Einen breiten Einsatzbereich eines personalisierten Rechts stellen des Weiteren die Bestimmungen des Vertragsrechts dar; allen voran jene Bestimmungen, von denen die Parteien einvernehmlich abweichen können. Die Personalisierung in diesem Feld zielt auf eine regulatorische Technik ab, die in der englischsprachigen Literatur mit *default-rules* bezeichnet wird.[74] Dies entspricht im kontinentaleuropäischen Vertragsrechtskontext dem dispositiven Recht. Dispositive Rechtsbestimmungen finden sich etwa im Kaufvertragsrecht, Arbeitsrecht, Mietrecht, Erbrecht, Familienrecht oder Personenrecht.[75]

Das dispositive Recht (oder im Deutschen „das abdingbare Recht") stellt, wie z.B. Canaris beschreibt, „nichts anderes dar als die gesetzliche Typisierung des mutmasslichen Willens redlicher und vernünftiger Parteien"[76]. Entsprechen nach bisheriger Auffassung diese typisierten dispositiven Bestimmungen nicht den individuellen Präferenzen, können die Parteien eine hiervon abweichende vertragliche Vereinbarung treffen. Derartig getätigte Dispositionen werden unter einem rechtsökonomischen Gesichtspunkt als Transaktionskosten bezeichnet und sind Folge ungeeigneter (weil allgemein und damit nicht personalisiert) dispositiver Regelungen. Im Extremfall können unangemessene dispositive Bestimmungen dazu führen, dass Vertragsanbahnungen vorzeitig abgebrochen oder Vertragsverhandlungen erst gar nicht aufgenommen werden. Denn obwohl die dispositiven Bestimmungen zur Disposition stehen, werden sie nur selten neuverhandelt.[77]

Neben dem dispositiven Vertragsrecht (und dem zwingenden Recht) hat der Gesetzgeber Sunstein zufolge ferner auch die Möglichkeit, eine aktive Entscheidungsfindung seitens der Individuen zuzulassen, ohne dass dabei *per default* etwas vorgegeben wird. Dies würde einen „gesetzesfreien" Bereich darstellen, wo weder dispositives noch zwingendes (Vertrags-)Recht etwas regeln.[78] Es gibt allerdings noch eine andere Möglichkeit: Der Gesetzgeber könnte statt *default-rules* oder *no-rules* viel eher *personalisierte default-rules* anbieten.[79] Welche dieser Alternativen

---

[74] Die regulatorische Technik der *default-rules* wird von Sunstein als kanonische oder gesetzliche „Nudges" bezeichnet und gehört zu den zentralen Aufgaben des Rechtssystems. Siehe *Sunstein*, S. 48 ff.; vgl. ferner *Ben-Shahar/Porat*, Personalized Law, S. 85.

[75] *Porat/Strahilevitz*, S. 6, 23 ff.; siehe auch *Ben-Shahar/Porat*, Personalized Law, S. 90.

[76] *Canaris*, S. 285.

[77] *Sunstein*, S. 5 f.

[78] Gemeint ist eine Nichtregelung, die weder als Gesetzeslücke noch als gesetzgeberisches Schweigen zu qualifizieren ist, vgl. auch BGE 140 III 206 E. 3.5.5.

[79] *Sunstein*, S. 7.

vorzuziehen ist, hängt Sunstein zufolge von den Transaktionskosten und der Fehleranfälligkeit ab.[80]

In der Vision Sunsteins handelt es sich bei personalisierten Default-Normen (*personalized default-rules*) um „the wave of the future“[81] – da sie im Vergleich zu starren, allgemein geltenden Normen eine genaue Anpassungsfähigkeit an individuelle Präferenzen und Bedürfnisse ermöglichen. Er ist der Ansicht, dass *personalisierte default-rules* allgemeinen, d.h. nichtpersonalisierten, *default-rules* vorzuziehen sind, sofern die betreffende Regel eine heterogene Gesellschaft adressiert.[82] Personalisierte Default-Regeln sind zudem auch der aktiven Entscheidungsfindung der Individuen vorzuziehen, da sie den Entscheidungsraum schliessen und damit Zeit sparen. Individuen würden ohnehin auch im Alltag ständig unbewusst *personalisierten default-rules* folgen, indem sie die Vorlieben einzelner Individuen erkennen und diese in der Beziehung als Ausgangslage annehmen.[83]

Vor diesem Hintergrund eignet sich das Kaufvertragsrecht aufgrund seiner zahlreichen dispositiven Bestimmungen in besonderem Masse für eine Personalisierung. Zudem verfügen Unternehmen bereits über viele relevante Kundendaten, die für die Personalisierung genutzt werden können. In der Literatur lässt sich das Beispiel des Erfüllungsortes eines Kaufvertrages finden. So fragen die Autoren Porat und Strahilevitz, ob es, ähnlich wie z.B. bei Gattungsschulden nach Schweizer Vertragsrecht,[84] sinnvoll ist, dass auch im Fall eines körperlich beeinträchtigten Käufers oder einer körperlich beeinträchtigten Käuferin die Kaufsache nach den allgemeinen *default-rules* in der Ausgangssituation beim Verkäufer bzw. bei der Verkäuferin abgeholt werden und nicht vielmehr der mobilitätseingeschränkten Vertragspartei – im Zuge der Personalisierung des Erfüllungsorts – zugestellt werden soll.[85]

Sollten personalisierte dispositiven Vertragsbestimmungen auch tatsächlich ein zukunftsträchtiges Regulierungsmittel darstellen,[86] könnte dies das Ende von Allgemeinen Geschäftsbedingungen (AGB) bedeuten. AGBs dienen dazu, Vertragsinhalte zu standardisieren und Transaktionskosten zu senken, indem sie vorformulierte Bestimmungen festlegen. Anders als personalisierte dispositive Bestimmungen beruhen sie auf einer verallgemeinernden Logik. Sie unterliegen zudem der Kontrolle nach Art. 8 UWG und der sogenannten „Ungewöhnlichkeitsregel“, welche besagt, dass ungewöhnliche Klauseln, „auf deren Vorhandensein die schwächere oder weniger geschäftserfahrene Partei nicht gesondert aufmerksam gemacht

---

[80] *Sunstein*, S. 9.

[81] *Sunstein*, S. 57.

[82] Zu meiner Kritik betreffend das Argument mit der heterogenen Gesellschaft, siehe Einleitung.

[83] *Sunstein*, S. 49.

[84] *Huguenin*, N 704.

[85] *Porat/Strahilevitz*, S. 12.

[86] Vgl. auch *Ben-Shahar/Porat*, Personalized Law, S. 87.

worden ist“,[87] ohne ausdrückliche Zustimmung ebendieser Vertragspartei unwirksam sein können.[88] Personalisierte dispositive Bestimmungen könnten diese Kontrolle dahingehend obsolet werden lassen und das herkömmliche Konzept der AGBs verdrängen, indem die allgemeinen Vertragsklauseln, die für eine breite Masse gedacht sind, durch personalisierte, d.h. auf die jeweilige Vertragspartei, ihre Präferenzen und ihre Schwächen zugeschnittene, Bestimmungen ersetzt werden.

V. Erbrecht

Ein weiteres Personalisierungsfeld betrifft das Erbrecht. Eine im Jahr 2024 von der Universität Lausanne durchgeführte Auswertung von 17’000 Testamenten gibt Aufschluss über die grundsätzliche Aufteilung von Nachlässen in der Schweiz.[89] Zu den Erkenntnissen gehört, dass die Familienkonstellationen entscheidend dafür sind, was in den Testamenten steht. Die Auswertung belegt z.B., dass verheiratete Personen mit Kindern in ihrer Nachlassplanung in erster Linie ihre engste Familie bevorzugen, wobei ein wesentlicher Teil des Vermögens an den Ehepartner bzw. an die Ehepartnerin geht, gefolgt von den Nachkommen. Andere Verwandte oder Bekannte erhalten hingegen wenig bis nichts. Unverheiratete Personen ohne eigene Kinder richten ihren Nachlass häufig auf einen Lebenspartner bzw. auf eine Lebenspartnerin aus. Wenn beide Eltern noch leben, erhalten sie durchschnittlich etwas mehr als ein Fünftel des Erbes.

Etwas aussagekräftiger sind Studien, die für den US-amerikanischen Raum durchgeführt wurden. So zeigen Auswertungen von letztwilligen Verfügungen etwa, dass der Wunsch, wie der Nachlass aufgeteilt wird, je nach persönlichen Merkmalen wie Alter, Geschlecht, Religionszugehörigkeit und Beruf des Erblassers variiert. Es lässt sich z.B. erkennen, dass Männer und Frauen unterschiedliche Präferenzen haben, wenn es darum geht, ihr ganzes Erbe der Ehepartnerin bzw. dem Ehepartner zu hinterlassen: „While 55 % of married fathers bequeath all their property to their spouses, only 34 % of married mothers do so.“[90]

---

[87] BGE 135 III 7 E.2.1.

[88] Zum Ganzen siehe *Stöckli*, S. 187 f. Zu erwähnen ist zudem, dass Art. 8 UWG auch selbst Gegenstand einer Personalisierung sein könnte.

[89] https://www.tagesanzeiger.ch/erben-was-menschen-in-der-schweiz-in-ihre-testamente-schreiben-452313609954 (zuletzt besucht am 05.05.2025).

[90] Siehe bei *Ben-Shahar/Porat*, S. 88 f.; vgl. ferner *Busch/De Franceschi*, Granular Legal Norms, S. 420 mit Verweis auf *D. Hacker*, S. 334; zur ökonomischen Analyse siehe *Bender*, S. 71 ff.

VI. Zwingendes Vertragsrecht

Bei diesen Auswertungen der letztwilligen Verfügungen (und im Kaufvertragsbeispiel oben) geht es allerdings um eine Differenzierung, die sich noch auf Gruppenzugehörigkeiten (Männer, Frauen, körperlich Eingeschränkte, etc.) bezieht. Um eine eigentliche Personalisierung im Sinne einer Individuum-Bezogenheit handelt es sich z. B., wenn basierend auf empirischen Studien konkrete algorithmische Handlungsanweisungen erfolgen. Hacker verweist etwa auf empirische Untersuchungen, die zeigen, dass bestimmte Bankkunden und -kundinnen mit beschränkten Entscheidungskompetenzen besonders häufig Zahlungsfristen versäumen. Bei dieser Klientel fallen besonders häufig Überziehungsgebühren und hohe Kreditkosten im Zusammenhang mit der Überziehung von Konten an. Die Entscheidungskompetenz wird dabei nicht etwa abgestützt auf Gruppenzugehörigkeiten ermittelt. Dahinter stehen vielmehr zahlreiche Datenquellen und komplexe, auf die Einzelperson ausgerichtete Berechnungen. In diesem Zusammenhang könnten personalisierte Bestimmungen vorsehen, dass potenzielle Kunden und Kundinnen, die ein bestimmtes Merkmal betreffend ihre Entscheidungskompetenz aufweisen, zusätzliche Prüfungen durchlaufen müssen, um einen entsprechenden Vertrag abzuschliessen.

Zwar hat der deutsche Gesetzgeber bereits Bestimmungen erlassen, die in diese Richtung gehen, wie Hacker mit Verweis auf die sog. „eingeräumte Überziehungsmöglichkeit" in einem Darlehensvertrag (§ 504 BGB) anmerkt.[91] Die Personalisierung würde aber, wie Hacker im Hinblick auf den *Ex-ante*-Charakter und individualistischen Ansatz des personalisierten Rechts betont, die Merkmale und Verhaltensweisen jedes Einzelnen bzw. jeder Einzelnen im Voraus identifizieren, anstatt die Kundschaft im Nachhinein herauszufiltern, nachdem sich Schulden und Kosten angesammelt haben: „Personalization, by contrast, would use a behavioral metric in order to identify ex ante consumers that are likely to incur significant costs of overdrafting, instead of singling out consumers ex post, after debt and costs have accumulated."[92]

Ein weiteres Personalisierungsfeld stellen daher auch die zwingenden Bestimmungen des Vertragsrechts dar. Zwingende Vertragsbestimmungen dienen allen voran der Rechtssicherheit und dem Schutz der (schwächeren) Parteien, indem sie u. a. Marktungleichgewichte zwischen den Vertragsparteien berücksichtigen und gegebenenfalls korrigieren. Diese Korrektur hat zwingenden Charakter, da sie den

---

[91] *Hacker*, Personalized Law and the Behavioral Sciences, S. 251: „Under the new § 504a of the German Civil Code (BGB), lenders have to offer consumer borrowers a counselling session if borrowers use an overdraft facility continuously for six months at a level that exceeds 75 % of the maximum overdraft amount. Borrowers, however, may decline such counselling; also, the obligation is only triggered after fees, and interest rates, have already piled up over half a year (and, potentially, much longer if the overdraft amount was below the 75 % threshold)."

[92] *Hacker*, Personalized Law and the Behavioral Sciences, S. 251.

Inhalt des Vertrages zum Schutz der betroffenen Vertragspartei auch gegen den Willen der Parteien bestimmen kann.[93]

Im Grundsatz bilden zwingende Vertragsbestimmungen allgemeine Schranken der Vertragsfreiheit, ohne dabei zwischen dem individuellen Schutzbedürfnis der Beteiligten zu unterscheiden; und das, obwohl Vertragsparteien nicht über den identischen Schutzbedarf verfügen. So greift für die einen der Schutz des Obligationenrechts zu kurz, andere wiederum fühlen sich durch die Schutzbestimmungen eingeschränkt.[94] Dieses unterschiedliche und subjektive Schutzempfinden könnte normativ mit einem entsprechenden Personalisierungsprogramm aufgefangen werden, wie auch Ben-Shahar und Porat in diesem Zusammenhang vorschlagen: „[T]he service of legal protection could be personalized to correspond to the predicted protective needs of contracting parties […].“[95]

Vor diesem Hintergrund könnte das personalisierte Recht eine entscheidende Rolle bei der Korrektur von Machtasymmetrien innerhalb von Vertragsverhältnissen spielen. Im digitalen Raum äussern sich Marktungleichgewichte zwischen den Vertragsparteien häufig darin, dass eine Seite (in der Regel ein Unternehmen, das Produkte oder Dienstleistungen anbietet) einen bedeutsamen Informationsvorteil gegenüber der anderen Seite (in der Regel Konsumenten oder Konsumentinnen des Produkts oder der Dienstleistung) besitzt. Dieser Informationsvorsprung beschränkt sich nicht nur auf Marktkenntnisse. Die Verfügbarkeit von Kundendaten und die Auswertung dieser Daten mittels *big data analytics* ermöglicht es Unternehmen, die Bedürfnisse des einzelnen Konsumenten bzw. der einzelnen Konsumentin zu ermitteln und entsprechende Produkt- und (personalisierte) Preisangebote zu unterbreiten, aber auch – und das ist viel problematischer – individuelle Rationalitätsdefizite bzw. Urteilsverzerrungen bei angehenden Konsumenten und Konsumentinnen zu identifizieren. Die Erkenntnisse aus dieser Datenanalyse könnten dann genutzt werden, um durch entsprechende Angebote einen für das Unternehmen vorteilhaften Vertragsabschluss zu initiieren. Unternehmen können diese Erkenntnisse also nutzen, um (potenzielle) Kunden und Kundinnen mit personalisierten, d. h. auf die Einzelperson zugeschnittenen, Angeboten *anzusprechen* – und zwar genau in dem Moment, in dem die Fähigkeit, rationale Entscheidungen zu treffen, bei der betroffenen Person eingeschränkt ist (etwa aufgrund emotionaler Erregung oder wegen Zeitdrucks).

Die für dieses Vorgehen verwendeten Datenanalysen können zudem nicht nur für unternehmenseigene Zwecke genutzt werden, sondern auch anderen Anbietern zur Verfügung gestellt werden, wie das Beispiel von Facebook zeigt. So steht Facebook unter dem Verdacht, anderen Unternehmen eine Software angeboten zu haben, mit welcher psychisch labile Jugendliche identifiziert werden können, um sie

---

[93] *Abegg*, S. 100 f.

[94] *Ben-Shahar/Porat*, Personalizing Mandatory Rules, S. 255.

[95] *Ben-Shahar/Porat*, Personalizing Mandatory Rules, S. 256.

in einem Moment der Schwäche gezielt mit entsprechenden Werbeangeboten *anzusprechen.*[96] Dokumente aus dem Jahr 2017 zeigen, dass Facebook mithilfe komplexer Algorithmen gezielt australische Jugendliche ab 14 Jahren identifiziert hat, um sie in ihren emotional verletzlichsten Momenten für Werbezwecke auszunutzen. Facebook analysierte dabei in Echtzeit Beiträge, Bilder, Interaktionen und Online-Aktivitäten, um Gefühlszustände wie Unsicherheit, Wertlosigkeit oder Überforderung zu erkennen.[97]

In die gleiche Richtung geht der Vorwurf gegen die Videowerbeplattform MediaBrix, die eine Software entwickelt haben soll, mit der die psychische Verfassung von Online-Spielern und -Spielerinnen ausgewertet werden kann, um ihnen anschliessend Angebote zu einem für die Anbieterin „günstigen" Zeitpunkt zu unterbreiten, denen die Rezipienten und Rezipientinnen nur aufgrund der emotionalen Erregung zustimmen.[98] Auf dieses Phänomen der Ausnutzung von sog. Rationalitätsdefiziten soll nachstehend gesondert eingegangen werden.

VII. „Ausbeuterische" Verträge

Angesichts der Risiken, die aus der Ausnutzung von Rationalitätsdefiziten resultieren und insbesondere auf Informationsasymmetrien zugunsten der Unternehmen zurückzuführen sind, sieht Hacker in der Personalisierung ein effektives Schutzinstrument. Mit personalisierten Normen sollen die auf diese Weise adressierten Konsumenten und Konsumentinnen vor „ausbeuterischen" Verträgen geschützt werden.[99] Mit „ausbeuterischen" Verträgen meint er Vertragsanbahnungen, bei welchen die eine Partei von den „Schwächen" der anderen einen missbräuchlichen Nutzen zieht.[100] In seinen Worten: „These are contracts in which one party benefits from mistakes of the other party; the offer of teaser rate contracts to consumers with bounded willpower and bounded ability to forecast their future spending and consumption behavior is a case in point."[101] Dabei betont Hacker, dass in den ausbeuterischen Konstellationen die Absicht des Anbieters bzw. der Anbieterin, jemandes Urteilsschwächen auszunutzen, nicht entscheidend ist. Ausbeuterisch in dem hier relevanten Kontext sind Verträge allein schon dadurch, dass sie das Ergebnis eines auf maximalen Profit ausgerichteten Algorithmus darstellen.[102]

---

[96] *Ebers*, S. 424; vgl. auch https://www.theguardian.com/technology/2017/may/01/facebook-advertising-data-insecure-teens (zuletzt besucht am 05.05.2025).

[97] https://www.theaustralian.com.au/subscribe/news/1/?sourceCode=TAWEB_WRE170_a_NEW&dest=https%3A%2F%2F (zuletzt besucht am 05.05.2025).

[98] Zu diesem Fall siehe *Schäfers*, S. 36.

[99] *Hacker*, Personalized Law and the Behavioral Sciences, S. 252.

[100] Vgl. hierzu die Ausführungen im 4. Teil, C. IV. zum Übervorteilungstatbestand in Art. 21 OR.

[101] *Hacker*, Personalized Law and the Behavioral Sciences, S. 252.

[102] *Hacker*, Personalized Law and the Behavioral Sciences, S. 252.

Mit Blick auf den Facebook-Fall, wonach das soziale Netzwerk es Unternehmen ermöglicht haben soll, strategisch psychisch labile Teenager anzuwerben, schlägt Hacker zunächst die Personalisierung von einigen Bestimmungen der EU-Richtlinie über unlautere Geschäftspraktiken vor.[103] Im Konkreten geht es um die Generalklausel von Art. 5 Abs. 2, die Bestimmung zu den irreführenden Handlungen bzw. Unterlassungen in Art. 6 und 7 sowie aggressive Geschäftspraktiken gem. Art. 8 dieser Richtlinie. Das Grundproblem bei all diesen Bestimmungen liege im unzureichenden Begriff des Konsumenten. In seinen eigenen Worten: „The problem with all of these different prohibitions, as has often been noted, consists in the reference consumer understood to be ‚reasonably well-informed and reasonably observant and circumspect'".[104] Im Mittelpunkt des Interesses an der Personalisierung steht daher der Verweis auf den angemessen informierten und rationalen „Verbraucher".

Art. 5(3) der Richtlinie über unlautere Geschäftspraktiken versucht zwar, diesem Problem zu begegnen, indem er bei der Beurteilung des Vertragsverhältnisses im Falle einer Geschäftspraxis, die sich an eine „eindeutig identifizierbare Gruppe von Verbrauchern" richtet, nicht auf einen allgemeinen „Durchschnittsverbraucher" abstellt, sondern auf das durchschnittliche Mitglied dieser besonderen schutzbedürftigen Gruppe. So heisst es in dieser Bestimmung:

> „Geschäftspraktiken, die voraussichtlich in einer für den Gewerbetreibenden vernünftigerweise vorhersehbaren Art und Weise das wirtschaftliche Verhalten nur einer eindeutig identifizierbaren Gruppe von Verbrauchern wesentlich beeinflussen, die aufgrund von geistigen oder körperlichen Gebrechen, Alter oder Leichtgläubigkeit im Hinblick auf diese Praktiken oder die ihnen zugrunde liegenden Produkte besonders schutzbedürftig sind, werden aus der Perspektive eines durchschnittlichen Mitglieds dieser Gruppe beurteilt. Die übliche und rechtmässige Werbepraxis, übertriebene Behauptungen oder nicht wörtlich zu nehmende Behauptungen aufzustellen, bleibt davon unberührt."[105]

Dies reicht nach der Ansicht Hackers allerdings nicht aus, um den Schutz zu gewährleisten, den die betroffenen Konsumenten und Konsumentinnen bei ihrer Entscheidung für einen Vertragsabschluss benötigen. Zudem sind Lehre und Rechtsprechung uneins darüber, was unter die in dieser Vorschrift genannte Schutzbedürftigkeit fällt (geistige oder körperliche Gebrechen? Alter oder Leichtgläubigkeit?). Umso offener ist daher die Frage, ob allfällige kognitive oder willensbezogene Schwächen (Rationalitätsdefizite) seitens Konsumenten und Konsu-

---

[103] *Hacker*, Personalized Law and the Behavioral Sciences, S. 252 f. mit Verweis auf EU-Richtlinien.

[104] *Hacker*, Personalized Law and the Behavioral Sciences, S. 255.

[105] Art. 5(3) der Richtlinie 2005/29/EG des Europäischen Parlaments und des Rates vom Mai 2005 über unlautere Geschäftspraktiken im binnenmarktinternen Geschäftsverkehr zwischen Unternehmen und Verbrauchern und zur Änderung der Richtlinie 84/450/EWG des Rates, der Richtlinien 97/7/EG, 98/27/EG und 2002/65/EG des Europäischen Parlaments und des Rates sowie der Verordnung (EG) Nr. 2006/2004 des Europäischen Parlaments und des Rates, ABl. L 149/22.

mentinnen, die durch die Verwendung von *big data analytics* systematisch ausgenutzt werden, von dieser Bestimmung überhaupt erfasst werden. Es bleibt somit ungewiss, ob Personen, die durch den Einsatz digitaler Mittel in diesem Sinn benachteiligt werden, überhaupt unter die Kategorie der „besonders schutzbedürftigen Gruppen" fallen.

Ein weiterer Grund, weshalb die Lösung über die Richtlinie nicht befriedigend ist, hat damit zu tun, dass diese Bestimmungen bei unlauteren Geschäftspraktiken „eine klar identifizierbare Gruppe von Verbrauchern" voraussetzen. Problematisches Targeting betrifft aber oft auch (potenzielle) Konsumenten und Konsumentinnen ausserhalb eines geschlossenen und klar identifizierbaren Personenkreises. Zudem sind die Auswirkungen der jeweiligen Geschäftspraktiken selbst für die Anbieter und Anbieterinnen nicht in jedem Fall eindeutig vorhersehbar. Die Tatsache aber, dass die anbietenden Unternehmen aufgrund der Komplexität der algorithmischen Verarbeitung die Folgen ihrer Praktiken nicht verstehen, darf sich nicht zu ihrem Vorteil auswirken (etwa indem die Bestimmung in diesen Fällen nicht angewendet wird).[106]

Vor dem Hintergrund dieser Argumente werden die Schwächen dieser Bestimmungen ersichtlich. Selbst Art. 5(3) erweist sich als unzureichend, da sich diese Bestimmung, trotz der angestrebten Differenzierung, weiterhin an eine weit gefasste Bezugsgruppe richtet. Eine präzisere Anpassung des Schutzbedarfs könnte an dieser Stelle aber durch den Einsatz personalisierter Regelungen erreicht werden. Personalisierung meint hier die Konkretisierung der Richtlinienvorgaben mit dem Ziel, die rechtlichen Bewertungsmassstäbe an die in der Geschäftspraxis verwendeten Kriterien anzugleichen. Somit würde sich die Bewertung des ökonomischen Verhaltens eines Anbieters bzw. einer Anbieterin an jener Zielgruppenebene orientieren, auf der das Unternehmen selbst seine Praktiken anwendet – auch wenn bzw. erst recht, wenn dies eine Analyse auf individueller Ebene erfordert.

> „[I]f a trader has access to certain data and uses it to its benefit to make more granular distinctions in its advertisement or offer Campaigns, it should equally be bound by more demanding legal standards under Art. 5–8 UCPD. More specifically, the reference group for the behavioral standard should be chosen at exactly the level at which the company targets consumers with the practice in question, even if this includes analysis of material distortion on the individual level."[107]

Die Personalisierung besteht also darin, dass die rechtliche Beurteilung auf jener Differenzierungsebene beruht, die das Unternehmen für seine Angebote an die Konsumenten und Konsumentinnen verwendet. Dies gilt umso mehr, wenn sich die Geschäftspraktiken auf Einzelpersonen beziehen. Hier kommt sodann auch das personalisierte Recht in seiner ausgeprägtesten Spielart zum Zug; nämlich dann, wenn die Festlegung und Anwendung der Kriterien einen konkreten (Geschäfts-)

---

[106] *Hacker*, Personalized Law and the Behavioral Sciences, S. 255 ff.

[107] *Hacker*, Personalized Law and the Behavioral Sciences, S. 257 f.

Fall und einen konkreten Einzelbetroffenen bzw. eine konkrete Einzelbetroffene tangieren. Dies lässt sich wie folgt ausführen: Wenn die algorithmische Datenverarbeitung eines Unternehmens in Bezug auf eine (einzelne) Person dazu führt, dass diese Person in ihrer Entscheidung erheblich benachteiligt oder irregeführt wird, sollte der daraus konkret resultierende Vertrag im Sinne einer Inkompatibilitätsregel automatisch als unlauter im Sinne der Richtlinie eingestuft werden.[108]

Nach der hier vertretenen Auffassung ist die hauptsächliche Funktion des personalisierten Rechts genau in diesem Feld einzuordnen. Die Personalisierung des Rechts entfaltet hiernach ihre grösste Wirkung in jenen Kontexten, wo sie in der Gestalt von fall- und personenbezogene Inkompatibilitätsnormen auftritt; zumindest dann, wenn dem personalisierten Recht eine Schutzfunktion zukommt. Dies setzt allerdings voraus, dass das Recht sich an die zunehmende Personalisierung im wirtschaftlichen Bereich anpasst. Wenn also maximal gewinnorientierte (Verkaufs-)Strategien immer häufiger auf Einzelpersonen und ihre individuellen Entscheidungsschwächen abzielen, muss auch die rechtliche Antwort entsprechend diesen wirtschaftlichen Praktiken ausfallen. Oder in anderen Worten: Wenn auf der Basis von Datenanalysen individuelle Rationalitätsdefizite von Einzelpersonen ausgenutzt werden, muss das Recht selbst auf dieser individuellen (und datengesteuerten) Differenzierungsebene agieren.

In der Praxis könnte die Etablierung von personalisierten Inkompatibilitätsnormen vor allem bedeuten, dass Angebote (oder Verträge bzw. Teile eines Vertrags), die unter Berücksichtigung bestimmter Persönlichkeitsmerkmale (z.B. eine hohe Neigung zu Optimismus, eine stark eingeschränkte Willenskraft, emotionale Erregung) einen negativen Erwartungswert erzeugen, erst gar nicht unterbreitet werden dürfen bzw. können. Das heisst, dass Unternehmen, die auf der Grundlage solcher problematischen Datenauswertungen ihre Angebote vorbereiten, mit diesen aufgrund der Inkompatibilitätsregel nicht an den gewünschten Abnehmer bzw. an die gewünschte Abnehmerin gelangen dürfen. Vor diesem Hintergrund präsentiert sich das personalisierte Recht nicht mehr nur als ein juristisches Enhancement-Programm. Vielmehr erweist es sich als unverzichtbares normatives Instrument zur Bewältigung von Informationsasymmetrien, zur Berücksichtigung von Ausbeutungen von Rationalitätsdefiziten und zur allgemeinen Abwehr ausbeuterischer Vertragskonstellationen im digitalen Zeitalter.

Der vierte Teil dieser Arbeit wird sich eingehend mit der Funktion des personalisierten Rechts in Gestalt von Inkompatibilitätsnormen beschäftigen. Zunächst soll aber das technische Verfahren der Personalisierung thematisiert werden. Kon-

[108] *Hacker*, Personalized Law and the Behavioral Sciences, S. 258: „Thus, if the algorithmic model a trader uses, intentionally or unintentionally, singles out an input combination of traits that may even be unique to a certain individual, but that leads to an output which puts that individual at a material disadvantage in the decision-making situation and enables exploitative contracting, this should be deemed unfair under Art. 5 UCPD.“

kret geht es um die Frage, *wie* aus Daten und Massendaten personalisierte Inhalte gewonnen werden.

E. Methode

Wie im Zusammenhang mit der rechtsmethodischen Neuausrichtung gesehen, geht die sog. strukturierende Rechtslehre von einer Unterscheidung zwischen Rechtsnorm und normativem Text aus. Im Gegensatz zur Rechtsnorm ist der Text nach dieser Lehre (noch) nicht im Stande, selbstständig einen normativen Gehalt zu erfassen.[109] In diesem Programm wird ausgehend vom Sachverhalt zunächst die Normtextmenge (Gesetzesartikel) in den Blick genommen, um jenen Normtext zu wählen, der für den Sachverhalt einschlägig ist. Zu diesem Zeitpunkt erfüllt der Gesetzesartikel noch nicht die Funktion einer Rechtsnorm, wie Müller betont. Der Gesetzesartikel bzw. der Normtext ist derweil höchstens eine Hypothese; er „löst" den Fall noch nicht.[110]

Die jeweiligen Normtexte (und die Fallerzählungen, die dann juristisch-professionell zum Sachverhalt umgedeutet werden) stellen folglich das „Eingangsdatum" des entsprechenden Konkretisierungsvorgangs dar. Der Normtext bedarf nach der strukturierenden Rechtslehre einer (mit den üblichen Auslegungsmethoden, d.h. grammatikalisch, teleologisch, systematisch und/oder historisch) Interpretation, die schliesslich in der Lage ist, den Normtext zu einer rechtshaltigen *Rechtsnorm* zu erheben („Normprogramm"). Erst nach dem Vollzug dieses Prozessschritts kann der Sachverhalt sachlich sowie juridisch eingegrenzt werden. Es handelt sich dabei um einen entscheidenden Schritt, in welchem der Normtext mit den Elementen des Sachverhalts verknüpft wird.[111] In diesem Sinne wird die Rechtsnorm erst durch eine eingehende Bezugnahme auf die Elemente aus der sozialen Wirklichkeit gewonnen.[112] Die sich überschneidende Teilmenge der juristisch relevanten Fakten („Sachbereich") und der sachverhaltsrelevanten Interpretationen des Normtextes („Normbereich") bilden sodann die Rechtsnorm, die zu diesem Stadium noch ein allgemeine ist. Die Rechtsnorm wird schliesslich noch auf den eingegrenzten Fall „individualisiert", womit die für diesen Fall entworfene *Entscheidungsnorm* bestimmt wird.[113]

Die Anknüpfung an den Normtext ist gemäss der strukturierenden Rechtslehre die Pflicht eines jeden Juristen und einer jeden Juristin, weil nur so die rechtliche

---

[109] Der Normtext ist mit der Rechtsnorm gerade nicht identisch. Vgl. hierzu *Müller*, Methodik, S. 201 f.

[110] *Müller*, Methodik, S. 204 und S. 310.

[111] Zum Sachbereich siehe *Müller*, Strukturierende Rechtslehre, S. 250 ff.

[112] *Vesting*, S. 135.

[113] So in etwa bei *Müller*, Methodik, S. 204 und S. 310.

(und demokratische) Legitimation des entsprechenden Konkretisierungsvorgangs gewährleistet werden kann. Trotz des schöpferischen Vorgehens des Juristenstands, welches aufgrund der Distinktion von Normtext und Rechtsnorm zu einer gewissen Distanzierung vom demokratisch legitimierten Normtext führt, ist der Konkretisierungsprozess darüber hinaus auch deshalb gerechtfertigt und legitimiert, weil dieser auf anerkannten rechtlichen Methoden beruht. Das schöpferische Vorgehen gehört schliesslich zum festen Bestandteil der „Rechtsarbeit“[114]. Die Elemente für dieses methodische Vorgehen sind wissenschaftlicher Natur und werden von der juristischen Methodenlehre diskutiert, bearbeitet, vorgeschlagen und anerkannt.[115] Darin besteht im Konkretisierungsprogramm der strukturierenden Rechtslehre die demokratisch und rechtswissenschaftlich nachvollziehbare Verbindung zwischen der erarbeiteten Rechtsnorm bzw. Entscheidungsnorm einerseits und dem Normtext andererseits.[116]

Nach dem bisher Gesagten und den rechtstheoretischen Ausführungen im 1. Teil dieser Arbeit lassen sich demnach folgende Schritte der juristischen Konkretisierung für die strukturierende Rechtslehre festhalten:

1. Normtextanalyse

2. Erstellen eines Normprogramms mittels Interpretation

3. Erzeugung des Normbereichs (allgemeine Rechtsnorm)

4. Individualisierte/konkretisierte Entscheidungsnorm

Das personalisierte Recht hingen ist nicht an einem Normtext gebunden, was die Frage nach der demokratischen Legitimation aufwirft (auf die weiter unten noch einzugehen ist). Weil keine Normtexte vorhanden sind, auf die sich die personalisierten Normen beziehen könnten, entfällt auch eine Unterscheidung zwischen Normtext und materieller Rechtsnorm. Der neue Rechtstypus könnte hingegen, wie einige Befürworter des personalisierten Rechts anführen, mit (im Voraus definierten) Rechtsfolgen bzw. Norm*zielen*, d. h. mit prozeduralen Anweisungsprogrammen operieren, die gleichzeitig als Handlungsanweisungen für die entsprechenden Algorithmen fungieren.

Anders als die strukturierende Rechtslehre stützt sich das Konkretisierungs- bzw. Personalisierungsprogramm des personalisierten Rechts zudem nicht auf etablierte

---

[114] *Müller*, Methodik, S. 207 ff.

[115] *Müller*, Methodik, S. 207, vgl. auch S. 309: Hierin liegen sodann das Verständnis und die Funktion der juristischen Methodik. Die Regeln der juristischen Methodik beantworten die Frage, wie die Entscheidungsnorm als rechtmässig genug und nicht als rechtswidrig gilt. Die juristische Methodik hat also die Legitimation des juristischen Arbeitens als Kernaufgabe (S. 325 ff.). „*Juristische Methodik* ist also die wissenschaftspraktische *Technik normtext- bzw. normorientierter Entscheidungs*prozesse. Sie behandelt die inhaltlichen Fragen der Rechtsproduktion und betrifft damit das Zentrum juristischer Tätigkeit.“ (S. 309, Hervorhebung im Original).

[116] *Müller*, Methodik, S. 208.

Methoden der juristischen Auslegung. Vielmehr wird, wie noch genauer zu zeigen sein wird, die juristische Methodenlehre (die, wie oben gesehen, in der strukturierenden Rechtslehre für die Vorarbeit des daraus resultierenden Normprogramms herangezogen wird) durch eine algorithmische Produktion von Datenkorrelationen ersetzt.[117] Die juristische Arbeit mit Interpretationen wird, so könnte man es formulieren, durch eine algorithmische Arbeit mit Korrelationen abgelöst. Dies bedeutet eine Verschiebung des methodischen Fundaments: Der hermeneutische Ansatz der juristischen Arbeit wird durch ein System, das rechtliche Vorgaben auf Grundlage von hochindividualisierten Verhaltensdaten entwirft, ersetzt.

I. Fünf Schritte der Personalisierung

Eine mögliche Ausgestaltung des Personalisierungsprozesses hat Hacker über fünf aufeinanderfolgende Schritte in ein entsprechendes Programm zusammengestellt. Im Grundsatz geht es bei diesem Personalisierungsprogramm darum, die aus den Daten gewonnenen „Persönlichkeitsprofile“ der Einzelpersonen so mit den Zielen der Normen zu verknüpfen, dass zufriedenstellende rechtliche Lösungen gefunden werden können. Zufriedenstellend sind die Lösungen, wenn am Schluss eine personalisierte, d. h. individuell-konkrete Bestimmung resultiert. Im Folgenden sollen die fünf Schritte des Modells kurz vorgestellt werden.

1. *Erarbeiten von Persönlichkeitsprofilen*: Zuerst werden die Subjekte bzw. die auf diese Subjekte bezogenen Daten anhand bestimmter Unterscheidungskriterien ausgewertet. Als Unterscheidungskriterien werden häufig die Kategorien des Fünf-Faktoren-Modells der Persönlichkeitspsychologie angeführt.[118] Die Differenzierung könnte demnach auf der Grundlage der Dimensionen Aufgeschlossenheit, Gewissenhaftigkeit, Extraversion, Verträglichkeit und Neurotizismus basieren. Mit Blick auf den Facebook-Fall hat dies durchaus seine Berechtigung. Denkbar sind aber freilich auch weitere Messgrössen ausserhalb der Persönlichkeitspsychologie, die zur Erstellung von nutzbaren Persönlichkeitsprofilen beitragen könnten. Vorstellbar sind zudem auch Kombinationen von Modellen der Persönlichkeitspsychologie mit empirischen Datenauswertungen, zumal

[117] Dem liegt eine „digitale Verkörperung von Verhaltensnormen (Code)“ zugrunde, wie *Karavas* in Bezug auf die Digitalisierung von Rechtsnormen festhält: „Denn die strikte Binarisierung 0–1, die in der wirklichen Welt nur den Rechtscode, also die Differenz Recht/Unrecht betraf, werde in der virtuellen Welt des Internets auf die Programme, also auf die gesamte Konditionalisierung der Entscheidung ausgedehnt. Diese schliesse aber jegliche Interpretationsspielräume in den Programmen aus. Normative Erwartungen von Verhaltensweisen, die immer interpretiert, angepasst, manipuliert und umgebogen werden können, wandeln sich zu rigiden kognitiven Erwartungen von faktischen Zuständen (Inklusion/Exklusion).“ (Digitale Grundrechte, S. 161).

[118] *Porat/Strahilevitz*, S. 18 ff.; *Hacker*, Ambivalence, S. 93; *Busch*, Implementing Personalized Law, S. 317; *Busch/De Franceschi*, Granular Legal Norms, S. 414.

Studien auf eine starke Aussagekraft analytisch-empirischer Kombinationen hinweisen, wie Hacker exemplarisch anmerkt:

„For instance, the study showed that extraversion correlates with a higher number of incoming calls and their longer duration. In fact, such inferences from metadata have proven to be more accurate predictors of personality traits than classical psychological personality trait tests. Similar studies exist for behavior on social networks such as Facebook. However, different metrics, such as the degree of bounded willpower, the degree of certain biases, wealth and income, or credit scores, may also be used for the purpose of personalization.“[119]

Empirische Studien zeigen, dass algorithmische Analysen von Online-Interaktionen präzise Persönlichkeitsprofile erstellen können. Anhand weniger Datenpunkte lassen sich tiefgehende soziodemografische und persönliche Merkmale mit hoher Wahrscheinlichkeit vorhersagen.[120]

2. *Bestimmen von abstrakten Rechtsfolgen*: In einem zweiten Schritt müssten entsprechende Rechtsfolgen („legal consequences“) abstrakt festgelegt werden. Im Kontext eines protektionistischen Vertragsrechts könnten vordefinierte Rechtsfolgen beispielsweise darauf abzielen, „ausbeuterische“ Vertragsverhältnisse zu unterbinden. Hierfür müssten die Rechtsfolgen nach geeigneten Kriterien in eine formale Sprache übersetzt werden, wie das folgende Beispiel von Hacker zeigt:

„For example, it could require, in disclosure obligations, tailored salience of potentially exploitative contractual features, depending on how relevant this information is likely to be for the recipient. Before the formation of a credit card contract, people scoring high on a number of relevant biases (the ‚uncalibrated‘ type) would receive prominent warnings about, for example, high interest rates kicking in after teaser rates expire, while more rational actors (the ‚well-calibrated‘ type) would not receive such warnings.“[121]

In diesem Zusammenhang sprechen Casey und Niblett auch von Normzielen, welche im Grunde die gleiche Aufgabe haben wie die vordefinierten Rechtsfolgen bei Hacker. Sie dienen als Handlungsanweisungen für die Algorithmen (damit die Algorithmen wissen, was sie tun müssen) und werden im Voraus (durch den Gesetzgeber) bestimmt: „The lawmaker has to tell the algorithm what to do with the data. She must specify an ex ante objective.“[122]

Die Rechtsfolgen bzw. Normziele haben daher zwei Funktionen: Zum einen fungieren sie, wie gesagt, als Handlungsanweisungen für die Algorithmen. In diesem Sinne zwingt das personalisierte Recht den Gesetzgeber zur Formulierung von klaren Gesetzeszielen, da Algorithmen nicht mit ambigen und vagen Anweisungen operieren können. Im Gegensatz zum bestehenden Rechtssystem, wo mehrere, unklare oder unter Umständen gar keine expliziten Ziele vom Gesetzgeber gesetzt werden, müssen die Rechtsziele im personalisierten Recht klar

---

[119] *Hacker*, Ambivalence, S. 93.

[120] Vgl. hierzu *Ebers*, S. 423.

[121] *Hacker*, Ambivalence, S. 94.

[122] *Casey/Niblett*, Framework, S. 339.

und eindeutig sein.[123] Nur so können sie in eine technische Sprache übersetzt werden.[124] Nicht zuletzt in der Ausformulierung von klaren Normzielen wird von den Verfechtern des neuen Rechtstypus eine Stärkung der Rechtssicherheit und damit ein besonderer Vorteil gegenüber dem modernen Formalrecht gesehen.[125] Zum anderen dienen die ausformulierten Ziele, sofern sie vom Gesetzgeber festgelegt werden, auch der demokratischen Legitimität des personalisierten Rechts (eingehend hierzu weiter unten).

Die vordefinierten Rechtsfolgen bzw. Normziele sind in diesem Stadium in dem Sinne noch abstrakt, da sie sich noch nicht auf eine konkrete Person oder auf konkrete sachliche Tatsachen beziehen. Die Rechtsfolgen bzw. Normziele weisen zu diesem Zeitpunkt noch keinerlei rechtlichen Gehalt auf. Sie erfüllen lediglich eine prozedurale Funktion im Sinne einer technischen Anweisung.

3. *Personalisierung im engeren Sinn*: Im Grundsatz wird im dritten Schritt das abstrakte Programm von oben in Bezug auf die Datenwerte eines konkreten Personenprofils gesetzt. Hacker stellt sich das etwa so vor:

   – Datenwert x für Personenprofil 1 führt zur Rechtsfolge A_x ($1A_x$)

   – Datenwert y für Personenprofil 2 führt zur Rechtsfolge B_y ($2B_y$)

   – etc.[126]

Hacker bleibt hier allerdings ungenau. Geht es in diesem Schritt um die Konkretisierung des zweiten Schritts? Oder handelt es sich um ein Anwendungsprogramm im Sinne einer Subsumtion? Weil das personalisierte Recht aber gerade nicht davon ausgeht, dass eine Bestimmung mit normativem Gehalt bereits vor der Begegnung mit dem Fall und der Person existiert, kann es sich nach der hier vertretenen Ansicht nicht um einen Subsumtionsvorgang handeln.

Diese offenen Fragen in Hackers Personalisierungsprogramm sollen weiter unten ausführlich adressiert werden. Dabei wird in Anlehnung an Unternährers Beschreibung der Personalisierung von Daten behauptet, dass das personalisierte Recht für die Normgewinnung anstelle der klassisch juristischen Interpretationsarbeit und den syllogistischen Ansatz der Konkretisierung auf unzählige algorithmische Verknüpfungen von personenbezogenen Daten zurückgreift.

4. *Datenpflege*: Viertens müssen die gesammelten und ausgewerteten Daten stets gepflegt und erneuert werden.[127] Wie mit Verweis auf Unternährer noch zu sehen sein wird, produzieren Datenverknüpfungen stets mehr Verknüpfungen,

---

[123] *Casey/Niblett*, Framework, S. 339.

[124] Zu den Möglichkeiten der Übersetzbarkeit siehe die Auseinandersetzung zwischen Kotsoglou und Engel.

[125] *Casey/Niblett*, Framework, S. 344 ff.; mehr dazu im 4. Teil.

[126] Vgl. *Hacker*, Ambivalence, S. 94.

[127] *Hacker*, Personalizing EU Private Law, S. 657; *Ders.*, Ambivalence, S. 94; vgl. auch *Busch*, The Future, S. 235 f.

sodass immer bessere Personalisierungsangebote möglich werden. Die Datenpflege muss somit als produktiver Vorgang verstanden werden.

Die Personalisierung des Rechts verändert nicht nur die Gestaltung von Rechtsnormen, sondern auch deren Durchsetzung bzw. Überwachung. Daher ist im Hinblick auf Compliance-Fragen ein rechtlicher Rahmen erforderlich, der sicherstellt, dass Algorithmen transparent und rechenschaftspflichtig arbeiten.[128]

5. *Kommunikation*: Die entsprechenden personalisierten Normen müssen den betroffenen Rechtsadressaten kommuniziert werden, und zwar auf eine Art, wie Hacker sagt, „that enable them to know what ‚their' personalized law is".[129] Barry/Hatfield/Kominers können sich vorstellen, dass die Kommunikation über eine Smartphone-App der Rechtsadressaten bzw. Rechtadressatinnen läuft: „Individualized decision rules can be instantaneously distributed to regulated parties via smartphones, smart cars, and other ‚smart' devices."[130]

Hackers 5-Schritte-Modell ist deshalb Beachtung zu schenken, weil es zu den ersten Versuchen gehört, den Personalisierungsprozess im Recht zumindest analytisch zu beschreiben. Das vorgeschlagene Personalisierungsprogramm weist allerdings an einigen Stellen noch Lücken auf und ist, was die Arbeit mit Persönlichkeitsprofilen anbelangt, zum Teil auch bereits überholt. Dies hat damit zu tun, dass die Verarbeitung von Daten (von nahezu bedeutungslosen Daten zu aussagekräftigen und produktiv nutzbaren Korrelationspunkten) ein deutlich variablerer Prozess ist, als es die Rede von „starren" Persönlichkeitsprofilen im vorgestellten Modell zum Ausdruck bringt. Man müsste hier, wenn man von Persönlichkeitsprofilen spricht, dann nicht im Sinne von Typen, sondern, wie es Reckwitz tut, vom „besonderen Profil jedes Einzelnen" sprechen.[131] Deshalb soll Hackers Schema in Teilen mit weiteren, insbesondere technischen, Ausführungen ergänzt werden. In diesen Bemühungen soll auch die Frage aufgegriffen werden, die das 5-Schritte-Modell nicht vollends klärt, nämlich wie und inwiefern Daten auf einer technischen Ebene die Personalisierung bewerkstelligen.

Um also zu verstehen, wie das personalisierte Recht auf einer technischen Ebene die dafür notwendigen Daten generiert und verarbeitet, um sie juristisch für die Personalisierung verwertbar zu machen, scheint ein Rückgriff auf die Untersuchung der sog. Datafizierung von Unternährer hilfreich zu sein. Unternährer geht in seiner Dissertationsschrift der Frage nach, wie individuelle Verhaltensweisen zu produktiv nutzbaren Personendaten evolvieren bzw. „[ü]ber welche sozialen und technischen Prozesse individuelle Verhaltensweisen in ökonomisch verwertbare Daten transformiert [werden]"[132]. Dass Unternährer bei der Beschreibung dieses Prozesses sich

---

[128] Vgl. dazu *Busch*, Algorithmic Regulation, S. 288 ff.

[129] *Hacker*, Ambivalence, S. 94.

[130] *Barry/Hatfield/Kominers*, S. 727.

[131] *Reckwitz*, Singularitäten, S. 244.

[132] *Unternährer*, S. 14.

mehrheitlich auf wirtschaftliche Kontexte bezieht, bedeutet nicht, dass diese darauf zu beschränken ist. Ganz im Gegenteil: Hinter dem Produktionsprozess der Personalisierung liegt ein einheitlich gestalteter Vorgang, worauf alle Akteure für die eigenen Personalisierungszwecke zurückgreifen. Die Generierung bzw. das „Sammeln" von den zu bearbeitenden Daten und das anschliessende Verknüpfen („Korrelieren") dieser Daten ist bei allen Beteiligten gleich; die Ergebnisse aus dem einen Bereich dienen zudem der Generierung von weiteren Knotenpunkten für andere Bereiche der Personalisierung.

II. Drei Momente der Datafizierung

Zu den Erkenntnissen Unternährers gehört, dass Personendaten eine relationale „Verwicklung" von unterschiedlichen Akteuren im digitalen Raum ermöglichen. Dabei handelt es sich um einen produktiven Prozess des „Verhakens" und „Verknotens" der entsprechenden Daten. Das heisst, dass Personendaten „formalisiert, quantifiziert, kategorisiert, geputzt, gerechnet, verglichen und sortiert" werden,[133] mit dem Ziel neue Relationen bzw. Korrelationen zu generieren. Dieser formale Prozess ist deshalb produktiv, weil er die Verknüpfungen zwischen den Akteuren und den entsprechenden Personendaten dafür nutzt, um qualitativ neue und aussagekräftigere Relationen hervorzubringen. Diesen Vorgang teilt Unternährer in drei Momente auf, die zwar analytisch unterschieden werden und sich in der dahinterstehenden Logik sukzessiv abspielen, jedoch auf der User-Oberfläche simultan, häufig nur durch einen einzigen Mausklick vonstattengehen:[134] „Die drei Momente konvergieren tendenziell im Moment des Klicks (view, buy, use, like, comment, share, etc.) […]."[135]

Mit dem Mausklick wird des Weiteren ein Beziehungsrahmen geschaffen, der durch einen synallagmatischen Tausch gekennzeichnet ist: „Der Klick ist ein Austausch von Geschenk *und* Gegengeschenk, eine individuell bedeutsame Handlung auf der Seite der Nutzerin *und* generischer Datenpunkt in der Datenbank, Resultat der Verwicklung von Nutzerinnen und Unternehmen *und* Generator zukünftiger Verwicklungen."[136] Die Beziehung zwischen Akteuren, die Datenspuren hinterlassen und jenen, die sie verarbeiten, bildet sodann auch den Inhalt des sog. ersten Moments. Im zweiten Moment geht es um den Prozess der Relationierung, der sich mit dem Spannungsverhältnis zwischen einerseits individuellen Verhaltensweisen und andererseits formalisierten und kategorisierten Datenspuren beschäftigt. Das dritte Moment beschreibt die Fabrikation von neuen Knotenpunkten, also die Er-

---

133 *Unternährer*, S. 14.

134 *Unternährer*, S. 58 f.

135 *Unternährer*, S. 63.

136 *Unternährer*, S. 213 f. (Hervorhebung im Original).

zeugung von „good matches“[137], (was in anderen Worten die Personalisierung in einem engeren Sinn meint)[138] „indem Nutzerinnen mit weiteren Daten und anderen Nutzerinnen, zu denen bisher keine Relationen bestanden, in Beziehung gesetzt werden“.[139]

1. Moment (Inducement)

Will das personalisierte Recht individuell akkurate Rechtsangebote für jeden Einzelnen bzw. jede Einzelne anbieten, ist es auf hochdifferenzierte Personendaten angewiesen.[140] Das Generieren von hochdifferenzierten Personendaten beginnt Unternährer zufolge bereits in der ersten Phase der Datafizierung, wo Daten zum ersten Mal entstehen. In dieser Phase braucht es sog. „inducement gifts“, durch welche Nutzer und Nutzerinnen ermutigt werden, „digitale Dienstleistungen oder Plattformen zu nutzen und im Gegenzug den Unternehmen ihre Daten zu überlassen.“[141] Der Verweis auf „gifts“ macht deutlich, dass dieser Austausch von Daten gegen Dienstleistungen konzeptionell nicht im Sinne eines Vertragsverhältnisses zu verstehen ist, sondern vielmehr als eine Art Austausch von Geschenken konzipiert ist:

> „Unternehmen stellen zum Beispiel Kommunikationsinfrastrukturen zur Verfügung, die Nutzerinnen frei nutzen können. Durch diesen Gebrauch entsteht gleichzeitig die ‚missing commodity‘ der Personendaten. Die Nutzung solcher Angebote konstituiert bereits das Gegengeschenk. Diese Gleichzeitigkeit beruht auf einer Encodierung möglicher Verhaltensweisen beziehungsweise einer Formalisierung von Objekten und möglichen ‚action‘, welche diese Objekte bei Ausführung der ‚actions‘ in Relation setzen.“[142]

Für die Datenproduktion müssen Individuen also ermutigt werden, digitale Dienste zu nutzen, „und zwar so, dass dabei Daten entstehen“[143]. „Diese Verwicklung von Nutzerinnen, Unternehmen und Dingen ist die Grundvoraussetzung für die Datenproduktion.“[144]

Ob diese Daten, wie Unternährer für den wirtschaftlichen Raum beschreibt, nur durch eine Kooperation mit Unternehmen produziert werden können oder etwa für

---

[137] *Unternährer*, S. 21.

[138] *Unternährer*, S. 60.

[139] *Unternährer*, S. 62.

[140] Nicht zuletzt aus diesem Grund kann dem Einwand Hackers, wonach in einem personalisierten System, in dem die Personalisierungsarbeit von staatlichen Stellen ausgeht („government-based personalization“), auf sensitive Daten verzichtet werden muss, nicht gefolgt werden. Die Personalisierungsidee ist nur mit Rückgriff auf persönliche und höchstpersönliche Daten denkbar. Mehr dazu weiter unten.

[141] *Unternährer*, S. 15.

[142] *Unternährer*, S. 214.

[143] *Unternährer*, S. 61.

[144] *Unternährer*, S. 61.

das personalisierte Recht auch behördliche und amtliche Daten, wie Personenangaben, Steuerdaten, Strafakten ausreichen, bleibt noch offen und hängt vom zu personalisierenden Rechtsgegenstand ab. Die erste Herausforderung für die Personalisierung des Rechts besteht also in der Beschaffung bzw. Generierung der Daten. Die erforderlichen Daten könnten, je nachdem, ob hinter der Personalisierung ein staatlicher oder privater Akteur steht, auch von Unternehmen, die bereits über viele Daten verfügen, bezogen werden. Hierzu aber weiter unten mehr.[145] Für das Generieren dieser „ersten" Daten wird also auf bereits vorhanden Daten zurückgegriffen. „Momente der Datafizierung sind in ihrer Funktionslogik auf das angewiesen, was sie erst produzieren sollen: Personendaten. Sie sind also nicht nur sequenziell, sondern auch zirkulär."[146] Da aber im Zeitalter von Big Data und Künstlicher Intelligenz bereits Massen an Daten verfügbar sind, muss das personalisierte Recht nicht wieder bei null anfangen.

2. Moment (Rationalisierung)

Der zweite Aspekt der Datafizierung befasst sich mit der Notwendigkeit einer (vorgängigen) Rationalisierung. Einer Rationalisierung bedarf es, weil personenbezogene Daten einerseits als Spuren subjektiver Handlungen in der realen Welt wahrgenommen werden, und andererseits, weil der damit verbundene „Sinnüberschuss" es ermöglicht, dass Nutzer und Nutzerinnen (User) ihr Verhalten, ihre individuellen Interessen, Bedürfnisse und Eigenschaften überhaupt miteinander vergleichen können.[147] In dieser zweiten Phase vollzieht sich demnach eine epistemisch-technische Transformation, wonach die Singularität des Handelns ignoriert wird, um das Verhalten in kalkulierbare Einheiten zu überführen. Durch dieses Ausblenden von Bedeutung werden einzigartige Verhaltensweisen erst zu Daten, „die ‚algorithm ready' sind beziehungsweise mit denen gerechnet werden kann"[148]. In diesem Sinne „[werden] [a]us bedeutungsvollen Verhaltensweisen von Nutzerinnen formalisierte, technische Relationen zwischen Nutzerinnen und Dingen".[149]

Auf den ersten Blick erscheint dieser Vorgang dem Vorhaben einer Personalisierung zuwiderzulaufen, geht es beim personalisierten Recht doch genau um die Markierung singulärer Differenzen und nicht um die Ignorierung derselben. Es handelt sich aber um einen technischen Schritt, der, wie Unternährer festhält, wichtig für die anstehende Produktion der sog. „good matches" ist, also für den Personalisierungsvorgang im engeren Sinne. Für die *formal-technische* Prozessie-

[145] Zum Ganzen siehe *Unternährer*, S. 71 ff.; *Hacker* unterscheidet zwischen „company-based personalization" und „government-based personalization" (Ambivalence, S. 94 ff.), unten mehr dazu.

[146] *Unternährer*, S. 63.

[147] *Unternährer*, S. 15.

[148] *Unternährer*, S. 60.

[149] *Unternährer*, S. 60.

rung der Daten zu produktiven Personendaten bedarf es aber eines vorgängigen (und lediglich vorläufigen) Übersehens der individuellen Verhaltensweisen.[150]

Die Rationalisierung stellt dabei einen Prozess der „Dekontextualisierung" dar, wie Unternährer weiter ausführt. Online-Plattformen gestalten alltägliche Handlungen so um, dass sie digital durchführbar sind. Diese Handlungen werden in standardisierte Abläufe übersetzt,[151] damit sie unabhängig von Person, Motivation oder Kontext vergleichbar sind. Wenn ein Nutzer oder eine Nutzerin beispielsweise ein „Like" setzt, wird dabei nicht nur die jeweilige Handlung festgehalten: „Handlung und Datenaufzeichnung sind zwei Seiten derselben Medaille. Sobald eine Nutzerin eine solche geskriptete Handlung ausführt (zum Beispiel ein ‚like'), entsteht in der Datenbank eine Relation zwischen Objekt (zum Beispiel ein ‚deal') und Nutzerin."[152] In der Datenbank entsteht also eine standardisierte Beziehung zwischen dem Nutzer bzw. der Nutzerin und dem Objekt. Obwohl diese Beziehungen technisch standardisiert sind, gewinnen sie ihren Wert durch den Eindruck, echte, sinnvolle menschliche Spuren darzustellen.[153] Damit diese Handlungen rechnerisch verarbeitet werden können, muss ihr Kontext und ihr Bedeutungsüberschuss technisch ausgeblendet („Dekontextualisierung") und in messbare Datenformate überführt werden.

Die individuellen Eigenheiten können durch verschiedene Methoden „dekontextualisiert" werden. Die erste Variante ist das sog. „encoding", welches die Vergleichbarkeit von ursprünglich unterschiedlichen Verhaltensweisen durch entsprechende Mittel in den Nutzeroberflächen im Voraus bewerkstelligt. In der zweiten Methode soll mit der sog. „Vektorisierung" auch die rechnerische Vergleichbarkeit von eigenartigen und einzigartigen Einträgen ermöglicht werden. Das Resultat ist in beiden Fällen das gleiche, wie Unternährer feststellt: „Beide Varianten ‚kommodifizieren' Verhaltensweisen: Sie lösen sie aus ihrem bestehenden sozialen Kontext heraus, befreien sie von subjektiven Bedeutungen und machen sie zu einer Ressource für Analysen und Vergleiche, um neue Relationen abzuleiten."[154]

---

[150] *Unternährer*, S. 215: „Nur weil Verhaltensweisen in digitalen Räumen stattfinden, heisst das nicht, dass sich damit ohne Weiteres rechnen lässt – wie sich ja auch nicht mit allen Zahlen (z. B. Hausnummern) rechnen lässt. Das Rechnen mit digitalen Verhaltensweisen ist äusserst voraussetzungsvoll […]. In der Bearbeitung von Personendaten wird deutlich, dass die Sinninvestitionen und Eigenheiten der Nutzerinnen weitgehend ignoriert und weggearbeitet werden müssen, um Daten zu wertvollen, weiter verarbeitbaren, Ressourcen zu machen."

[151] *Unternährer* nennt diese standardisierenden Abläufe „grammars of action", siehe S. 61.

[152] *Unternährer*, S. 61.

[153] „Diese Relationen sind zwar weitgehend ein standardisiertes Produkt der Infrastruktur, doch ihr Wert ist auf die Fluktuation zwischen dekontextualisierter ‚Datenware' und einer wahrgenommenen Authentizität als ‚Spur' von echten, bedeutungsvollen Handlungen von Nutzerinnen angewiesen." *Unternährer*, S. 61.

[154] *Unternährer*, S. 102 f., siehe auch S. 121.

1. Variante: Mit „encoding" ist die Standardisierung bzw. Formalisierung der Nutzeroberfläche eines jeden digitalen Tools oder einer Plattform gemeint: „Auf digitalen Benutzeroberflächen ist jede Handlungsoption vorgegeben: Im Code einer Webseite, einer App oder eines Streamingdiensts ist im Detail bestimmt, welche ‚Aktionen' die Nutzerinnen ausführen können."[155] Diese Optionen erlauben es, dass zum einen der individuelle und subjektiv relevante Auftritt auf dieser Nutzeroberfläche möglich ist und zum anderen dieser in der Datenbank in formalisierter Form registriert werden kann, wie das Beispiel Unternährers zeigt:

> „Ich kann auf ironische Art das Buch ‚Harry Potter und der Feuerkelch' auf Facebook ‚liken', um einem befreundeten Harry-Potter-Fan, mit dem ich tags zuvor über die kulturelle Relevanz von Harry Potter gestritten hatte, ein Signal zu senden. Dadurch entsteht eine formale Relation in der Datenbank, die nicht zwischen meinem ‚ironischen' und einem ernst gemeinten Like unterscheiden kann. Differenzen in der Gebrauchsweise des Likes lassen sich so einebnen. Die Bedeutung, die Facebook mit einem Like verbindet, muss nicht dieselbe sein, welche User damit verbinden. Facebook mag den Like als positive emotionale Reaktion definieren. Die User müssen diese Deutung aber keineswegs teilen. Ein Like kann ironisch, als Lesezeichen oder als Geschenk in einer reziproken Like-Ökonomie vergeben werden, wie es zwischen Jugendlichen üblich ist. Die Stärke und der Wert des Likes als formalisierte ‚action' bestehen gerade darin, dass auf der Seite der User interpretative Flexibilität möglich ist und auf der Seite der Datenbank die Handlung des Likens gleichzeitig so standardisiert ist, dass unterschiedlichste User über ihre Likes vergleichbar werden."[156]

Durch diese vordefinierte Nutzeroberfläche werden die individuellen Handlungsmuster im Voraus für die weitere algorithmische Verarbeitung lesbar gemacht. Dabei zeichnet das Encoding nicht einfach die Verhaltensweisen in der digitalen Welt auf. Es geht auch nicht darum, dass soziale Verhalten ins Digitale übertragen werden.[157] Vielmehr ermöglicht Encoding erst die Handlungen, welche die Nutzer und Nutzerinnen auf der Plattform ausführen sollen, um sie anschliessend in bestimmten Datenfeldern abzuspeichern. Das Encoding legt damit fest, wie und unter welchen Bedingungen Menschen an der Plattform teilnehmen.

2. Variante: Die zweite Variante nennt sich „Vektorisierung" und besteht darin, Verhaltensweisen im Nachgang für den digitalen Beobachtungsapparat lesbar zu machen. Denn „[w]ährend durch ‚encoding' die Verhaltensweisen der Nutzerinnen schon immer ‚maschinenlesbar' und so gesehen vergleichbar beziehungsweise kommensurabel sind, müssen unstrukturierte, von Nutzerinnen generierte Inhalte erst maschinenlesbar gemacht werden"[158]. Beim Vektorisieren geht es darum, Texte, wie z.B. Beiträge auf den sozialen Medien, zu „datafi-

---

[155] *Unternährer*, S. 103.

[156] *Unternährer*, S. 106 f.

[157] „[W]e do not usually ‚follow' friends offline", siehe *Alaimo/Kallinikos*, S. 177, zitiert in *Unternährer*, S. 105 f.

[158] *Unternährer*, S. 112.

zieren". Es beschreibt eine Methode, „wie Texte in eine ‚intermediary form' gebracht werden können, um die statistische Verarbeitung zu ermöglichen"[159]. In diesem Prozess wird der „Text" in einem dafür geeigneten Verfahren von einer subjektiven Lesart entkoppelt. Auch hier zeigt sich, dass anstelle der linguistischen Semantik (oder der juristischen Interpretationsarbeit) ein mathematischer Korrelationsprozess tritt.[160]

Dem Verfahren der Vektorisierung können nicht nur Texte, sondern auch ganze Musikstücke unterzogen werden, wie Unternährer beispielhaft anführt:

> „Für das Unternehmen The Echo Nest besteht ein durchschnittliches Musikstück aus ungefähr 2000 ‚events'. Unter anderem identifiziert The Echo Nest für jedes Lied in seiner Datenbank ‚musically relevant elements that occur sequenced in time'. Die im Alltag intuitiv verständliche Einheit des Liedes wird aufgebrochen, um das Lied als Datenpunkte neu zu versammeln. [...] Jeder Song besteht aus einer bestimmten Anzahl und Arten von Events mit bestimmten Eigenschaften. Die Gesamtheit von Klängen, die ein Lied ausmachen, wird dabei in eine neue Ordnung gebracht. Daran anschliessend lassen sich ‚musikalisch ähnliche' Lieder identifizieren und Nutzerinnen empfehlen. Lieder in der Datenbank lassen sich auch auf der Basis abgeleiteter Eigenschaften wie dem ‚danceability score' vergleichen [...]."[161]

Sowohl beim „encoding" als auch bei der „Vektorisierung" handelt es sich um einen Prozess, der die Handlungen im digitalen Raum von ihrem „Sinnüberschuss" befreit, um sie im Anschluss auswerten zu können. Die Vektorisierung ist dabei das komplexere Verfahren, „da sie die Vergleichbarkeit qualitativ singulärer Texte erlaubt"[162]. Sie ist des Weiteren auch deshalb interessanter, da sie auf die anschliessende (und für das personalisierte Recht höchstrelevante) Herstellung von Datenknotenpunkten hinweist: „[D]ie Vektorisierung [verkörpert] auch die relationierende Logik des dritten Moments, da es verschiedene Datensätze und Einheiten, zwischen denen bis anhin kein direkter Bezug bestand, zueinander in Beziehung setzt."[163]

3. Moment (Good Matches)

Sowohl die Generierung von Personendaten im ersten Schritt als auch deren Quantifizierung und Rationalisierung im zweiten Schritt arbeiten auf das dritte

---

[159] *Unternährer*, S. 113 mit Verweis auf *Rieder.*

[160] *Unternährer*, S. 114: „Die Bedeutung des Texts besteht so gesehen nicht in seiner subjektiven Interpretation durch die Urheberinnen oder jenen, die den Wettbewerb durchgeführt haben, sondern lässt sich nun mathematisch als Kombination von Vektoren ausdrücken. Die Bedeutung eines Worts liegt nicht mehr darin, was ich oder jemand anderes darunter versteht, sondern welche anderen Wörter sich innerhalb des aufgespannten Vektorraums in der Nähe befinden."

[161] *Unternährer*, S. 112 f.

[162] *Unternährer*, S. 215.

[163] *Unternährer*, S. 215, zum Ganzen S. 95 ff.

Moment hin. In diesem werden „über datenbasierte Kategorisierung und Vergleiche ‚good matches‘ […] zwischen Nutzerinnen und Dingen“[164] hergestellt, die, wie Unternährer ergänzt, „gewöhnlich ‚Personalisierung‘ genannt“[165] werden. „Good matches“ oder eben die Personalisierung stellen häufig automatisierte, d.h. von Algorithmen gesteuerte Empfehlungssysteme dar. „Es sind Vorhersagen darüber, welche Nutzerinnen mit welchen Dingen wahrscheinlich zusammenpassen […].“[166] Im Moment ihrer algorithmischen Verfügbarkeit (d.h. nach den ersten zwei Momenten der Datafizierung) werden Personendaten zur Ressource einer maschinellen Relationierung. Aus vereinzelten Verhaltensspuren entsteht ein verdichtetes Geflecht, welches im Weiteren ermöglicht, „Ähnlichkeiten, Differenzen und schliesslich Passungsverhältnisse zu eruieren […]“.[167]

Diese „verdichteten Relationen“ zwischen User und Objekt können nachfolgend dafür genutzt werden, um daraus „die ‚passendsten‘, vielversprechendsten neuen Relationen“[168] abzuleiten. Es geht dabei um „die Produktion von neuen, prospektiven Relationen und mehr Daten“[169]. Die Relationalisierung als Voraussetzung für die „good matches“ bzw. für die Personalisierung ist nur unter der Voraussetzung der Produktion weiterer Daten und Datenknotenpunkten möglich, wie Unternährer konstatiert: „Der algorithmische Vergleich ist produktiv: Er stellt aus bestehenden (Daten-)Relationen neue Relationen zwischen Nutzerinnen und Dingen her. Welches TikTok-Video, welcher Earlybird-Deal oder welcher Song auf Spotify soll der Nutzerin als nächstes angezeigt werden?“[170]

Im Resultat sind verdichtete „good matches“ personalisierte Empfehlungen, die stets verbessert werden können, indem sie mit neuen Datenspuren und Datenverknüpfungen weiterkorrelieren. Denn gute Empfehlungen generieren „auch neue Verhaltensweisen“, welche „wiederum in die Berechnung neuer Empfehlungen eingehen“[171]. Im Vordergrund der Produktion der Personalisierung steht daher nicht das Wirklichkeitsindividuum, welches seine Daten im ersten Schritt eingebracht hat, sondern die Datenrelationen bzw. die Knotenpunkte, die selbst neue (wenn auch nur sehr beschränkte) digitale Bewusstseine fabrizieren.[172] Nicht zuletzt aus diesem Grund meint Unternährer, dass „die Rede von ‚Personalisierung‘ und die individuelle Adressierung der Nutzerinnen auf der Benutzeroberfläche trügerisch ist: Nicht die Nutzerinnen stehen im Rampenlicht, sondern ihre Relationen zu an-

---

[164] *Unternährer*, S. 60.

[165] *Unternährer*, S. 60.

[166] *Unternährer*, S. 61 f.

[167] *Unternährer*, S. 61 f.

[168] *Unternährer*, S. 16.

[169] *Unternährer*, S. 16.

[170] *Unternährer*, S. 16 f.

[171] *Unternährer*, S. 18.

[172] Siehe hierzu die Ausführungen im 3. Teil.

deren Nutzerinnen, zu Dingen […]"[173]. Und genau deshalb handelt es sich beim Rechtsadressaten bzw. bei der Rechtsadressatin des personalisierten Rechts, sprich beim sogenannten *homo singularis*, um ein *relationales* Personenkonstrukt.[174]

III. Zwei Agenten der Operationalisierung

Der beschriebene Personalisierungsprozess lässt jedoch noch offen, welche Akteure hinter der Personalisierung stehen. Wer erhebt die entsprechenden Personendaten und wer verarbeitet sie oder lässt diese verarbeiten? Aus Gründen der demokratischen Legitimation eines personalisierten Gesetzes wurde oben der Gesetzgeber selbst als eine der Optionen in den Raum gestellt. Doch kann der Gesetzgeber das Personalisierungsvorhaben allein bewältigen? Denn die Frage nach dem Agenten der Personalisierung ist eng mit der Frage verbunden, wer über die Daten verfügt.[175]

Als Ausgangspunkt soll auch hier wieder die strukturierende Rechtslehre dienen, die für eine Konkretisierung des Rechts im analogen Zeitalter steht. Die strukturierende Rechtslehre fokussiert primär auf die methodische Anwendung verschiedener Auslegungselemente. Hinter dieser Interpretationsarbeit steht primär die Arbeit der Gerichte. Gemeint sind also Juristen und Juristinnen („Rechtsarbeiter")[176], die dabei nicht lediglich ausführend, sondern schöpferisch tätig sind. Es handelt sich deshalb um eine schöpferische Tätigkeit, weil Interpretationsarbeit immer auch modifizierend ist;[177] es wird regelmässig (neues bzw. anderes) Recht geschaffen. In den Worten Müllers:

> „Der Rechtsarbeiter (Richter, Verwaltungsfunktionär, sonstige Entscheidungsträger) kann gar nicht ‚die Bedeutung' des Normtexts ‚für den vorliegenden Fall' einfach als solche aussprechen oder hinschreiben. Was er ausspricht, ist schon wieder Text (und zwar ein

---

[173] *Unternährer*, S. 218 und S. 199: „Personalisierung im Sinne einer singularisierenden Adressierung auf der Nutzungsoberfläche beruht ironischerweise auf algorithmischer, technisch hergestellter Sozialität. Einer Sozialität, die in digitalen Infrastrukturen ohne das Wissen der Nutzerinnen hergestellt wird. Nutzerinnen, die nie miteinander in direkten Kontakt getreten sind oder jemals treten werden, ‚kooperieren' insofern, als ihre Bewertungen von Dingen zur Ressource für Empfehlungen für andere werden."

[174] Eingehend hierzu der dritte Teil dieser Arbeit.

[175] Vgl. hierzu auch *Ben-Shahar/Porat*, Personalized Law, S. 89 f.

[176] *Müller*, Methodik, S. 207 ff.

[177] Wie bereits oben ausgeführt, grenzt sich die strukturierende Rechtslehre damit vom Gesetzespositivismus ab, der bekannterweise davon ausgeht, dass das Konkrete durch eine syllogistische Ableitung vom Allgemeinen gewonnen wird. In ihrer deduktiven Systembildung geht die Lehre des Positivismus davon aus, dass das Recht bereits jeden Fall in seiner generell-abstrakten Form vorsieht, antizipiert und damit bereits in sich enthält. Die für die strukturierende Rechtslehre erhebliche Unterscheidung zwischen (formalem) Normtext und (materieller) Rechtsnorm kennt der Gesetzespositivismus nicht. Vgl. hierzu *Müller*, Methodik, S. 205 ff. und *Vesting*, S. 121 f.

anderer als die der gesetzlichen Vor-Schrift). Er kann nicht, als Montesquieuscher ‚Mund des Gesetzes' das Gesetz (wenn auch angeblich in Form von ‚dessen Bedeutung im Entscheidungsfall') verlautbaren. Er kann nicht unschuldig bloss aussprechen, was ‚das Gesetz' (der Normtext) für den vorliegenden Fall angeblich schon angeordnet habe."[178]

In der strukturierenden Rechtslehre ist die Frage nach der Instanz der juristischen Konkretisierungsarbeit damit beantwortet. Demgegenüber ist im Kontext eines personalisierten Rechts die hinter der Personalisierung stehende Instanz noch unbestimmt. In der Literatur werden zwei Möglichkeiten diskutiert: zum einen eine Personalisierung durch private Akteure („company-based personalization"), zum anderen eine Personalisierung durch staatliche Stellen („government-based personalization").

Für private Akteure spricht, dass sie bereits über viele Datensätze und Datenverknüpfungen verfügen, worauf aufgebaut werden könnte. Staatliche Akteure müssten in den meisten Fällen wohl beim „*inducement*" (beim ersten Moment der Datafizierung) beginnen oder, wie Hacker anmerkt, sich den Zugriff zu vorhandenen Daten verschaffen:

> „Company-based personalization might make sense if companies already lawfully collect the relevant data in any case. The downside is that it is difficult to monitor whether companies correctly execute the law. Government-based personalization, by contrast, requires some agency to get access to the data (either by conducting empirical studies or by requiring companies to disclose data)."[179]

Beide Optionen sind mit Gefahren verbunden, die sowohl rechtlicher als auch sozialer Natur sind. Denn bei der Wahl der Instanz geht es nicht nur um die Frage, wer die Daten erhebt, sondern auch darum, wer den Prozess über alle drei „Momente der Datafizierung" hinweg kontrolliert. Im Fall von privaten Akteuren besteht das Risiko einer unrechtmässigen Erhebung und einer missbräuchlichen Verwendung der Daten. Private agieren zudem oft gewinnorientiert, weshalb Gefahren der intransparenten Verarbeitung und der Monetarisierung von Personendaten besonders in den Vordergrund rücken. Die umfassende Kontrolle privater Akteure über den gesamten Prozess – von der Datenerhebung über die Auswertung bis zur Personalisierung – birgt damit ein erhöhtes Risiko für Eingriffe in grundlegende Rechte, insbesondere in den Persönlichkeitsschutz. Darüber hinaus kann die da-

[178] *Müller*, S. 207 (Hervorhebung im Original); damit rückt Müller die Arbeit der „Rechtsarbeiter" in die Nähe der Texttheorie von Derrida, wonach die Arbeit mit einem Text immer auch eine Verfremdung bedeutet, weil er sich von der Bedeutungseingabe des Autors (damit ist hier der Gesetzgeber gemeint) unterscheidet (*Amstutz*, Der Text, S. 239 f., 242 mit Verweis auf Derrida). In diesem Sinne wird nicht nur die soziale Wirklichkeit eines rechtsrelevanten Ereignisses juristisch (durch Weglassen irrelevanter Elemente und Umdeutung anderer Elemente) zu einem für das Recht interessanten Sachverhalt konstruiert. So gesehen wird auch der nichtssagende Normtext im Prozess der juristischen Interpretation auf seine sachverhaltsrelevanten Inhalte hin geprüft und damit die Rechtsnorm bzw. Entscheidungsnorm konstruiert.

[179] *Hacker*, Ambivalence, S. 94.

tengetriebene Personalisierung durch private Instanzen zu ausbeuterischen Praktiken führen. Ähnlich wie im wirtschaftlichen Kontext besteht auch – und erst recht – im juristischen Kontext die Gefahr der Ausnutzung bzw. Manipulation von Rationalitätsdefiziten.

Wird die Personalisierung hingegen von staatlichen Stellen geführt, entstehen andere, ebenso schwerwiegende Gefahren, insbesondere jene eines übermächtigen Kontrollstaats. Durch die umfassende Analyse, Produktion und Verwendung personenbezogener Daten könnten staatliche Stellen ihre Macht massiv ausweiten. Im äussersten Fall würde dies die Grundlage für eine allgegenwärtige Überwachung schaffen, die nicht nur die Privatsphäre, sondern auch grundlegende Freiheitsrechte und die Selbstbestimmung der Bürger und Bürgerinnen gefährden würde. Staatliche Stellen würden daher stets unter dem Verdacht stehen, die Personalisierung und die Compliance nicht nur für eine zeitgemässe, individuell-konkrete Rechtsordnung zu verwenden, sondern darüber hinaus auch zur politischen Kontrolle oder zur Disziplinierung der Bevölkerung.[180]

In beiden Szenarien zeigt sich, dass die zentrale Herausforderung nicht nur in der Wahl der Instanz, sondern auch in der Etablierung wirksamer Kontrollmechanismen liegt. Diese müssen sicherstellen, dass sowohl private als auch staatliche Instanzen ihre Arbeit mit und an (Personen-)Daten transparent gestalten.[181] Was die Gegenüberstellung der privaten und behördlichen Instanzen allerdings vertuscht, ist, dass es für die Realisierung der Personalisierungsidee im Recht in Tat und Wahrheit beide Agenten braucht.[182] Für die Bewerkstelligung der Idee eines personalisierten Rechts über verschiedene Rechtsbereiche hindurch bedarf es entsprechend unterschiedlicher Datenpools,[183] aus denen geschöpft werden kann.[184] So können etwa

---

[180] Siehe hierzu *Hacker*, Ambivalence, S. 96: „In company-based personalization, companies who would legitimately harvest data will often have a pronounced interest in exploiting these sources of knowledge to their own benefit. Moreover, associated with government-based personalization is the dystopia of an all-controlling, psychologically manipulative state."

[181] Eine vertiefte Auseinandersetzung mit den datenschutzrechtlichen Implikationen würde den Rahmen dieser Arbeit überschreiten und erfordert eine eigenständige Analyse. Es sei jedoch darauf hingewiesen, dass datenschutzrechtliche Bedenken durch eine ausdrückliche Einwilligung der betroffenen Personen ausgeräumt werden können.

[182] Den Vorteil, den *Hacker* für die „company-based personalization" ausmacht, ist nicht auf diese begrenzt. In seinen eigenen Worten: „Furthermore, it promises to end the unilateral use of Big Data for the benefit of those in possession of data and algorithms by using Big Data for the very benefit of data subjects." (Ambivalence, S. 109; vgl. auch *Verstein*, Privatizing Personalized Law, S. 567 ff.).

[183] *Busch*, Algorithmic Regulation, S. 291.

[184] Dass bei einer Personalisierung durch behördliche Stellen auf sensitive Daten verzichtet werden muss, überzeugt allerdings nicht. Jede Einschränkung in Bezug auf die Datenerhebung widerspricht dem Zweck dieses neuen Rechtstyps, siehe hierzu *Hacker*, Ambivalence, S. 97: „In a government-based system of personalization, metrics that are less privacysensitive should be used. This, for example, should rule out information on personality traits. Furthermore, in cases in which it can be assumed that counterparties already have the data, it is best to

staatliche Stellen zu finanziellen Aspekten, wie z. B. zu Einkommens-, Vermögens- und Grundstückeigentumsverhältnisse, ferner zu sozialen Aspekten, wie Familienverhältnisse und Wohnsituation, oder zu persönlichen oder gesundheitsrelevanten Aspekten die entsprechenden Daten liefern.[185] Private Instanzen sind dagegen im Besitz von Daten über das Konsumverhalten, Kreditverhältnisse und, nicht zuletzt über die sozialen Medien, von unterschiedlichen Daten über persönliche Interessen und individuelle Lebensstile.

Wenn es allerdings beide Instanzen für die Produktion von personalisierten Normen braucht, kann mit Blick auf einen seriösen Kontrollmechanismus keiner der beiden die Compliance- und Monitoringaufgaben übernehmen.[186] Eine Lösung dafür könnte sein, dass die Aufsichtsfunktion auf einen Dritten übertragen wird. So spricht etwa Busch von einer „enforcement authority", die regelmässige Audits hinsichtlich Validität und Diskriminierungspotenzial unternimmt.[187] Damit wird das Problem des Monitorings auf eine andere Ebene verlagert. Eine andere Lösung, auf die hier nicht weiter eingegangen wird, könnte hingegen der Einsatz von dezentralen Kontrollmechanismen sein. Compliance-Aufgaben würden damit nicht Dritte oder regulierende Intermediäre übernehmen. Ähnlich wie in Blockchain-Netzwerken könnte ein dezentrales System von Peer-to-Peer-Reviews zum Einsatz kommen.[188]

Datenbasiertes Rechtssystem vs. richterliches Ermessen

Anders als in der strukturierenden Rechtslehre kann die Konkretisierungsleistung nicht mehr durch einen „Rechtsarbeiter" bzw. einen Richter oder eine Richterin allein bewältigt werden.[189] Ohnehin ist das personalisierte Recht so stark mit anderen Forschungsbereichen (z. B. mit Informationstechnologien, algorithmischer Entscheidungsfindung, Verhaltensforschung[190] und Kultur- und Sozialwissen-

---

resort to government-based personalization, as here individual scores have to be communicated to counterparties."

[185] *Ben-Shahar/Porat*, Personalized Law, S. 210.

[186] Damit kann keine der beiden Instanzen die Aufsicht für die andere übernehmen. Anders *Hacker*, Ambivalence, S. 97: „For a company-based system of personalization only legally acquired data may be used. It must be matched with a monitoring system to ensure that the data used is not selectively collected and processed. If such an enforcement mechanism is successfully deployed, company-based personalization offers the advantage of keeping data away from governments, mitigating the potential for abuse by state authorities."

[187] *Busch*, Algorithmic Regulation, S. 291.

[188] Vgl. hierzu *Blum*, S. 23 f. und 58 ff.

[189] Vgl. ferner *Barry/Hatfield/Kominers*, S. 727.

[190] Dabei kommt der Verhaltensforschung eine besondere Stellung zu. So ist die Heterogenität der Rechtsadressaten ein entscheidendes, aber oft übersehenes Problem bei der Operationalisierung von Verhaltenserkenntnissen für die Rechtsetzung. Aus dieser Sicht kann die Verhaltensforschung daher viel von der Personalisierung rechtlicher Regeln profitieren, die darauf abzielt, Regulierungsstrategien auf die konkreten Bedürfnisse, Fähigkeiten und

schaften) verwoben, dass es sich bei diesem Rechtstyp nicht mehr um ein rein juristisches Vorhaben handelt. Die Personalisierung im Recht muss daher als Zusammenspiel zwischen mehreren gesellschaftlichen Akteuren unter Einbezug verschiedener wissenschaftlicher Disziplinen gedacht werden.[191]

Aus der Perspektive der Befürworterinnen und Befürworter eines personalisierten Rechts wird diese Entwicklung überwiegend positiv eingeschätzt. Sie erkennen darin u. a. auch Vorteile gegenüber der Arbeit des Richters bzw. der Richterin. So besteht z. B. für Casey und Niblett die Gefahr, dass aufgrund der Entscheidungsbefugnisse eines Richters bzw. einer Richterin (z. B. das richterliche Ermessen) der jeweiligen Norm zusätzliche oder andere Zwecke bzw. Interpretationen zugewiesen werden, die nicht mit den Intentionen des Gesetzgebers übereinstimmen. Anhand verschiedener Studien zeigen die Autoren auf, dass die algorithmische Entscheidungsfindung den Normzweck hingegen besser erreichen könnte. *Big data analytics* würden eine genauere Beurteilung ermöglichen. Darüber hinaus sei die richterliche Entscheidung nicht immer demokratisch legitimiert, insbesondere dann nicht, wenn Richter und Richterinnen ihre eigenen zusätzlichen Erwägungen in die Norm hineintragen.[192]

Der Hauptunterschied zwischen dem richterlichen Ermessen und der algorithmischen Konkretisierungsentscheidung sei allerdings ein anderer. Die Autoren halten fest, dass das Ermessen des Richters bzw. der Richterin im konventionellen Rechtssystem erst dann gefragt wird, nachdem sich der rechtlich relevante Sachverhalt bereits ereignet hat. Dies führe zu einer Unsicherheit für die Rechtsadressaten. Die Unsicherheit bestehe darin, dass die Interpretationen der anzuwendenden Norm in der Zeit zwischen dem Eintritt des Ereignisses bis zur richterlichen Entscheidung angepasst werden könnten.[193] Diesem Problem meinen die Autoren durch die sog. „Mikrodirektiven“[194] begegnen zu können. Mit Big Data und neuen Kommunikationstechnologien könnten die Rechtsadressaten unter Umständen bereits vor dem Eintritt des rechtlich relevanten Sachverhalts über die rechtliche Beurteilung im Falle des Eintritts informiert werden.[195] Damit spielen sie auf eine absolute Rechtssicherheit unter den Bedingungen immenser algorithmischer Vorarbeiten und maximal ausgebauter Kommunikationswege an. In einer solchen Rechtskon-

---

Schwächen der jeweiligen Person abzustimmen, vgl. *Hacker*, Personalized Law and the Behavioral Sciences, S. 241 ff.

[191] Es geht schliesslich auch darum, eine Verbindung zwischen den wissenschaftlichen Diskursen über algorithmische Entscheidungsfindungen und der Auseinandersetzung mit der Idee eines personalisierten Rechts herzustellen, vgl. *Busch*, in Algorithmic Regulation, S. 288 ff.

[192] *Casey/Niblett*, Framework, S. 342; vgl. auch Diskussion zwischen *Kotsoglou*, Subsumtionsautomat, *Ders.*, Subsumtionsautomat 2.0 und die Replik Engels.

[193] *Casey/Niblett*, Framework, S. 346.

[194] Betr. Mikrodirektiven als die ausgeprägteste Form von personalisierten Normen, siehe oben 2. Teil, C.

[195] *Casey/Niblett*, Framework, S. 346 f.

stellation könnten zudem den Algorithmen eine Unabänderlichkeitsregel eingeschrieben werden, um eine nachträgliche Abänderung durch Menschenhand zu verhindern.[196]

F. Resumée

Mit dem Aufkommen des personalisierten Rechts erhält die alte Idee des *suum cuique* einen neuen Impuls. Neu ist dabei vor allem die Nutzung informationstechnologischer Entwicklungen, die dem Recht vielleicht endlich ermöglichen sollen, auf die Eigentümlichkeiten bzw. auf die persönlichen Eigenschaften einzelner Personen einzugehen. Das personalisierte Recht lässt sich somit durch zwei zentrale Elemente charakterisieren: einerseits die radikale Individuum-Bezogenheit, die das Personalisierungselement darstellt, und andererseits die algorithmische Verarbeitung von Personendaten, welche das technische Element beschreibt und die Voraussetzung für Ersteres bildet.

Unter Berücksichtigung etablierter Theorien der juristischen Konkretisierung, *in concreto* der Fallnormtheorie und der strukturierenden Rechtslehre, wurden im zweiten Teil dieser Arbeit konzeptionelle und praktische Ansätze zur Personalisierung im Recht analysiert. Eine zentrale Gemeinsamkeit zwischen dem personalisierten Recht und diesen Theorien liegt in der Abkehr vom Grundsatz des *lex ante casum.* Stattdessen positioniert sich das personalisierte Recht als ein algorithmisches und *ad-hoc* ausgestaltetes „Fallrecht", das in einer ausgeprägten Form selbst *Ex-ante*-Entscheidungen ermöglicht.

Für das so verfasste personalisierte Recht wurden zudem verschiedene potenzielle Einsatzfelder aufgezeigt, wobei das Vertragsrecht im Zentrum des Interesses dieser Arbeit steht. Die Chancen eines personalisierten Rechts liegen dabei sowohl im dispositiven als auch im zwingenden Vertragsrecht. Die Personalisierung kann also sowohl im Zeichen der Vertragsfreiheit und der Stärkung der Privatautonomie stehen als auch im Sinne einer Schutzfunktion der schwächeren Partei dienen und damit einen Dienst an der Vertragsgerechtigkeit leisten. Trotz bestehender konzeptioneller Ansätze zur Methode der Personalisierung bleiben jedoch wichtige Fragen, insbesondere jene zur Governance und Compliance, bislang ungeklärt. Diese offenen Punkte betreffen nicht nur die technische Umsetzung, sondern auch grundlegende gesellschaftliche und rechtliche Rahmenbedingungen.

---

[196] *Casey/Niblett*, Framework, S. 346 f.; in die gleiche Richtung wird im 4. Teil in Bezug auf personalisierte Inkompatibilitätsnormen argumentiert. Dabei stellt sich heraus, dass sich das personalisierte Recht sowohl in Form von Mikrodirektiven als auch von personalisierten Inkompatibilitätsnormen dann nicht mehr als ein neues Konfliktlösungsinstrument präsentiert, sondern aufgrund seines antizipatorischen Ansatzes vielmehr als eine regulatorische Technik der Konflikt*vermeidung*.

Es ist zudem hervorzuheben, dass die Personalisierung in einem engen Zusammenhang mit den gesellschaftlichen Impulsen der spätmodernen Singularisierungsprozesse steht. Beide zentralen Elemente, die Individuum-Bezogenheit und die algorithmische Datenverarbeitung, müssen daher vor dem Hintergrund aktueller gesellschaftlicher Entwicklungen gelesen werden. Dies gilt erst recht für die Bewertung des Subjekts. Eine explizite Grundannahme der Personalisierungsidee im Recht ist nämlich, dass es nicht nur keine zwei identischen Fälle gibt, sondern – und vor allem –, dass es keine zwei gleichen Menschen gibt. Diese anthropologische Prämisse stellt die juridische Arbeit vor neue Herausforderungen. Inwiefern das personalisierte Recht diese Prämisse aufnimmt und wie es damit umgeht, wird im nächsten Kapitel vertieft untersucht.

3. Teil

Personalisierte Rechtssubjekte

A. Einführung

„Die Rechtstheorie wäre gut beraten, sich bereits jetzt Antworten auf die keineswegs fernliegende Frage zurechtzulegen, wohin eine strukturell digitalisierte und personalisierte Rechtsordnung steuert, in der das Individuum nicht trotz, sondern gerade wegen seiner vollständigen datengetriebenen Berechenbarkeit zunehmend obsolet wird."[1]

Das personalisierte Recht verspricht, eine rechtliche Antwort auf individuelles Verhalten, persönliche Fähigkeiten und subjektive Umstände bereitzuhalten. Es soll in der Lage sein, in einem normativen Sinn zu den Einzelmenschen durchzudringen, indem Rechtsnormen zwischen persönlichen Eigenschaften, individuellen Fähigkeiten und Bedürfnissen jedes bzw. jeder Einzelnen differenzieren, bevor die Rechtssubjekte adressiert werden. Diese Personalisierungsbemühungen sollen, wie bereits ausführlich behandelt, mit dem Einsatz neuer digitaler Technologien bewerkstelligt werden.

Es ist nicht zu verkennen, dass die Personalisierungsbestrebungen stets mit einer Kritik am bestehenden Rechtstyp verbunden sind. Das formal-abstrakte Rechtssystem konstruiere sein Rechtssubjekt, so lautet der ausformulierte Vorwurf, auf eine realitätsfremde und abstrakte Weise unter Missachtung seiner Individualität.[2] Aber auch das personalisierte Recht muss sich Fragen in diese Richtung gefallen lassen. So muss noch geklärt werden, was oder wen das personalisierte Recht eigentlich genau im Blick hat, wenn es von einem Einzelmenschen spricht, dem man mit grossen Datenvolumen und Digitalisierungsmöglichkeiten endlich gerecht werden will. Handelt es sich dabei wirklich um den individuellen Menschen *da draussen* aus Fleisch und Blut (als Gegensatz zum abstrakten Rechtssubjekt des westlichen Formalrechts), der adressiert werden soll? Wie und inwiefern werden überhaupt die persönlichen Eigenschaften und Bedürfnisse berücksichtigt? Wie sieht der Konkretisierungsprozess (als Gegenmodell des Abstraktionsprozesses des

[1] *Auer*, Zum Erkenntnisziel, S. 61; es bleibt zu fragen, ob man sich die Antworten noch im Voraus „zurechtlegen" kann, oder ob der Prozess der Auflösung des Individuums möglicherweise bereits eine unumkehrbare Entwicklung darstellt.

[2] Vgl. etwa *Busch/De Franceschi*, Granular Legal Norms, S. 423; *Ben-Shahar/Porat*, Personalized Law, S. 3, 24; ferner *Hacker*, Ambivalence, S. 98 ff.

modernen Formalrechts) konkret aus? Und welche Rolle spielen dabei digitale Techniken der Datenverarbeitung?[3]

Das neue Ringen um individuelle Berücksichtigung als Ersatz einer normativen Gleichbehandlung hat zunächst etwas mit dem vorherrschenden Menschenbild zu tun, wonach Individualität, Selbstbestimmung und Würde den Menschen in der Moderne charakterisieren. Diese Attribute, wie Supiot anmerkt, gehen auf christlich geprägte (und vom entsprechenden Gottesbild abgeleitete) Eigenschaften von Unteilbarkeit (Individualität), Souveränität (Selbstbestimmung) und Heiligkeit zurück. Dieses Menschenbild schlägt sich im modernen Recht beispielsweise in Form des Würdebegriffs in der Wendung von Art. 7 der Bundesverfassung nieder, die da lautet: „Die Würde des Menschen ist zu achten und zu schützen." Doch die Eigenschaften von unteilbar, souverän und heilig bilden nur die eine Seite der Realität des Menschen ab. Denn nicht selten tritt der Mensch im Geflecht des Sozialen, als den anderen gleich, als jemandem untertan und als in seiner Würde verletzt auf. Aus einer übergeordneten Perspektive ist das christlich geprägte, moderne Menschenbild, worauf auch rechtliche Begriffe, Institute und juristische Grundprämissen beruhen (z.B. Art. 7 BV, Art. 27 Abs. 2 ZGB etc.), deshalb als zweischneidig zu bezeichnen. Diese Zweischneidigkeit soll im Folgenden mit den Kategorien von Individualität, Subjektivität und Persönlichkeit weiter spezifiziert werden. So werden unter Individualität die Epitheta *einzigartig* und *similär* ausgehandelt, unter Subjektivität die Gegensätze *souverän* und *untertan* und unter Persönlichkeit der Widerspruch zwischen *geistig* und *gegenständlich.*[4]

Das Menschenbild, welches das personalisierte Recht zeichnet, knüpft an diese Kategorien zwar an, erweitert aber die jeweiligen Binaritäten um ein entsprechendes drittes Attribut, welches im Zuge der Digitalisierung zur primären Qualität des Subjekts vordringt. Im Folgenden wird deshalb behauptet, dass das Rechtssubjekt des personalisierten Rechts, was den Aspekt der Individualität angeht, vor allem *dividuel* ist, was die Subjektivität betrifft, ist es *relational*, und was die Persönlichkeit anbelangt, ist es *digital.*

Wie noch zu zeigen sein wird, erweisen sich die neuen Attribute als unabdingbar für das personalisierte Recht. Die Konstruktion eines solchen dividuellen, relationalen und digitalen Subjekts gehört nämlich zur ausschlaggebenden Voraussetzung für die (informationstechnologischen) Konkretisierungs- bzw. Personalisierungsprozesse des personalisierten Rechts. Bevor allerdings die Subjektivierung im personalisierten Recht ausführlich behandelt wird, soll zunächst auf das moderne

---

[3] Vgl. hierzu auch die Ausführungen bei Gruber zur personalen Identität, „die nur einen Kernbereich, mithin eine sehr eng verstandene Sphäre eines einzigartigen menschlichen Individuums, des lebendigen Menschen aus Fleisch und Blut in seiner psychischen und physischen Integrität, [bezeichnet]." (*Gruber*, Bioinformationsrecht, S. 98). Vgl. ferner die Unterscheidung zwischen Persönlichkeit und Rechtssubjektivität unter bioinformationstechnischen Voraussetzungen, *Gruber*, Bioinformationsrecht, S. 94 ff., 253 f.

[4] *Supiot*, S. 12 ff.; zum Ganzen siehe *Salihu*, S. 4 ff.; vgl. ferner *Schulz*, S. 15 f.

Formalrecht und die damit verbundene abstrakte Subjektivierung des Rechtsadressaten eingegangen werden. Die Gegenüberstellung dieser beiden Subjektivierungsprozesse wird im Folgenden, in Anlehnung an den deutschen Rechtsphilosophen und Rechtssoziologen Carl August Emge, mit der Gegenüberstellung vom sog. „Platonismus" für das Abstrahieren und der sog. „Umdrehung des Platonismus" für das Konkretisieren bzw. Personalisieren eingeleitet.

B. Der Platonismus und seine Umdrehung

> „Der Jurist muss im lebendigen Menschen nur ein juristisches Schema zu sehen vermögen."[5]

Im juristischen Diskurs besteht ein breiter Konsens darüber, dass das Rechtssubjekt rechtlich konstruiert ist. Gleichwohl täuscht die Unterscheidung zwischen natürlicher und juristischer Person in den deutschsprachigen Rechtsordnungen darüber hinweg, dass auch die natürliche Person letztlich eine Schöpfung des Rechts ist.[6] Den konstruktivistischen Aspekt der juristischen Person hat Brecher wohl am treffendsten bereits 1959 für das BGB formuliert, als er sagte, sie sei

> „eigentlich schlechthin und immer ‚juristische Person'. Sie besteht kraft Befehls des Gesetzgebers, weil und wenn sie dem Rechtsbegriff ‚Person' unterfällt, dem Begriff, dessen Merkmale eben jener Gesetzgeber bestimmen und deren formales Gegebensein er herbeiführen kann. Ob dahinter eine Existenz mit materialen Personqualitäten steht, ist nicht rechtserheblich, für Subsumtion und Definition gleichgültig; es mag bei rechtsethischen und rechtspolitischen Vorüberlegungen eine Rolle spielen, in den Rechtssatz gehen diese nicht ein. So wird die Person – auch die sog. natürliche – im strengen Befund zur Normenkonstruktion, ja zur Fiktion, zur blossen ‚Figur', ein Gebilde von Juristenhand."[7]

Die schulbuchmässigen Differenzierungen von natürlichen Personen als geborene Rechtssubjekte und juristischen Personen als gekorene Rechtspersonen erweisen sich damit als hinfällig. Im rechtstechnischen Schöpfungsakt der „natürlichen" Person ist sodann auch die erste Entfremdung zwischen dem Einzelmenschen und seiner rechtlichen Berücksichtigung auszumachen, die mit dem Auseinanderfallen von Mensch und *persona* einhergeht.[8] Die abstrakte Natur des Rechts verleiht dabei regelmässig dem konstruierten Personenbegriff in einem platonischen Sinn eine höhere Relevanz als dem „lebendigen Menschen". Die dahinterstehende Person aus Fleisch und Blut wird für das Recht bedeutungslos, wobei im Gegenzug das

---

[5] Radbruch zitiert bei *Engisch*, Die Idee, S. 202.

[6] *Radbruch*, S. 230 f.: „Person zu sein, ist das Ergebnis eines Personifikationsakts der Rechtsordnung. Alle Personen, die physischen wie die juristischen, sind Geschöpfe der Rechtsordnung. Auch die physischen Personen sind im strengsten Sinn ‚juristische' Personen."; vgl. auch *Kersten*, S. 345.

[7] *Brecher*, Fn. 28.

[8] Zum Begriff der *persona* siehe 1. Teil, E.

juristische Personenkonstrukt an Beachtung gewinnt. Die Formel lautet also: „je mehr [...] verflüchtigt [...] ein Mensch wird, *um so mehr sein Wert zunimmt; je weniger* real, um so mehr Wert“.[9]

In diesem Sinne ist die Entfremdung vom realexistierenden Einzelmenschen auf eine bestimmte Art der juristischen Modellierung, nämlich auf die für das moderne Recht charakteristische Abstraktion, zurückzuführen. Der abstrakt-konstruktivistische Ansatz der Subjektivierung wird begleitet von einer funktionellen Entwertung der realen Existenz zugunsten der ideellen Konstruktion.[10] Spätestens hier offenbart sich die platonische Logik des modernen Rechts, wonach die Gleichgültigkeit gegenüber der zugrundeliegenden „Existenz mit materialen Personenqualitäten“, um Brechers Zitat nochmals aufzunehmen, auf die Privilegierung von Begriffen und Ideen gegenüber Realitäten und Individualitäten zurückzuführen ist. Der Vorteil eines Begriffs und einer Idee gegenüber den konkreten Dingen und Individuen liegt bekanntlich in der zeitlichen und räumlichen Ungebundenheit.[11] So kann ein Begriff konstruiert werden, der sich, wie Emge sagt, „von einem Individuum einen Begriff zu bilden versuchen, der sich als ein logisches Gebilde von dem gemeinten und wirklichen Gegenstand unterscheidet. Als Begriff aber pflegt man ihm ‚Geltung‘ zuzuschreiben, d. h. man sieht ihn selbst dem Zeitlichen entzogen, wenn auch der Gegenstand dem Zeitlichen untersteht.“[12]

Mit der Formel „je mehr ‚Idee‘, desto mehr Sein“[13] wird der konstruierte Rechtsbegriff der Person nicht nur gegenüber dem real existierenden Einzelmenschen vorgezogen, sondern gar zur (einzigen) Realität der Gesetzgebung erkoren. Die Orientierung an der „Idee“ tritt also gleichzeitig mit einer Abkehr vom konkreten Individuum auf. Diese Bevorzugung des Abstrakten gegenüber dem Konkreten, die soeben genannte Orientierung an der Idee zulasten des Realen, soll hier „Platonismus“ und das Verfahren „Platonisieren“ genannt werden. Das moderne Formalrecht, wie hier behauptet wird, *platonisiert*, indem es seine begriffliche und ideelle Konstruktion (sein „Kunstwerk“) dem Natürlichen, das Irreale dem Existierenden, den Schein dem Sein vorzieht. Doch ist es, wie gesagt, nicht nur die Gesetzesschöpfung an sich, die zur Entfremdung des konkreten Individuums führt. Vielmehr ist es die bestimmte Art der juristischen Modellierung, die diese Entfremdung bewirkt, nämlich das Abstrahieren, das für das moderne Recht charakteristisch ist.[14] Aus diesem Grund soll der juristische Abstraktionsprozess kurz skiz-

---

[9] *Emge*, S. 850.

[10] *Salihu*, S. 6 ff.

[11] Zur Produktivität der rechtlichen Abstraktion siehe auch *Karavas*, Digitale Grundrechte, S. 31: „Die [...] Leistung des Rechts ist aber auch angesichts der vom Recht bewerkstelligten Abstraktionsleistung viel unbescheidener! Das Recht macht sich das Leben der Menschen zu Eigen, um sich selber am Leben zu halten. Gleichzeitig schafft es aber auch Anschlussmöglichkeiten für die Kontinuation des Lebens.“

[12] *Emge*, S. 860.

[13] *Emge*, S. 850.

[14] Betreffend die (Rechts-)Entfremdung, vgl. *Teubner/Zumbansen*, S. 189 ff.

ziert werden, um dann das Konkretisierungsmodell des personalisierten Rechtssubjekts zu untersuchen.[15]

Abstraktion

In der Ideengeschichte wird der Begriff der Abstraktion ambivalent interpretiert.[16] Soweit es sich um die Abstraktion im rechtlichen Kontext handelt, ist er von Kants Verständnis beeinflusst. Unter dem Begriff der Abstraktion versteht Kant insbesondere das „Weglassen der Unterschiede“. Die Abstraktion ist nach dieser Lesart das Ergebnis von dem, „was nach dem Weglassen (der Unterschiede) übrigbleibt“.[17] In diesem Sinn wurden beispielsweise bei der Konstruktion der natürlichen Rechtsperson im Zuge der Rationalisierungsbemühungen religiöse und ethische Bezüge ausgeblendet. Zugleich wurde der Begriff des Rechtssubjekts so weit formalisiert, dass er nur noch als interner „Zurechnungspunkt“ für subjektive Rechte fungiert.[18] Erst durch diesen Abstraktions- und Formalisierungsprozess wird die Entfremdung des Rechtssubjekts vom „lebendigen Menschen“, von der „realen Person“ eingeleitet. Auch andere Rechtsbegriffe wurden im Zuge der Abstrahierungsbestrebungen entfremdet. So weist Raiser z. B. darauf hin, dass auch der Begriff der Rechtsfähigkeit,

> „seinen ursprünglichen Sinn als einer der Person um ihres Personseins willen verliehenen Fähigkeit, Rechte erwerben und Pflichten übernehmen zu können, die notwendig sind, damit die Person in der Gesellschaft Achtung erlangen und sich entfalten kann [verlor]. Auch er wurde statt dessen zu einem rechtstechnisch-abstrakten Systembegriff, dessen Inhalt relativ ist und zur Disposition des Gesetzgebers steht.“[19]

Fast immer führt die Abstraktion zu einer Verallgemeinerung des Konkreten.[20] Die Ausklammerung der Unterschiede auf dem Weg zum Einheitsbegriff bedeutet, dass die Besonderheiten des Einzelnen an immer grössere Gruppen abgetreten werden. Daraus ergibt sich, dass in der modernen Gesetzgebung die Konstruktion

---

[15] Zum Ganzen siehe *Salihu*, S. 7 ff.

[16] Vgl. hierzu *Salihu*, S. 7 f.: „Selbst grosse Denker haben in ihren Schriften uneindeutige, mehrdeutige, ja gar widersprüchliche Aussagen zum Abstraktionsbegriff getroffen. So heisst für Locke Abstrahieren nichts anderes als Generalisieren, er teilt aber die Nomen *justice* und *equality* der abstrakten, die Adjektive *just* und *equal* hingegen der konkreten Kategorie zu. Für Berkley heisst Abstrahieren mal Unterscheiden, Abtrennen, Weglassen, mal Generalisieren oder Verallgemeinern. Für Hume bedeutet die Abstraktion eine allgemeine Repräsentation von konkreten Ideen. Kants Begrifflichkeit unterscheidet sich in Teilen von den bisher genannten. Unter Abstraktion versteht er in erster Linie das Weglassen der Unterschiede der Dinge. Die Abstraktion ist demnach das Resultat von dem, was nach dem Weglassen (der Unterschiede) übrigbleibt (*Ziehen*, 350 f.). Anders gewendet, gehört das, was alle in Betracht gezogenen Dinge miteinander teilen, noch zum Begriff dazu“.

[17] *Salihu*, S. 7.

[18] *Raiser*, S. 118.

[19] *Raiser*, S. 118.

[20] *Ziehen*, S. 351.

von Rechtsbegriffen stets mit einer Abstraktion und diese wiederum fast immer mit einer Verallgemeinerung einhergeht.[21]

Subjekt zu sein, bedeutet nach dem modernen Schema vor allem, unabhängig von Status, Klasse oder Religion anerkannt zu werden. Die gesellschaftliche Errungenschaft der Emanzipation äussert sich also in der Entsagung dessen, was den Einzelnen auszeichnet. Die moderne Rechtsordnung verbindet diese demokratische Verpflichtung mit dem Grundsatz der Gleichbehandlung. Dabei ist nicht in erster Linie an den verfassungsrechtlichen Gleichbehandlungsgrundsatz zu denken. Vielmehr ist es der formal-abstrakte Charakter des Personenbegriffs, der die Gleichbehandlung *a priori* ermöglicht, indem er vorhandene Unterschiede ausblendet. Mit dem Weglassen der Unterschiede hat das moderne Recht die Gleichbehandlung zum Paradigma seines Umgangs mit den Wirklichkeitsmenschen erklärt, wodurch es zugleich jene integrative Funktion erfüllt, die in der modernen Demokratie erwartet wird.[22] Die Abstraktion ist geradezu die moderne Antwort auf das Problem der Inklusion, das sich aus den unterschiedlichen sozialen Klassen ergibt.[23]

Vor diesem Hintergrund wird deutlich, dass sich die mit der Abstraktion verbundene Integrationslogik im Zuge des gesellschaftlichen Wandels verändert. Während es in der Moderne noch um die gleichberechtigte Teilhabe am gesellschaftlichen Leben geht und diese Teilhabe durch die Unterordnung unter eine statusunabhängige, integrative und gleichbehandelnde Rechtsordnung ermöglicht wird, geht es dem Individuum der Spätmoderne nun um das bewusste Nicht-Weglassen der Unterschiede bzw. um die Markierung der subjektiven Einzigartigkeiten, weshalb es sich gerade gegen eine Gleichbehandlung wehrt. Aus diesen sozialen Umwälzungen schöpft das personalisierte Recht mit seinem Versprechen auf individuelle Berücksichtigung.[24] Die Frage, ob dieses Versprechen für das spätmoderne Subjekt auch eingelöst wird, soll im Folgenden analysiert werden.

Die Umdrehung

Unter der Bezeichnung des „umgedrehten Platonismus" hat Emge der Idee einer Orientierung am Einzigartigen bzw. am Besonderen oder Konkreten und der damit einhergehenden Abwendung vom Allgemeinen und Abstrakten einen greifbaren Namen gegeben. In dieser Neuorientierung ist es nun „das ‚Eigentümliche', ‚Ge-

---

[21] Vgl. *Salihu*, S. 8.

[22] *Salihu*, S. 9 f.

[23] Dies lässt sich in verschiedenen sozialen, rechtlichen und wirtschaftlichen Kontexten verdeutlichen. Die Abstraktion dient dabei stets als Mittel, um unterschiedliche soziale Klassen und deren potenziell widersprüchliche Interessen in gemeinsame Strukturen und Prozesse einzubinden, ohne die Unterschiede direkt thematisieren oder auflösen zu müssen, vgl. dazu *Luhmann*, Recht der Gesellschaft, S. 116. Luhmann versteht unter Inklusion „die Teilhabe von Personen an bestimmten Kommunikationen" (*Kneer/Nassehi*, S. 156).

[24] Zu den sozialen Umwälzungen, siehe oben, 1. Teil, C.

mässe', ,Passende', das hier Berücksichtigung heischt"[25]. In diesem Sinne werden nicht etwa das Abstrakte, sondern „die wirklichen Wesen in ihrer Erscheinungsform metaphysisch ernst genommen"[26]. Der Ansatz eines umgedrehten Platonismus führt bereits Emge zufolge „zu einer in der praktischen Philosophie und Ethik neuen bewusst ,behutsamen' Haltung gegenüber dem wirklichen Menschen, insofern zu einem neuen Personalismus [...]"[27]. Diese behutsame Haltung gegenüber dem realexistierenden Einzelmenschen verspricht auch das personalisierte Recht, und dies mehr oder weniger, wie Emge für die Umdrehung konstatiert, „ohne Einführung anderer Wertprinzipien, bloss aus der Einsicht in den Sinn der Richtschnuren (Ansprüche, Forderungen, Wollungen, Wünschen, Triebe usw.) heraus, *deren Realität, wenn überhaupt, ja nur beim Einzelmenschen fassbar wäre*".[28]

Unter dem platonischen Abstraktionsverständnis hingegen ist insofern alles zunehmend gleich, als dass alles „seine Besonderheiten an immer grössere Gruppen abgibt bzw. in ihnen auflöst, alles sozusagen ,zu Wasser', zu dem Wasser des ionischen Naturphilosophen Thales" wird.[29] An diese Beschreibung, wonach das Abstrahieren zu einem Monismus und zu einem Identischen ohne Unterscheidungskraft führt, knüpft auch, wie bereits in Teilen gesehen, Menkes Kritik der *persona* an, die es sich in diesem Kontext nochmals aufzugreifen lohnt.[30] In seiner Konzeption der Person, die, wie eingangs gesehen, eine normativ-deskriptive Doppelbestimmung aufweist, liegt das logische Konstrukt eines dialektischen Abstraktionsprozesses. Die Person ist nach diesem Verständnis – im Unterschied zum Individuum – nämlich das, was man durch Reflexion über das Individuum, d. h. über die Eigentümlichkeiten des Einzelnen, gewinnt.[31] Hierin liegt für Menke in klassisch-soziologischer Subjektivierungsmanier gerade der Unterschied zwischen Person einerseits und Individuum andererseits:

> „Nennen wir den einzelnen in abstrakter und allgemeiner Beschreibung, in der er mit allen anderen gleich ist, eine ,Person', so den einzelnen in einer konkreten Beschreibung, in der es um das ihm Eigentümliche geht, ein ,Individuum'. [...] Denn nur im Ausgang von einem und in ständigem Bezug auf ein Verstehen, das den Individuen in ihrer Eigentümlichkeit gerecht wird, können wir zu einer angemessenen Beschreibung und deshalb auch zu einer wirklichen Gleichbehandlung von Personen gelangen."[32]

---

[25] *Emge*, S. 869.

[26] *Emge*, S. 869.

[27] *Emge*, S. 870.

[28] *Emge*, S. 870 (Hervorhebung im Original).

[29] *Emge*, S. 871. Denn der sogenannte Platonismus unserer Zeit tendiert nicht nur zum Abstrakten, sondern auch „zu einem Monismus schlechthin", nämlich „dem ,Identischen', worin sich das verschiedene aufgelöst hat".

[30] Siehe 1. Teil, B.

[31] *Menke*, Spiegelungen, S. 21.

[32] *Menke*, Spiegelungen, S. 21 f.

Bei der Konstruktion des Personenbegriffs handelt es sich daher um einen reflexiven Prozess. Es geht nicht einzig darum, von den Merkmalen, in welchen sich die Individuen unterscheiden, zu abstrahieren (diese „wegzulassen"). [33] Vielmehr ist in der reflexiven Überprüfung der deskriptiven Seite des Personenbegriffs die methodische Konstruktion zu suchen:

> „Neue Personenauffassungen entstehen vielmehr durch reflexive Überprüfung und Veränderung bereits bestehender Personenauffassungen. Und es ist in diesem reflexiven Prozess von der einen zur anderen Personenauffassung, in dem das Verstehen von Individuen eine Rolle spielt: die Rolle eines Anstosses und Korrektivs." [34]

Darin ist auch die Antwort auf die Frage zu finden, wie neue Personenauffassungen entstehen: Sie sind Menke zufolge nichts anderes als ein Korrektiv vorhergehender Personenbegriffe. Die Korrektur erfolgt demnach durch die Individuen selbst, die sich durch den aktuellen Personenbegriff nicht mehr vertreten oder sich von diesem eingeschränkt fühlen. Ein solcher Einwand der Individuen richtet sich im modernen Kontext gegen die geltenden Gleichbehandlungsregeln und ist als mangelnde, d. h. ungleiche Berücksichtigung durch den geltenden Begriff der Person zu verstehen.

Der Fehler liegt in der Diskrepanz zwischen der Person und dem Individuum, d. h. in der Abweichung zwischen der allgemeinen und der konkreten Beschreibung der Person oder, wie man auch sagen könnte, zwischen dem Allgemeinen und der Individualität. Der Grund für diesen Fehler ist wiederum im Abstraktionsprozess des Personenbegriffs zu suchen: [35]

> „Die Personenauffassung, mit der die Einstellung der Gleichheit hier verbunden ist, ist – so lautet der klagend erhobene Einwand – gar nicht abstrakt. Oder: sie ist nicht abstrakt genug; denn sie umfasst und erlaubt nicht die ‚konkreten' Bestimmungen oder Vorhaben dieses Individuums, sondern unterdrückt sie oder schneidet sie ab." [36]

Menkes Reflexion der modernen Gleichheitsidee bildet damit auch in Bezug auf das Subjektverständnis eine Brücke zur Spätmoderne. Sie räumt ein, dass die *Begründung* der Gleichheit die Berücksichtigung der Klagen jedes einzelnen Individuums (Befragung der Gleichheit) voraussetzt. Diese Voraussetzung konstituiert also zugleich die Gleichheitsidee. Denn von Gleichheit ist erst dann die Rede, wenn die Individuen mitberücksichtigt werden, nämlich in dem, worin sie gleich sind. [37]

---

[33] *Menke*, Spiegelungen, S. 21 ff. Im Grundsatz folgt auch Menke zunächst dem traditionellen Verständnis des juristischen Personenbegriffs, wonach in diesem genau jene Beschreibung Platz hat, in welcher der Einzelne „mit allen anderen gleich ist" (*Menke*, Spiegelungen, S. 21). Er ergänzt die normative Auffassung jedoch um einen weiteren Reflexionsakt, den er befragende oder deskriptive Reflexion des Individuums nennt.

[34] *Menke*, Spiegelungen, S. 27.

[35] *Menke*, Spiegelungen, S. 30 f.

[36] *Menke*, Spiegelungen, S. 31.

[37] *Menke*, Spiegelungen, S. 40.

Menke nennt dieses Gleichheitsverständnis eine „negative Dialektik".[38] In diesem Sinne heisst Abstrahieren nicht mehr lediglich das Ignorieren der Differenzen. Vielmehr greift der Abstraktionsprozess auf die realen Unterschiede zwischen Individuen zurück. Die Einzigartigkeit der Individuen wird damit vom Personenbegriff nicht ausgeklammert, sondern gehört zum rechtlichen Konstruktionsprozess dazu. Nach dieser und ähnlichen Konzeptionen des Abstraktionsprozesses bleibt „die Buntheit der Erzeugnisse" damit gewahrt und erst darin offenbart sich überhaupt „die Mannigfaltigkeit in ihrer Sinnfülle"[39].

Dies steht im starken Kontrast zum platonischen Personenverständnis: So stehe, wie Emge festhält, im rechtswissenschaftlichen Kontext die Konstruktion der „natürlichen" Person geradezu paradigmatisch für eine Abstraktion ohne Befragung, Reflexion oder desgleichen: „Der Wille mehrerer Personen gelte nicht mehr als gespaltener Wille, sondern es zeige sich in ihm die Einheit. So garantiere dieser ideale Wille die Einheit der Person. Die Gesamtheit sei Allheit, und die juristische Person die Einheit der Allheit."[40] Zum platonischen Abstraktionsverständnis gehört also nicht nur die Auflösung der Unterschiede, sondern auch die Idealisierung der Dinge zu einer Einheit. Im Vordergrund steht die theoretische „Idee". Eine entsprechende Umdrehung des so gearteten Platonismus bilde folgerichtig „das *empirisch Reale*, ‚*Wirkliche*', wenn es das so simpel gäbe"[41], wie Emge zu Recht einwendet. Die Umdrehung des Abstraktionsverständnisses, wonach die intersubjektiven Differenzen an immer grösseren Gruppen aufgegeben werden, betrifft demnach die Bemühungen, sich mit dem Wirklichkeitsindividuum und all seinen „Bestimmtheiten" auseinanderzusetzen – ein Individuum, das wohlgemerkt als „ineffabile" gilt.[42] In diesem Sinne betrifft die Umdrehung eine einschlägige Beschäftigung mit dem realexistierenden Einzelmenschen. Das Problem ist nur, dass zu diesem ineffablen, singulären Wirklichkeitsindividuum der Zugang entweder verwehrt oder zumindest ungewiss ist.

Gegen diese Ausweglosigkeit soll nun das personalisierte Recht, was zumindest die juridische Beurteilung des „lebendigen Menschen" anbelangt, mit seinem Versprechen der normativen Berücksichtigung die notwendigen Mittel parat halten. Anders als bisherige Bestrebungen im Recht und in anderen Disziplinen bedient man sich hierfür nicht mehr der natürlichen Sprache. Das Ineffable soll unter dem Paradigma der Personalisierung mit den Instrumenten der formalen Sprache „eingefangen" werden.[43] Wie unten aufgezeigt wird, entpuppt sich dieses Versprechen

---

[38] *Menke*, Spiegelungen, S. 48.

[39] *Emge*, S. 871.

[40] *Emge*, S. 873 mit Verweis auf *Cohen*.

[41] *Emge*, S. 872.

[42] *Emge*, S. 872.

[43] Betreffend Unterschiede zwischen der natürlichen und formalen Sprache, siehe Diskussion zwischen *Kotsoglou*, Subsumtionsautomat, *Ders.*, Subsumtionsautomat 2.0 und die Replik *Engels*.

allerdings als Feigenblatt für eigene Konstruktionsprozesse. Denn die durch die Personalisierung erhoffte Responsivität stellt sich als eigenartige, selbst auf ein Ideal hinarbeitende Konstruktion heraus. In diesem Sinne ist, wie Emge mit Verweis auf Husserl anführt, die „Konfiguration [...] *keine* Analogie der raumzeitlichen Gestalten, [...] nicht eingeordnet in eine ihnen eigene Weltform".[44] Auch unter einem Personalisierungsregime ist sodann das „zu Messende" bzw. das zu Personalisierende, „bereits auf ‚*Idealitäten*' bezogen".[45]

Zwei Einwände

Nachstehend sollen kurz zwei Einwände an der „Umdrehung des Platonismus" formuliert werden, die für das Verständnis des personalisierten Rechts wichtig sind und im Verlauf dieses Kapitels noch näher ausgeführt werden. Die eine Beanstandung betrifft die in Zusammenhang mit der Umdrehung verbundene Kritik an naturwissenschaftlichen bzw. arithmetischen Verfahren. Es ist an dieser Stelle zu erwähnen, dass die Umdrehung, die Emge beschreibt (aber selbst nicht teilt), sich üblicherweise gegen die Methoden der Naturwissenschaften, wonach „alles und jedes seinen mathematischen Index habe", richtet.[46] Der Angriff auf die „Platonisierung"[47] ist daher auch eine Kritik an der metrischen Verstellung[48] des Realexistierenden bzw. an der „*Verwandlung* der ursprünglich lebendigen Sinnbildung"[49]. In der Art und Weise, wie das personalisierte Recht hier und in der entsprechenden Literatur umschrieben wird, geht es allerdings nicht um eine Ablehnung von metrischen bzw. algorithmischen Verarbeitungsmethoden. Ganz im Gegenteil sind es doch gerade die informationstechnologischen Verfahren (die letztendlich selbst auf mathematische bzw. naturwissenschaftliche Methoden zurückgreifen), welche die Konkretisierungsleistungen im personalisierten Recht erbringen und letztendlich die „Umdrehung der Platonisierung" bewerkstelligen sollen.[50]

Der zweite Einwand betrifft das Resultat der Umdrehung. Wie gesehen, arbeitet der platonische Abstraktionsprozess stets auf ein *Ideal* oder einen *Begriff* hin. Gleich verhält es sich auch im modernen Formalrecht: So konstatiert Emge für den modernen Juristen Folgendes: „Der Jurist schafft sich ja auch eine derartig ‚ideale' Sphäre, analog jenem ‚exakten Mathematiker', die er dann für das Ganze hält"[51]. Demgegenüber besteht die Umdrehung des Platonismus nun darin, das Abstrakte „rückwärts zu revidieren". Der umgedrehte Platonismus betont die „letzte Kon-

---

[44] *Emge*, S. 874.

[45] *Emge*, S. 874.

[46] *Emge*, S. 74.

[47] *Emge*, S. 75.

[48] Weiter unten wird dieser Vorgang auch als „Vermessen" bezeichnet.

[49] *Emge*, S. 875.

[50] Vgl. hierzu auch die Ausführungen betr. maschinelle Singularisierung weiter unten.

[51] *Emge*, S. 875.

kretheit“[52], wobei der Fokus nicht auf die Ideale und das Abstrakte gerichtet ist, sondern auf das „Unterscheidende, das ‚Für-sich-sein‘“[53].

In diesem Sinne könnte das personalisierte Recht als eine Umdrehung des modernen Formalrechts und seiner abstrakten Personenauffassung gelesen werden. Diese Revision, die zu Beginn des Buchs auch als Korrektur oder als Neuorientierung an Individualitäten beschrieben wurde, ist allerdings, und hier setzt der Einwand des personalisierten Rechts an der Umdrehung an, nicht etwa ein *Zurück* zum Ursprünglichen. Es stellt keine Rückkehr zum Realen oder Eigentümlichen dar. Es ist vielmehr eine Neuausrichtung entlang individueller Differenzierung. Die Personalisierung verfolgt somit nicht das Ziel, das Wirklichkeitsindividuum durch eine Revision zu entfalten. Vielmehr stellt sich heraus, dass die Personalisierung selbst ein konstruktivistisches Unterfangen ist. Es bringt eine „Fiktionsfigur“[54] hervor, die sich vom Ursprünglichen unterscheidet.

Zu den Erkenntnissen aus der Beschäftigung mit dem personalisierten Recht gehört, dass die (Neu-)Orientierung am Eigentümlichen, an Individualitäten oder Konkretheiten nie das Individuum in seinen Lebenswirklichkeiten erreichen wird. Hinter dem Deckmantel der Personalisierung verbirgt sich indessen ein politischer Prozess, ein Eingriff in das (nackte) Leben (Agamben), der einen neuen Subjekttyp hervorbringt, welcher durch die Attribute *digital*, *dividuel* und *relational* gekennzeichnet ist und der im Folgenden *homo singularis* genannt werden soll.

C. *homo singularis*

> „Das Sich-richten-an, die Adresse oder der Adressat sind stets besonders, eigentümlich […].“[55]

Der Versuch des personalisierten Rechts, die Einzigartigkeit jedes und jeder Einzelnen rechtserheblich zu erfassen, trifft in der Spätmoderne zudem auf ein Subjekt, das sich seiner Einzigartigkeit und Nicht-Vergleichbarkeit bewusst ist.[56] Nicht zuletzt aus diesem Selbstverständnis heraus wehrt sich das spätmoderne Subjekt gegen eine Gleichbehandlung und Gleichsetzung. Dieser Aspekt wird in der bisherigen Literatur über ein personalisiertes Recht weitgehend übersehen.[57] Das Interesse beschränkt sich vornehmlich auf Effizienzüberlegungen. Anhänger und Anhängerinnen des personalisierten Rechts sehen hinter dem personalisierten Recht

---

[52] *Emge*, S. 871.

[53] *Emge*, S. 871.

[54] *Hutter/Teubner*, S. 110.

[55] *Derrida*, S. 34.

[56] Vgl. die Ausführungen zum spätmodernen Subjekt oben im 1. Teil, C.

[57] Einzig *Busch*, Algorithmic Regulation, S. 280.

zuvörderst einen ökonomischen Nutzen.[58] Dabei kommen allerdings nicht nur rechtsphilosophische, -soziologische und -theoretische Gedanken zu kurz. Der erste Teil dieses Buchs diente dazu, diese Lücke zu schliessen. Der überschaubare Rahmen, in welchem das personalisierte Recht bislang diskutiert wird, übersieht aber auch gänzlich die Rolle des entsprechenden Rechtssubjekts, des Individuums und seinem Verhältnis zur Gesellschaft. Die folgenden Seiten sind deshalb dem Subjekt des personalisierten Rechts gewidmet.

Zu diesem Zweck wird weiterhin Reckwitz' Singularisierungsthese herangezogen. Mit Blick auf seine Sozialtheorie erfährt man z. B., dass hinter den Singularisierungsprozessen in der Spätmoderne ein Doppeltes steckt: zum einen ein individueller Wunsch und zum anderen eine soziale Aufforderung. Denn „[d]as spätmoderne Subjekt *will* und *soll* vielmehr seine *Unverwechselbarkeit* leben und präsentieren“[59]. In diesem Sinne zeichnet sich das spätmoderne Subjekt auch durch die Konfrontation mit sozial-normativen Erwartungen aus.[60] Denn die Arbeit am eigenen Subjekt „stiftet Identität und will mit einer intrinsischen Motivation betrieben werden, sie soll interessant und befriedigend sein; zugleich soll sie soziale Anerkennung [...] sichern“[61]. Dieses neue Subjekt wird im Folgenden als *homo singularis* bezeichnete und als neuer Rechtsadressat des personalisierten Rechts vorgeschlagen.

Aus einer subjekttheoretischen Perspektive lässt sich sagen, dass der Prozess der Subjektivierung eng mit den entsprechenden gesellschaftlichen Entwicklungen verflochten ist.[62] Dass das Subjekt in diesem Sinne ein Gesellschaftsprodukt darstellt, ist kein ausschliesslich spätmodernes Phänomen. Dieser Subjektivierungsprozess steht in einer älteren Tradition, die davon ausgeht, dass das Selbst sozial

---

[58] *Bender*; *Denozza/Maugeri*, S. 179 ff.

[59] *Reckwitz*, Singularitäten, S. 246 (Hervorhebung von *will* und *soll* durch Verf., von *Unverwechselbarkeit* im Original); in Bezug auf den für die Spätmoderne kennzeichnenden Widerspruch, siehe S. 247: „Das Streben nach Authentizität begleitet aber auch die Selbstgestaltung der digitalen Subjekte und hat die paradoxe Form der *performativen Authentizität.* Sie ist paradox, weil die Authentizität eines Subjekts dem Wortsinne nach allein sein Selbstverständnis betrifft: Es ist authentisch, wenn es sich nicht künstlich, sondern ‚echt' fühlt – und das heisst: wenn es den eigenen Wünschen und Idealen eigensinnig folgt, notfalls gegen den Widerstand der Anderen. Das ist es, was das spätmoderne Subjekt *will.* Zugleich lebt dieses Subjekt in einer Kultur, in der diese Authentizität eine zentrale soziale Erwartung geworden ist: Das Subjekt *soll* authentisch sein – ‚Sei ganz du selbst, aber bitte sei es auch!'“ (Hervorhebung im Original).

[60] *Reckwitz*, Subjekt, S. 168; dies gilt auch im Hinblick auf die Kreativität (*Reckwitz*, Kreativität, S. 314: Das Kreativitätsdispositiv ist sowohl ein Kreativitätswunsch der Subjekte als auch ein Kreativitätsimperativ der Gesellschaft).

[61] *Reckwitz*, Singularitäten, S. 303.

[62] Vgl. hierfür das berühmte Beispiel Althussers: Wenn ein Polizist jemanden auf der Strasse anspricht „He, Sie da!“, und „dreht sich das angerufene Individuum um“, so, fährt Althusser fort, „[d]urch diese einfache physische Wendung um 180 Grad wird es zum *Subjekt*“ (*Althusser*, S. 88 f., Hervorhebung im Original). Vgl. ferner das Beispiel bei *Karavas*, Welten, S. 230 ff.

konstruiert ist. In seinem Aufsatz „Is the Self a Social Construct?" zeichnet der dänische Philosoph Zahavi einen Teil dieser Tradition nach: Hegel vertrat z. B. die Auffassung, dass Subjektivität nur in einem sozialen Kontext realisiert werden kann und dass sie damit auf einem intersubjektiven Prozess der Anerkennung beruht. Mead meinte etwa, dass das Selbst nicht etwa zuerst existiert und anschliessend in Beziehung zu anderen tritt, sondern im Wirbel des sozialen Stroms entsteht. In Anspielung auf die etymologischen Wurzeln des Begriffs „Subjekt" behauptete Foucault, dass Individuen ihr Gefühl der Autonomie in Kontexten von Dominanz und Unterordnung erwerben. Für ihn waren die Bildung von Subjekten und ihre Unterwerfung unter Autoritäten zwei Seiten derselben Medaille.[63]

Dieser Tradition zufolge gehört die Subjektivität zu jenen Kategorien, die in einem System sozialer Organisation produziert werden. Zur sozialen Organisation gehört nach der hier vertretenen Ansicht auch das Recht, weshalb die dominierende Gesellschaftslogik regelmässig mit der Logik des Rechts korreliert. Diese Bindung führt nicht zuletzt auch zu einer bestimmten Vorstellung des Subjekts. Es ist deshalb nicht zufällig, dass in der Moderne das Rechtssubjekt abstrakt gedacht wurde. Die Konstruktion des Rechtssubjekts als abstrakte und generalisierte Entität spiegelt lediglich die Funktionslogik moderner Rechtsordnungen und die soziale Logik insgesamt wider, die auf universelle Anwendbarkeit und Gleichheit abzielen.[64] In der Spätmoderne verschiebt sich allerdings die soziale Logik. Der zunehmende Singularisierungsdruck, der sich in der sozialen Erwartung, einen authentischen und singulären Lebensstil zu entwickeln, zeigt, wirkt sich entsprechend auch auf die Auffassung des (Rechts-)Subjekts durch die Rechtsordnung aus.

Diese neue soziale Dominante äussert sich in einem authentischen und singulären Lebensstil, der in der realen Welt, wie oben beschrieben, etwa mit einzigartigen Reisezielen, individuellen Wohnungseinrichtungen, personalisierten Ernährungsplänen oder einer Arbeit im Kreativ- oder Nischenbereich erreicht und gepflegt wird. Diese und andere Singularisierungspraktiken werden ferner durch zusätzliche Vorgänge in der *digitalen* Welt erweitert und komplettiert.[65] Es lässt sich nämlich feststellen, dass die Sorge des Subjekts um sich selbst vermehrt auch in der Internetwelt stattfindet und im Wesentlichen darin besteht, unterschiedliche Elemente geschickt zu kombinieren, um daraus ein einzigartiges Persönlichkeitsprofil zu erstellen (*digital*). Dabei handelt es sich um eine modularische oder kompositorische Einzigartigkeit (*dividuel*), deren Wert eher in der Kombination einzelner Elemente als in den Elementen selbst liegt (*relational*).

Aus der hier vertretenen Ansicht konstituieren diese drei Eigenschaften (digital, dividuel und relational) die konzeptionelle Grundlage des Rechtssubjekts unter

---

[63] *Zahavi*, S. 551 f. mit Verweisen auf Mead und Foucault, sexualité; vgl. ferner *Menke*, Befreiung, S. 63.

[64] Vgl. hierzu *Karavas/Salihu*, S. 19 ff.

[65] *Reckwitz*, Subjekt, S. 182, vgl. hierzu auch *Gruber*, Futurities, S. 391: „Jetzt aber befindet sich der Mensch nicht mehr allein in einer gegebenen Natur."

einem personalisierten Recht. Wenn in der einschlägigen Literatur daher von einer Korrelation zwischen individuellen Bedürfnissen und Merkmalen wie Geschlecht, Persönlichkeitsprofil, Gesundheitsdaten, Beziehungsstatus oder Bildungsstand die Rede ist,[66] so bezieht sich dies letztlich auf modular und relational konstruierte digitale Persönlichkeitsprofile eines jeden bzw. einer jeden Einzelnen.

I. Digital

Der homo singularis des personalisierten Rechts ist ein digitales Subjekt.

In der Idee der Personalisierung des Rechts spielen neue digitale Technologien eine entscheidende Rolle; nicht zuletzt aufgrund ihrer Funktionsverschiebung. Während technologische Infrastrukturen in der Vergangenheit in die Logik des Allgemeinen eingeschrieben waren, fungiert die digitale Infrastruktur heute als eine, die auch Singularitäten hervorbringt.[67] Dabei ermöglichen digitale Technologien Reckwitz zufolge eine doppelte Form von digitaler Singularisierung, insbesondere wenn es um das Subjekt geht: zum einen eine *kulturelle Singularisierung* der öffentlichen Darstellung des Subjekts in den verschiedenen sozialen Medien und Plattformen und zum anderen eine *maschinelle Singularisierung*, die hinter dem Rücken des Subjekts stattfindet. Im Rahmen dieser letzteren Form von Singularisierung werden persönliche Eigenschaften, Bedürfnisse und Verhalten des Einzelnen durch computergestützte Messungen, Trackinganalysen und Auswertungen von Massendaten, u. a. auch unter behavioristischen Gesichtspunkten, analysiert, kombiniert und antizipiert. Dabei geht es, wie mit Verweis auf die Produktionsweise von personalisierten Empfehlungen bei Unternährer gesehen, um die Berücksichtigung bestimmter einzelner Elemente, wie den Browserverlauf, Cookies, IP-Adressen und im Allgemeinen von Spuren, die ein Individuum im Internet hinterlässt.[68]

Die maschinelle Singularisierung ist das Resultat eines Beobachtungsapparats, welches als digitales Verfahren in der Lage ist, Massendaten zu sammeln, auszuwerten und zu unterscheiden. Neu ist, dass im Zuge dieser Beobachtungen die entsprechenden Subjekte nicht mehr als allgemeine Typen, sondern als Singularitäten wahrgenommen (und hervorgebracht) werden:[69] „Dass sich mit dem digitalen Computernetz eine Technologie entwickelt, die Subjekte nicht standardisiert, markiert in der Technikgeschichte der Moderne einen Einschnitt", konstatiert etwa Reckwitz.[70]

---

[66] *Ben-Shahar/Porat*, Personalized Law, S. 3, 88.

[67] *Reckwitz*, Singularitäten, S. 229 ff.; ausführlich hierzu, siehe 1. Teil, B. I. 3.

[68] Siehe oben 2. Teil, E. II.

[69] *Reckwitz*, Singularitäten, S. 253 ff.

[70] *Reckwitz*, Singularitäten, S. 254.

In der Beiziehung dieser neuen Technologien, und allen voran der Zuhilfenahme von grossen Datensätzen und algorithmischen Verarbeitungsmethoden, ist sodann auch der Unterschied zu anderen Materialisierungsbestrebungen im Recht zu finden. Zudem sind es die informationstechnologischen Voraussetzungen, welche die Vorstellung des personalisierten Rechts, die „regelüberragende Einzigartigkeit des Konkreten" eben doch (endlich) erfassen zu können, realisieren sollen. Die Wendung der regelüberragenden Einzigartigkeit hat Kirchschläger geprägt, der damit eigentlich eine Kritik am Regelbegriff im Menschenrechtsdiskurs übt. In seinen eigenen Worten: „Die regelüberragende Einzigartigkeit des Konkreten umfasst, dass in einem konkreten Kontext in einer konkreten Begegnung mit konkreten Menschen in einer konkreten Situation Regeln an ihre Grenzen kommen, da das Konkrete in seiner Einzigartigkeit das Regelhafte weit übertrifft."[71] Diese Analyse teilt, wie gesehen, auch das personalisierte Recht. Allerdings unterscheiden sich die daraus gezogenen Schlüsse. So nimmt Kirchschläger den Umstand, dass aufgrund der Tatsache, dass „Normen in einer konkreten Situation in einem konkreten Kontext in einer konkreten Begegnung mit konkreten Menschen divergieren oder kollidieren"[72] zum Anlass, um anschliessend für die Digitalisierung ein vernichtendes Urteil zu sprechen. So sei aufgrund des Ineffablen, sprich der komplexen Lebenswirklichkeiten und Singularitäten in der Welt da draussen, der ethische Gehalt von Normen nicht in „die Sprache der Mathematik und der Programmierung"[73] (formale Sprache) übersetzbar. Nun kann man aber gleichwohl fragen, ob ethische und moralische Inhalte überhaupt in irgendeine Sprache übersetzbar sind. Denn auch in Bezug auf das moderne Recht stellt sich die Frage (nicht zuletzt vor dem Hintergrund des ewigen Streits zwischen Positivisten und Nicht-Positivisten), ob der ethische bzw. moralische Gehalt in die natürliche Sprache des Rechts, d.h. in (analoge) Programme, übersetzbar ist.

Was Kirchschläger für die formale Sprache diagnostiziert, gilt deshalb – und hier würde der Einwand der Verfechter eines personalisierten Rechts ansetzen – auch (und erst recht) für natürliche Sprache und die damit formulierten analogen Regeln und Rechtsnormen. Gerade analoge Normen vermögen es aufgrund des Mangels an Daten nicht, um das in der Einleitung dieses Buchs vorgetragene Argument des Informationsdefizits nochmals aufzugreifen, die Einzigartigkeiten des Konkreten zu berücksichtigen. Für die Anhänger des personalisierten Rechts soll diesem informationellen Unvermögen des modernen Rechts gerade *mit* den neuen Mitteln der Digitalisierung entgegnet werden. Das personalisierte Recht kommt gerade mit dem Versprechen, dass erst *durch* die Digitalisierung und die damit verbundenen Möglichkeiten die Konkretisierung geleistet werden kann.

Auch das Individuum bedient sich für seinen Impetus der Berücksichtigung seiner Einzigartigkeit bei neuen informationstechnologischen Möglichkeiten. Denn

---

[71] *Kirchschläger*, Menschenbild, S. 14.

[72] *Kirchschläger*, Menschenbild, S. 14.

[73] *Kirchschläger*, Ethische KI?, S. 487.

auch im Bezug auf die Behandlung durch das Rechtssystem hat das singuläre Subjekt „den Raum des Privaten und Persönlichen verlassen und tritt *mit Hilfe der digitalen Infrastruktur* ins Licht der Öffentlichkeit".[74] Die Abkehr vom generell-abstrakten Normsystem der Moderne[75] und die gesellschaftlichen Personalisierungstendenzen im Allgemeinen werden somit zusätzlich durch die Öffentlichkeitsarbeit des spätmodernen Subjekts befeuert, welches sich nun in seiner einzigartigen Persönlichkeit auch im Recht sichtbar machen *will*. Damit offenbart sich die Welt des Internets als Ort, wo soziale Prozesse und individuelle Antriebe aufeinandertreffen. Wie noch zu zeigen sein wird, wird das Subjekt dabei allerdings nie in seiner Ganzheit erfasst.

Die Konzeption des personalisierten Rechts unterscheidet sich von bisherigen Materialisierungsansätzen also insofern, als die Konkretisierung nicht durch traditionelle juristische Methodik, sondern durch den Einsatz formaler Sprache und die algorithmische Verarbeitung umfangreicher Datenmengen erfolgt. Nicht zuletzt deshalb handelt es sich beim Rechtsadressaten des personalisierten Rechts um ein *digitales* Subjekt. Anstelle der im Eingang zu diesem Kapitel erwähnten und christlich gefärbten Epitheta von *geistig/gegenständlich* tritt somit die Eigenschaft des Digitalen. Wie muss man sich aber dieses digitale Subjekt vorstellen? Wie entsteht es? Und in welcher Relation steht das digitale Subjekt zum real-existierenden Einzelmenschen da draussen?

II. Dividuel

Der homo singularis *des personalisierten Rechts ist dividuel.*

Der digitale Wandel bringt viele Veränderungen mit sich. Neben den Umwälzungen in den verschiedenen Bereichen der Gesellschaft betreffen die besagten Personalisierungs- und Singularisierungsentwicklungen aber auch, wie Auer konstatiert, die „Selbstdefinition des Menschen [...] und damit auch seine Selbstrepräsentation im Recht"[76]. Wie bereits ausgeführt, gehört zu den Eigenschaften des spätmodernen Individuums, sich digital zu profilieren, sprich neben der Selbsterfüllung in der realen Welt auch eine Selbstverwirklichung in der digitalen Sphäre. Das Individuum strebt im Computerzeitalter daher ein digitales Dasein an, welches das analoge Leben unter dem spätmodernen Paradigma der Singularisierung online

[74] *Reckwitz*, Singularitäten, S. 254 (Hervorhebung durch Verf.); die Unterscheidung zwischen privat und öffentlich wird zunehmend schwierig, vgl. hierzu auch den Vergleich mit dem *flamen dialis*, dem höchsten Priester im alten Rom, bei *Agamben*, S. 192: „Es ist nicht möglich, im Leben des *flamen dialis* so etwas wie ein nacktes Leben abzusondern; seine ganze *zoe* ist *bios* geworden, die private Sphäre und die öffentlichen Funktionen stimmen restlos überein".

[75] Vgl. dazu den 1. Teil, D. und den 2. Teil.

[76] *Auer*, Zum Erkenntnisziel, S. 60.

erweitert,[77] um somit dem sozialen Singularisierungsimperativ auch im Internet Folge zu leisten.

Die digitale Erweiterung des Selbst in der Spätmoderne hat dabei zur Konsequenz, dass die Aktivitäten in der digitalen Welt „Spuren“ in Form von Daten der User hinterlassen. In den Worten eines Informatikers:

> „Jede Art von technisch unterstützter Kommunikation oder passiver Nutzung des Internets, sei es mit festen PCs oder mobilen Endgeräten, hinterlässt spezifische Datenspuren, die darüber Auskunft geben, von wo aus, mit welchem Gerät, zu welchem Zeitpunkt, mit welchem Dienst oder Kommunikationspartner welche Inhalte für wie lange ausgetauscht wurden.“[78]

Diese Spuren entstehen etwa beim Surfen im World Wide Web, beim Online-Einkauf, bei der Nutzung der e-Banking-Plattform, beim Senden und Erhalten von E-Mails, beim Lesen oder beim Posten von Beiträgen in Sozialen Netzwerken oder beim Bedienen des Mobiltelefons. Aus all diesen Datenquellen werden unterschiedliche Datensets erfasst. Von Login-Daten, über Nutzerstammdaten (z.B. Geschlecht, Geburtsdatum, Wohnort) bis hin zu spezifischen Nutzerinformationen aus der Selbstdarstellung in den entsprechenden Medien.[79]

Diese Daten sind dabei ständig in Bewegung. Die Mobilität ermöglicht die Verknüpfung von unterschiedlichen Datenspuren und eine tiefere inhaltliche Auswertung dieser, was wiederum die prognostische Aussagekraft über die einzelnen „dahinterstehenden“ User vergrössert:

> „Die Mobilität von Daten und Nutzern spielt eine besondere Rolle zur Kontextbildung. Es ist wichtig, sich klar zu machen, dass sich sowohl die Daten im Netz bewegen (das wird durch das Logging bei den Dienstanbietern festgehalten), als auch die Nutzer in der geographischen Welt. Die Datenbewegung zeigt, wer mit wem über was und wie lange redet, welche Inhalte ausgetauscht werden, und davon abgeleitet Gedanken, Vorlieben, Informationsbedürfnisse und Kaufinteressen (und das ist nur eine Auswahl).“[80]

Zu diesen „mobilen“ Daten kommen Datenspuren dazu, die ohne ein Zutun der User generiert werden:

> „Dazu gehört die Wohnumgebung mittels Street-View, die Homepages von Firmen, Sportvereinen und Schulen, in denen die Mitarbeiter, Mitglieder, Schüler und Absolventen geführt werden. Dazu gehören weiterhin Aussagen von Freunden und Bekannten über jemand anderes im Netz, etwa in Blog-Einträgen, in Facebook und Twitter-Mitteilungen (‚wo bin ich gerade mit wem‘), oft noch mit Bildern angereichert. Die geschickte Kombination aller Datenspuren und die folgerichtige Ableitung inhaltlicher Zusammenhänge

---

[77] Die Präsenz in der Online-Welt ist nach der hier vertretenen Ansicht grundsätzlich eine Erweiterung des analogen Ichs und nicht etwa ein Zwilling (Verdoppelung) im Sinne eines Digitalisats. Zum digitalen Zwilling, vgl. etwa *Gruber/Zihlmann*, S. 175 ff.

[78] *Grimm*, S. 1.

[79] *Grimm*, S. 1 f.

[80] *Grimm*, S. 1.

aus ihnen ist eine eigene Wissenschaft. Ihrer automatischen Unterstützung etwa widmet sich das Data Mining mit dem Ziel, bisher noch nicht entdeckte Zusammenhänge zu finden. Aber es gibt auch programmatische Auswertungen direkter Fragen, wie etwa die, welche Webseiten ein Nutzer zuvor besucht hat (Nutzungsprofil), welche Waren jemand gekauft hat (Kundenprofil) oder welche anderen Waren andere gekauft haben, die auch die eben erstandene Ware gekauft hatten (Kaufempfehlung).“[81]

Unzählige Datenspuren bilden damit die Grundlage für Knotenpunkte („good matches“) von Interessen, Eigenschaften und „Angeboten“.[82] Durch die Auswertungen und die algorithmische Zuordnung der „matches“ erlangt das digitale Subjekt schliesslich ein – wenn auch nur sehr beschränktes – digitales „Bewusstsein“.[83] Die „Individualität“ in der Spätmoderne ist demnach (noch vor einer allfälligen Zuteilung zu einer Kategorie der herkömmlichen Binarität *einzigartig/similär*) in erster Linie als Nicht-*In*dividualität zu bezeichnen. Das traditionell als einheitlich Ganzes verstandene Individuum verkommt damit zu einer berechenbaren und damit auch voraussehbaren und teilbaren Identität,[84] zu einer „Chiffre“.[85] Das konstruierte digitale Subjekt ist dann kein In-Dividuum, also kein Un-Teilbares mehr.[86] Treffender ist es deshalb, in Anlehnung an Deleuze, das Subjekt als *dividuel* zu bezeichnen.[87] Der „lebende“ Mensch wird in diesen Prozessen zu etwas empirisch Untersuchbarem und damit Teilbarem.

---

[81] *Grimm*, S. 2 und S. 4: Auf diese Datenspuren wird bereits von unterschiedlichen sozialen Systemen aus diversen Gründen zurückgegriffen. Dazu gehört z. B. auch das Wirtschaftssystem, das die Datenspuren der Einzelnen u. a. dafür nutzt, um individuell massgeschneiderte Angebote und Preise zu entwerfen: „Personenbezogene Kontextdaten im Internet bilden daher eine begehrte Ware für Dienstanbieter und ihre Zubringer. Die Nachfrage nach diesen Daten beschränkt sich aber nicht auf die Dienstanbieter allein, sondern letztlich sind es die Nutzer selbst, die das Internet als billiges Reiseland beanspruchen. Sie sind nicht nur bereit, dafür ihre personenbezogenen Daten anzubieten, sondern auch, personalisierte Reklame als Begleitung zu den kostenlosen Diensten in Kauf zu nehmen. Allerdings liegen diesem Verhalten kaum bewusste Auswahlentscheidungen zugrunde.“

[82] 2. Teil, E. II.

[83] *Goriunova*, S. 8.

[84] So auch *Auer*, https://blogs.law.ox.ac.uk/business-law-blog/blog/2022/06/autonomy-algorithm-paradox-0 (zuletzt besucht am 05.05.2025).

[85] *Deleuze*, S. 258.

[86] Vgl. hierzu auch *Engisch*, Die Idee, S. 235.

[87] *Deleuze*, S. 258; vgl. ferner *Smith*, S. 50 ff. und *Karavas/Salihu*, S. 17.

III. Relational

Der homo singularis *im personalisierten Recht ist relational.*

Versteht man das Individuum nicht mehr als eine identitäre Einheit, sondern als etwas Kompositorisches, kommt das relationale Wesen des *homo singularis* zum Ausdruck. Damit löst man sich von einer essentialistischen Subjektauffassung. Die nun relevante Subjektauffassung meint dann eher ein Subjekt *von* Handlungen und Beziehungen. Wendet man dieses Porträt beim digitalen Subjekt an, so könnte man es als ein Subjekt *von* Daten, *von* assoziativen Kombinationen digitaler Spuren und Knotenpunkten beschreiben.[88] Das Subjekt ist nach dieser Konzeption selbst eine Beziehung, nämlich jene zu seinen Bezugspunkten. Es stellt ein „relationales Feld“ dar, welches „seine eigene Transformation hervorbringt“.[89] Die Relationalität des Subjekts besteht dabei nicht nur in Bezug auf das Äussere, also auf die Umwelt, sondern ist Teil des konstitutiven Prozesses der Subjektivierung.[90]

Dieser konstruktivistisch-assoziative Ansatz bedeutet daher auch, dass die Eigenschaft des Besonderen nicht etwas ist, was dem Subjekt immanent ist, sondern im Gegenteil, nämlich etwas, was das Subjekt erst durch entsprechende Konstruktionsverfahren erlangt.[91] Der digitale, dividuelle *homo singularis* ist in diesem Sinne das Produkt von digitalen Singularisierungsverfahren. Eine Gleichsetzung des *homo singularis* mit dem Individuum wäre daher falsch. Ein Grund für diese (fälschliche) Identifizierung der real existierenden Einzelmenschen mit ihren Datenprofilen (diesem Irrtum unterliegen auch einige Anhänger und Anhängerinnen des personalisierten Rechts) liegt, wie Reigeluth festhält, in der schieren Datenmenge und dem Versprechen des Informationszeitalters, „unerkannte Geheimnisse und tiefe Einblicke in die Subjekte und Gegenstandsbereiche zu enthalten“.[92] Dabei wird allerdings ignoriert, dass digitale Verfahren nicht etwas repräsentieren, stattdessen vielmehr „neue“ Subjekte hervorbringen.

Nicht zuletzt aus diesem Grund darf die Personenorientierung des personalisierten Rechts nicht als ein Entsprechungs-Recht verstanden werden, welches das Wirklichkeitsindividuum normativ in seiner Komplexität wahrheitsgetreu zu erfassen und adressieren vermag. Nach der hier vertretenen Meinung nutzt das per-

---

[88] *Karavas/Salihu*, S. 17.

[89] *Reigeluth*, S. 26.

[90] Siehe *Reigeluth*, S. 30.

[91] Zum Ganzen siehe *Reigeluth*, S. 26: „In dieser Hinsicht [...] beschreibt der Begriff des Selbst nicht eine stabile Existenzweise oder eine Identität, die über einen Ursprung verfügte oder der eine Teleologie zukäme, sondern ein relationales Feld, das seine eigenen Transformationen hervorbringt. Das Selbst erweist sich als ein Entscheidungsprozess, innerhalb dessen disparate und ‚äusserliche‘ Elemente inkorporiert und vereindeutigt werden; es verfügt über keine ‚innere‘ Substanz oder gar so etwas wie einen Wesenskern. Die Beziehung zum Selbst ist für das Subjekt stets und zugleich eine Beziehung zu anderen, wobei das Subjekt zum Objekt eines Gegenübers werden kann (und umgekehrt).“

[92] *Reigeluth*, S. 27.

sonalisierte Recht vielmehr all das, was in der digitalen Welt von den *Dividuen* an Präferenzdaten, Interessensdaten und Korrelationen verfügbar ist, um genau diesem, d.h. dem in diesem Prozess generierten *homo singularis*, die entsprechenden Rechtsangebote zu unterbreiten.[93]

Nach dem bisher Gesagten kann in Bezug auf die Subjektivität festgehalten werden, dass der *homo singularis* des personalisierten Recht neben seinen Eigenschaften von digital und dividuell auch, und zwar noch vor jeder Einordnung unter die Epitheta *souverän/untertan*, als *relational* zu bezeichnen ist. Diese Qualitäten des *homo singularis* erfüllen dabei eine konkrete Funktion innerhalb der Rechtstechnik des personalisierten Rechts, die nachstehend näher beschrieben wird.

D. Methode

Wie bereits an anderer Stelle dargelegt,[94] lässt sich die Operation mit dieser neuen Art von Subjektivität am besten am Beispiel der Online-Werbung beschreiben. So werden in der Online-Werbung Konsumenten und Konsumentinnen durch gezielte Werbungsanzeigen basierend auf detaillierten Analysen ihrer Verhaltensdaten angesprochen. Durch den Einsatz von Ad-Servern, Ad-Networks und Ad-Exchanges können die Werbenden die Werbeinhalte in jeder Sekunde auf die individuellen Interessen und Verhaltensweisen der Nutzer und Nutzerinnen abstimmen.[95] Damit wird nicht nur ein Kommunikationsraum neu definiert, vielmehr entsteht in diesem Moment auch der angeworbene Konsument bzw. die angeworbene Konsumentin selbst.

Die traditionelle Sichtweise der Konsumenten und Konsumentinnen als unabhängige Entscheidungsträger bzw. -trägerinnen wird damit durch ein Modell ersetzt, das sie als zusammengesetzte Subjekte betrachtet. Im Online-Marketing werden Konsumenten und Konsumentinnen als kybernetische Entitäten konzipiert, die aus einer Vielzahl von Datenpunkten resultieren. Cluley und Brown veranschaulichen diesen performativen Akt der Subjektivierung mit der Aussage: „The idea of a ‚consumer‘ is an effect rather than condition of the activity“.[96]

Auf ähnliche Weise konstituiert auch das personalisierte Recht sein Rechtssubjekt. Wenn sich Verfechter und Verfechterinnen des personalisierten Rechts Gedanken machen, etwa zu personalisierten Normen im Vertragsrecht, seien sie zwingender oder dispositiver Natur, dann geht es ihnen zwar prioritär um die Berücksichtigung der Eigenschaften, Bedürfnisse und Verhaltensauffälligkeiten des Wirklichkeitsindividuums und dessen Einbindung ins Recht. Sie meinen dabei den

---

93 Vgl. hierzu auch *Micklitz*, S. 204 f.

94 *Karavas/Salihu*, S. 14 ff.

95 *Cluley/Brown*, S. 113 ff.

96 *Cluley/Brown*, S. 110.

Einzelmenschen aus Fleisch und Blut. Doch mit diesem Anspruch verkennen sie den Unterschied zwischen dem Einzelmenschen und seiner *persona.* Sie übersehen, dass die „Gleichsetzung semantischer Artefakte mit den konkreten Menschen gerade den Menschen Unrecht tut“[97]. In Wahrheit richten sich die Angebote des personalisierten Rechts jedoch an ein neues Subjekt, nämlich an den digitalen, dividuellen und relationalen *homo singularis*, der nichts anderes als das Produkt dieser diskursiven Verfahren ist und ganz im Zeichen der Singularisierungsprozesse in der Spätmoderne steht.[98]

In diesem Sinn werden im personalisierten Recht individuelle Eigenschaften, Bedürfnisse und Verhalten des Einzelnen durch computergestützte Messungen, Trackinganalysen und Auswertungen von Massendaten u.a. auch unter behavioristischen Gesichtspunkten analysiert und modularisch zu einer neuen *persona* zusammengesetzt. Angestrebt wird dabei eine Berücksichtigung bestimmter einzelner Elemente, wie den Browserverlauf, Cookies, IP-Adressen und im Allgemeinen von sog. Tracks, die ein Individuum im Internet zurücklegt.[99]

Dabei sind nicht alle Datenspuren für die Personalisierung der Rechtsangebote relevant. Der Beobachtungsapparat des neuen Rechtstypus konzentriert sich auf bestimmte rechtsrelevante Datenspuren, die lediglich dafür geeignet sein müssen, um das Subjekt in die jeweilige Rechtsoperation einbinden zu können. Unter diesem Blickwinkel liegt dieses hoch-technologisierte Recht in seiner Funktion nicht so weit weg vom römischen Recht. Wie Pottage in Anlehnung an Thomas festhält, ging das römische Recht nicht davon aus, dass beispielsweise das schuldhafte Handeln die unmittelbare Folge einer inneren psychischen Einstellung des Subjekts darstellt. Das schuldhafte Handeln ging auf paradoxe Art und Weise dem Subjekt und seiner Einstellung voraus. Kategorien wie Vorsatz, Fahrlässigkeit o.Ä. dienten nicht dazu, das Innere des Täters und damit eine tiefere Wahrheit in ihm zu enthüllen, sondern erfüllten vielmehr die Aufgabe, das schuldhafte Handeln dem

---

[97] *Teubner*, Matrix, S. 170.

[98] Für die Beschreibung des spätmodernen Subjekts im Allgemeinen vgl. *Reckwitz*, Singularitäten, S. 60: „Subjekte verfertigen sich als unverwechselbare über den Weg der Einzigartigkeit zugehöriger Objekte (zum Beispiel über Internet-Profile oder über die Einrichtung ihrer Wohnung). All dies macht deutlich, dass die Suggestion des Unteilbaren, die der alte Begriff des Individuums mit sich führt, nicht zu den Singularisierungstechniken passt, da sich das Einzigartige hier faktisch aus verschiedensten Komponenten oder Modulen zusammensetzt.“

[99] Von Sunstein wird das Individuum so beschrieben, dass es ein möglichst einfaches und bequemes Leben führen möchte. Das Subjekt, welches vom personalisierten Recht portraitiert wird, steht demzufolge nicht gerne vor Entscheidungen. Hierfür nimmt das Subjekt es deshalb auch in Kauf, dass in der Vergangenheit getroffene Entscheidungen seine Zukunft bestimmen. Es ist ein Subjekt, welches grundsätzlich seinen Gewohnheiten treu bleibt. Seine Persönlichkeitsmerkmale und die Interessen bleiben mehr oder weniger die gleichen, können sich aber auch ändern. Diese Änderungen zu antizipieren, stellt zwar eine Herausforderung dar. Die Vorhersagen über das Individuum werden aber aufgrund der Fülle an Daten, die in Echtzeit vorhanden sind, und den Rechenleistungen (von genauen Wahrscheinlichkeiten) immer akkurater (S. 53).

Subjekt zuzurechnen. Bei den Kategorien wie Schuld oder Vorsatz handelt es sich deshalb lediglich um diskursive Elemente, mit deren Hilfe, das Subjekt in die jeweiligen Rechtsoperationen (nachträglich) eingebunden wird.[100]

Die Abstützung auf computergestützte Messungen, Trackinganalysen und Auswertungen von Massendaten haben im personalisierten Recht eine ähnliche Aufgabe. Sie sind nicht dafür da, eine tiefere Wahrheit des Wirklichkeitsindividuums zu offenbaren, sondern dienen lediglich dazu, das Subjekt in die betreffende Rechtsoperationen einzubeziehen. Genauso wenig wie es beim römischen Strafrecht um eine Entfaltung des wahren Willens des Subjekts geht, geht es beim personalisierten Recht um eine adäquate Entsprechung des Wirklichkeitsindividuums. Dass in der Spätmoderne die normative Personalisierung dem singulären Subjekt gerecht werden will, erfüllt vielmehr eine rechtsinterne Zurechnungsfunktion dieses neuen Rechtstypus. Ob das Versprechen des personalisierten Rechts abgenommen wird, hängt demnach insbesondere von der neuen sozialen Vorgabe ab, die da lautet: Identifiziere dich mit den Daten![101]

An dieser Stelle sei hier nochmals darauf hinzuweisen, dass auch im modernen Formalrecht das Rechtssubjekt nichts anderes als eine „Kunstfigur“[102] ist, welches genauso eine juristische Zuschreibungsfunktion erfüllt. Es unterscheidet sich allerdings vom Rechtsadressaten des römischen und personalisierten Rechts darin, dass sein Personenkonstrukt eine fallübergreifende, allgemeine und universelle Grösse besitzt. Diese universelle Qualität fehlt dem personalisierten Recht gerade in doppelter Hinsicht, nämlich, wie oben gesehen, sowohl betreffend Rechts*norm* als auch betreffend Rechts*subjekt:* Neben der an einer Rechtsoperation gebundenen Hervorbringung des *homo singularis*, der *ad-hoc* im konkreten Fall konstruiert wird und von Fall zu Fall variieren kann, erzeugt, wie oben ausgeführt, die gleiche Rechtsoperation instantan, d.h. *uno actu*, auch das materielle Recht. In diesem Sinne „stünde [das Subjekt] dann nicht mehr vor dem Gesetz, oder vielmehr: es stünde vor einem noch unbestimmten Gesetz, es stünde vor dem Gesetz als vor einem noch nicht existierenden Gesetz, als vor einem Gesetz, das noch aussteht, das noch kommt, das noch bevorsteht, das noch kommen muss und soll“.[103] Daher kann im Kontext eines personalisierten Rechts in Bezug auf die Norm immer nur von einer Fallnorm (beschränkter normativer Gehalt) und in Bezug auf das Subjekt stets nur von einem Fallsubjekt (beschränktes Bewusstsein) die Rede sein.

---

[100] *Pottage*, S. 153 ff.; vgl. auch *Kafka*, S. 12: „Unsere Behörde [...] sucht doch nicht etwa die Schuld in der Bevölkerung, sondern wird, wie es im Gesetz heisst, von der Schuld angezogen und muss uns Wächter ausschicken“.

[101] Siehe *Reigeluth*, S. 31; vgl. auch *Derrida*, S. 79: „Jedes ‚Subjekt‘ befindet sich im voraus in dieser aporetischen Situation, es ist im voraus deren Gefangener“.

[102] *Hutter/Teubner*, S. 110.

[103] *Derrida*, S. 78.

I. Die Askese der Spätmoderne

Auch wenn der oben beschriebene assoziative Ansatz der Subjektivierung nicht das Wirklichkeitsindividuum da draussen abbildet, so stehen Individuum und *persona* bzw. der „lebendige Mensch" und der *homo singularis* doch in einer bestimmten produktiven Beziehung zueinander. Es lässt sich z. B. sagen, dass jene Verknüpfungen der fragmentierten Spuren (Datenknotenpunkte) in der digitalen Welt das Wirklichkeitsindividuum irgendwie beeinflussen. Der diskursive Prozess des Sammelns und Generierens der Daten bei gleichzeitiger Produktion von relevanten Knotenpunkten kann dazu führen, dass das, was über das Individuum durch seine hinterlassenen Spuren erfahrbar ist, sich auch auf das auswirken kann, was das Individuum sein *sollte.* Die Spuren in der digitalen Welt weisen einen imperativen Charakter auf. Zwar wird auch hier die „Fügsamkeit und Konformität [...] nicht durch Zwangsnormen erreicht",[104] aber immerhin durch einen „impliziten Zwang" der Einzelnen, „ihren digitalen Spuren ohne Lücke oder Widerstand zu entsprechen".[105]

In einer gewissen Weise spielt sich deshalb die vermeintliche Entsprechung, man könnte auch von einer Spiegelung sprechen, andersrum ab – und zwar sowohl aus einem integrativen als auch aus einem gesellschaftsimperativen Zweckgedanken heraus. Um es mit Reigeluth zu sagen: War vorher der Ausgestossene jener, der nicht in die sozialen Normen passte, ist der oder die neue gesellschaftliche Ausgestossene jener oder jene, „der oder die unfähig oder unwillens ist, ‚er oder sie selbst' zu sein, wenn er oder sie die ‚Objektivität' oder ‚Unanfechtbarkeit' seiner oder ihrer Spuren leugnet".[106] Das einzige von der spätmodernen Gesellschaft akzeptierte Teilhabemodell besteht demnach in der Identifizierung mit dem digitalen Ich, dies nicht trotz, sondern gerade *wegen* der Differenzen und Andersartigkeit zwischen Wirklichkeitsindividuum und dem digitalen Subjekt. In diesem Sinne ist die wiederholte, sich ständig aktualisierende Identifikation mit dem digitalen Subjekt die eigentliche Askese[107] des spätmodernen Individuums. Diese Praxis ist nicht nur deshalb erfolgreich, weil es etwa das Subjekt an das Recht bindet. Die Askese ist vielmehr eine Methode, die das Subjekt an die Wahrheit (im vorliegenden Kontext ist damit die Bindung an die [vermeintlich] objektiven Wahrheiten der Daten-[spuren] gemeint) bindet.[108] Diese Einübungspraxis in die digitalen Identitäten schöpft, wie gesagt, aus zweierlei Triebfedern: einerseits aus dem impliziten Zwang

[104] *Reigeluth,* S. 30.

[105] *Reigeluth,* S. 31.

[106] *Reigeluth,* S. 31.

[107] *Askese* im Sinne Foucaults, der darunter weniger ein enthaltsames Verhalten oder ein Verzichten auf etwas versteht, als vielmehr eine (Ein-)Übung des Individuums im Denken bzw. eine transformative Erprobung seiner selbst oder als die Arbeit, anders zu denken und jemand anderes zu werden, jemand, der man noch nicht ist (*Lehn,* S. 139).

[108] In Foucaults Worten: „L'ascèse n'est pas une manière de soumettre le sujet à la loi: l'ascèse est une manière de lier le sujet à la vérité." (*Foucault,* sujet, S. 303).

aus der Gesellschaft, um nicht von ihr ausgestossen zu werden, andererseits aus dem persönlichen Willen zur Selbstdarstellung und zur Erweiterung des Selbst auf den digitalen Raum.

Dass es sich bei diesen berechneten bzw. in einem algorithmischen Prozess verarbeiteten Datenspuren nicht um Wahrheiten handelt, weist auch Steffen Mau in seinem Buch „Das metrische Wir" hin. Darin stellt er zunächst die These auf, dass die Quantifizierung des Sozialen zu neuen Hierarchien führt: „Die Logik der gesellschaftlichen Ungleichheit schaltet sozusagen um: weg vom Konflikt der Klassen, hin zum Wettbewerb der Individuen".[109] Zu den Prämissen seiner These gehört der konstruktivistische Ansatz, wonach Wertzuschreibungen, ähnlich wie bei Reckwitz, das Ergebnis eines Prozesses des kontingenten, sozialen Valorisierens und Hervorbringens von Singularitäten ist. Deshalb hält er fest, dass „[d]ie quantifizierte Gesellschaft beobachtet und fortwährend Differenzen zwischen Individuen [etabliert], die sich als Ungleichheiten darstellen [...]".[110] Dabei betont auch Mau, dass maschinelle Quantifizierungsmethoden neue, bislang unmessbare Differenzen erkennen und produzieren, in welchen nun die einzelnen Individuen und deren Besonderheiten im Vordergrund stehen.[111]

II. Die Analogie zur analogen Dividualität

Im Folgenden soll nochmals der dividuelle Charakter des spätmodernen digitalen Subjekts aufgegriffen werden. Aus den Ausführungen oben könnte nämlich geschlussfolgert werden, dass der Divisionsprozess des in der Moderne als Einheit verstandenen Individuums ein Vorgang ist, der sich ausschliesslich im digitalen Raum abspielt. Obwohl das Internet in der Spätmoderne für die Modellierung der Subjekte eine entscheidende Rolle spielt, zeigt sich die Aufsplitterung des Individuums in einer bestimmten Weise auch ausserhalb des Digitalen. Mit Verweis auf

---

[109] *Mau*, S. 20.

[110] *Mau*, S. 20.

[111] Um besser zu verstehen, was mit den intersubjektiven Quantifizierungen gemeint ist, stellt sich der von Mau angeführte Verweis auf das Nominalverb „Vermessen" als hilfreich heraus: Das Verb „vermessen" kann für drei unterschiedliche Dinge stehen: erstens in der Bedeutung, etwas *abzumessen*, zweitens etwas *falsch zu messen*, d.h., etwas zu messen, was nicht mit dem Objekt bzw. mit der Realität übereinstimmt, oder drittens etwas als *unangemessen* oder unangebracht erklären (*Mau*, S. 23 mit Verweis auf den Duden). Die Quantifizierung bzw. das Vermessen, womit der sog. Beobachtungsapparat und die algorithmische Verarbeitung von Datensätzen gemeint sind, entspricht insbesondere der zweiten Bedeutung von vermessen, d.h. etwas *falsch zu messen*. Es ist deshalb „falsch", weil es nicht mit der realen Entität übereinstimmt. Hinter den informationstechnologischen Prozessen stehen also Quantifizierungs- und maschinelle Singularisierungsmethoden, die veränderte, sprich „*ver*messene" (d.h. nicht mit dem Objekt oder einer dahinterstehenden Realität übereinstimmende) Produkte (Objekte oder Subjekte) hervorbringen, denen andere Zuschreibungen von Wertigkeit zukommen als den realexistierenden Entitäten (vgl. *Mau*, S. 23 f.).

die Arbeit der österreichischen Philosophin Charim wird im Folgenden deshalb behauptet, dass sich das Wirklichkeitsindividuum auch „da draussen“ in einem Prozess der kontingenten Zerteilung befindet. Dieser hier angeführte Hinweis steht dabei im Zeichen eines techniksoziologischen Ansatzes, wonach „Technologien und Techniken nur dann erfolgreich sein können, wenn sie anschlussfähig genug für die Struktur einer Gesellschaft sind“.[112]

In der Verknüpfung des personalisierten Rechts bzw. des *homo singularis* mit Reckwitz’ Gesellschaftstheorie wurde bereits dem techniksoziologischen Ansatz im Grundsatz Folge geleistet. So sind etwa die oben beschriebenen Techniken des Personalisierens (im Recht und ausserhalb) und des Dividierens von eigentlichen *In*dividuen zwar Produkte neuerer Technologien. Sie sind aber zugleich auf gewisse Voraussetzungen angewiesen. Denn, wie Nassehi treffend sagt, muss stets „eine Gemengelage vorhanden sein, deren innere Komplexität so etwas wie ein erreichbares Publikum nicht völlig unwahrscheinlich erscheinen lässt“.[113]

Wie gesehen, ermöglicht die digitale Transformation eine kontingente Modellierung von einzigartigen Subjektprofilen mit dividuellem Charakter, sprich mit beschränkten Bewusstseinen. Nach der hier vertretenen Ansicht knüpft diese Art der Subjektivierung an bestehende gesellschaftliche Entwicklungen, besser gesagt, an die Lebenswirklichkeiten der Menschen in der Spätmoderne an, welche die Voraussetzungen für eine solche Dynamik begünstigt haben. In einem hiervon unabhängigen Kontext zeigt etwa Charim (in ihrer Beschreibung der unterschiedlichen Teilhabeprozessese der Individuen an der Gesellschaft), dass die analoge Welt vermehrt aus „nicht vollen Identitäten“ besteht.

Hierfür unterscheidet Charim zunächst zwischen homogenen und heterogenen Gesellschaften. Während in Ersteren die Priorisierung auf dem Gemeinsamen liegt und die Unterschiede unter den Individuen zweitrangig sind, stellen Letztere die Differenzen der Individuen in den Mittelpunkt.[114] Diese Unterschiede macht die Autorin u.a. an der Nationsidee, als eine erste Form von Identität in modernen Gesellschaften, fest. Die Identifikation mit der Nation führt dazu, dass Individuen über ihre eigentlichen Unterschiede hinweg einen gemeinsamen Charakter, den „nationalen Typus“ formen.[115] Dieser Typus löst sich allerdings im Zuge politischer Pluralisierung allmählich auf, was schliesslich eine Zersplitterung der sogenannten „vollen Identitäten“ zur Folge hat.[116] Zu diesem Schluss kommt Charim, indem sie vorgängig drei Phasen des Individualismus beschreibt:

1. *Erster Individualismus*: Der erste Individualismus setzt mit dem Beginn der Moderne ein, sprich mit dem Aufkommen von Nationalstaaten, und wird von

---

[112] *Nassehi*, S. 16.

[113] *Nassehi*, S. 17.

[114] *Charim*, S. 21.

[115] *Charim*, Kapitel I, *passim*.

[116] Vgl. *Charim*, S. 37, 59 f.

einem politischen Gleichheitsgrundsatz begleitet. In diesem Sinne sieht man von intersubjektiven Differenzen ab, wobei insbesondere die soziale Stellung der Menschen gemeint ist. In dieser Zeit verschwinden die Identitäten hinter einer gemeinsamen Nationsidee. Es ist die Zeit „keiner Identitäten",[117] wie Charim sagt. In dieser Zeit schlägt sich der Gleichheitsgedanke im Recht einerseits im (verfassungs-)rechtlichen Gleichbehandlungsgrundsatz nieder, andererseits in abstrakten und verallgemeinernden Subjektbegriffen (wie sie bereits oben mit Bezug auf die Gleichheitsidee in der Moderne beschrieben wurden).

2. *Zweiter Individualismus*: Mit dem Einsetzen des zweiten Individualismus zeichnet sich ein anderes Bild. Die Studentenbewegungen der 1960er-Jahre und die sexuelle Revolution befeuern die politische und rechtliche Behauptung der eigenen Identitäten. In dieser Phase des Umbruchs fordern etwa Frauen und Homosexuelle ihre Rechte ein und beanspruchen soziale Akzeptanz. Es ist die Zeit, in welcher Menschen mit ihren „vollen Identitäten" an der Gesellschaft teilhaben wollen. Diese Forderungen wirken sich auch auf rechtliche Kategorien aus. Was den Begriff des Rechtssubjekts anbelangt, so lautet der Einwand, dass dieser zu eng gefasst ist, weil er etwa nur einen Teil der Gesellschaft (die Männer) oder nur eine Form der Sexualität (die Heterosexualität) erfasst. Der abstrakte Begriff der Person soll durch die Berücksichtigung weiterer Identitäten ergänzt werden. Das Abstraktionsmoment der Rechtsperson bleibt zwar bestehen, allerdings soll das Rechtssubjekt im Hinblick auf die andere Identität ausgeweitet werden. Der zweite Individualismus beklagt daher, dass der Personenbegriff nicht abstrakt genug ist.[118]

3. *Dritter Individualismus*: Während sich im zweiten Individualismus Identitäten in der Abgrenzung (aufgrund unterschiedlicher Lebensformen) zu anderen repräsentieren, zeichnen sich Identitäten im dritten Individualismus gerade nicht mehr in ihrer Abgrenzung zu anderen Identitäten aus. Ganz im Gegenteil beschäftigt die Identitäten in diesem Stadium ein nach innen gerichteter Divisionsvorgang der eigenen Identität.[119] Dieser Vorgang, den Charim auch „Eingrenzung" nennt, führt schliesslich zu den für den dritten Individualismus (der zeitlich etwas später als die Spätmoderne, wie sie von Reckwitz geschildert wird, einsetzt) charakteristischen „nicht-vollen Identitäten".[120]

Eine andere Bezeichnung, die Charim für die Beschreibung dieser Identitäten bemüht, ist „Prekarisierung".[121] Damit weist sie auf das Fragmentarische bzw. auf die neue kontingente Identität hin, die beispielshalber zwischen der sexuellen Ori-

---

[117] *Charim*, S. 37 f.

[118] *Charim*, S. 38 ff.; vgl. ferner *Menke*, Spiegelungen, S. 31.

[119] *Reckwitz*, S. 53 ff. Das Distinktionsargument, welches etwa in Reckwitz' Sozialtheorie einer Gesellschaft der Singularitäten bedeutsam ist, spielt hier keine Rolle. Es geht bei Charim vielmehr um eine innerpersönliche Beschneidung der eigenen Identität.

[120] *Charim*, S. 80.

[121] *Charim*, S. 97.

entierung, der politischen Haltung, dem sozio-ökonomischen Stand und der religiösen Ausrichtung keine zwingende Entsprechung mehr zulässt. In diesem Sinne erstreckt sich die Selbstdefinition der Menschen nicht mehr auf starre Kategorien, wie Frau, Kapitalist, schwul, religiös etc., und den damit verbundenen sozialen Verpflichtungsrollen. Das Individuum des dritten Individualismus kann vielmehr zugleich schwul, konservativ-christlich, sozio-ökonomisch schwach, aber doch kapitalistisch eingestellt sein. Die Division in der Identität zeigt sich darin, dass die Kategorien beispielsweise von weiss, männlich und heterosexuell nichts über die politische, soziale und ökonomische Ausrichtung sagen.

Der Grund für diese Zersplitterung der vollen Identitäten liegt für Charim in der Pluralisierung des Selbst. Die Zersplitterung der Identitäten in freikombinierbare Einzelteile (oben „dividuell" oder „modularisch" genannt) ermöglicht eine unendliche Anzahl von Möglichkeiten der Selbstmodellierung. Es ist eine Pluralisierung des Individuums, welche einzigartige, nicht als (erst noch zu lösende) Widersprüche verstandene, Kompositionen zulässt.[122]

Das digitale, dividuelle und relationale Subjekt knüpft an dieses Konzept von „nicht-vollen" Identitäten an. Anders als für Charim kann aber bei der Frage, welcher Personenbegriff nun diese pluralisierten, „nicht-vollen", fragmentierten und „präkarisierten" Identitäten zu erfassen vermag, nicht auf alte Mittel zurückgegriffen werden. Charim ist zwar zunächst (und dies zu Recht) der Auffassung, dass für das Individuum des dritten Individualismus neue, neutrale Räume gefunden werden müssen, welche es den *Dividuen* erlauben, in einer gewissen Form doch Teil der Gesellschaft sein zu können, ohne (wie etwa die Idiosynkrasien)[123] aus dem sozialen Rahmen zu fallen. Einen solchen Ort macht aber Charim ausgerechnet im Rechtssystem aus – und zwar, wie sie sagt, aufgrund seiner inkludierenden Abstraktionsmöglichkeit (!).[124] Damit verkennt sie aber gerade, dass auf die Herausforderungen des dritten Individualismus nicht mit den Mitteln des zweiten Individualismus geantwortet werden kann. Der normativ-abstrakte Personenbegriff kann nur mit unbeweglichen und unveränderlichen Kategorien auf Gruppenebene operieren. Aber genau auf diese starren Identitäten richtet sich gerade der Vorwurf der „nicht vollen" Identitäten des dritten Individualismus. Ist es denn nicht eher so, dass aufgrund der Tatsache, dass Individuen im dritten Individualismus sich nicht als „volle" Identitäten verstehen (und daher keine vordefinierten Rollen mehr ausfüllen, sondern einzigartig und kontingent sind und deshalb für das Recht auch nicht mehr einfach *vorfindlich* sind), das Recht die Berücksichtigung dieser „nicht-vollen"

---

[122] Diesen Befund teilt auch Reckwitz, wenn er vom digitalen Subjekt der Spätmoderne als „*modularische* oder *kompositorische Singularität*, die sich dadurch ergibt, dass es aus einzelnen unterschiedlichen Elementen – Modulen – *zusammengesetzt* wird" spricht (*Reckwitz*, Singularitäten, S. 245). In dieser Hinsicht unterscheidet sich das Subjekt in der digitalen nicht von jenem in der realen Welt.

[123] Zur Idiosynkrasie siehe 1. Teil, C.

[124] *Charim*, S. 55 f.

Identitäten durch Verallgemeinerungen und Typisierungen nicht gewährleisten kann bzw. dass gerade dies Teil des Problems ist?[125]

Bei der Dividualität handelt es sich nach dem bisher Gesagten also um eine Eigenschaft, die sich zwar im digitalen Raum in einer viel ausgeprägteren und sichtbareren Form zeigt, aber nicht darauf beschränkt ist. Vielmehr nimmt das digitale Subjekt (bzw. die entsprechenden Gesellschaftsakteure) einen Trend auf, der sich bereits in den Lebenswirklichkeiten der Individuen abspielt. Diese Umkonstitutierung des Subjekts wird, so könnte man sagen, im digitalen Raum erweitert und perfektioniert. Das Internet und die sozialen Plattformen bieten dem Wirklichkeitsindividuum die Möglichkeit, das zersplitterte Ich in der analogen Welt weiter zu zerstückeln und zu *performen.* Es handelt sich dabei nicht um eine Rezeption des Analogen auf das Digitale. Zwischen der Zersplitterung der „nicht-vollen" Wirklichkeitsindividuen und dem dividuellen Subjekt im digitalen Raum besteht vielmehr eine Wechselwirkung. Dass informationstechnologische Beobachtungsapparate diese Daten, die von den Usern im Prozess der eigenen Pluralisierung hinterlassen werden, schliesslich dafür nutzen, um eigene einzigartige Persönlichkeitsprofile aus kontingent zusammengesetzten „Bewusstseinen" zu erstellen, sollte inzwischen klar sein.

III. Die Machteffekte in der Kontrollgesellschaft

Die Überlegenheit des digitalen Raums bei der Konstitution des Dividuellen, liegt u. a. auch an der machttheoretischen Wende, die sich mit dem Einläuten der Spätmoderne zuträgt. Es geht um den Übergang von der Disziplinargesellschaft zur Kontrollgesellschaft, eine Unterscheidung, die auf Deleuze zurückgeht. Unter dem Aspekt der Machteffekte lässt sich demnach die in den bisherigen Ausführungen unternommene Differenzierung zwischen Moderne und Spätmoderne mit dem Begriffspaar Disziplinar- und Kontrollgesellschaft bezeichnen.

Wie Deleuze darlegt, markieren drei Themen die spätmoderne Kontrollgesellschaft, wobei insbesondere der dritte Punkt für das Verständnis der Dividualität interessant ist. Zum ersten Punkt gehört, dass Kontrollgesellschaften „mit Maschinen der dritten Art, Informationsmaschinen und Computern [...] [operieren]"[126]. Wie bereits oben dargelegt, schaffen Informationstechnologien spezifische Möglichkeitsbedingungen für strukturelle Veränderungen in den verschiedenen Bereichen der Gesellschaft. Das hochdigitalisierte personalisierte Recht gibt Zeugnis hiervon. Als Zweites kommt hinzu, dass Marketingtechnologien immer stärker in den Vordergrund rücken.[127] Es ist folglich nicht verwunderlich, dass sich für die

[125] Grundlegend dazu *Gruber*, Bioinformationsrecht, S. 14 ff.; vgl. ferner *Auer*, Diskurs, S. 49.

[126] *Deleuze*, S. 259.

[127] *Deleuze*, S. 260.

Beschreibung der Methodik des personalisierten Rechts gerade die neuen Vermarktungstechniken in der Online-Welt als hilfreich erweisen.[128] Das Marketing als eines der Mittel der sozialen Kontrolle nimmt Deleuze zufolge eine besondere Stellung ein.[129]

Der dritte Punkt – und damit soll der Bogen zu den „nicht-vollen" Identitäten bzw. zum digitalen Subjekt geschlagen werden –, der charakteristisch für die Kontrollgesellschaft ist, betrifft die Substitution des modernen Individuums. Dieses wird, wie Deleuze sagt, durch eine „Chiffre eines ‚dividuellen' Kontroll-Materials" substituiert.[130] Damit kann die gesamtgesellschaftliche Ausrichtung auf den Einzelnen bzw. die Akzentuierung des Besonderen und die Orientierung an den Individualitäten auch im Zeichen von machtausübenden Mechanismen in der Spätmoderne verstanden werden. Die Machteffekte zeigen sich hier, wie bereits oben mit Verweis auf Reigeluth gesehen, durch einen dezentralen Beobachtungsapparat, der die fragmentierten Datenspuren erfasst, mithilfe von Algorithmen verarbeitet und einzigartige Persönlichkeitsprofile eines Einzelnen erstellt, sowie durch einen impliziten Zwang, diesen Datenspuren zu folgen.

Aus diesen Gründen darf das personalisierte Recht eben nicht als Befreiungsschlag gegen Abstraktionszwänge verstanden werden. Die eingangs erwähnte Zweischneidigkeit (einzigartig/similär, souverän/untertan, heilig/gegenständlich) der Subjektbildung bleibt nämlich bestehen. In diesem Sinne gilt das, was Baer für das moderne Formalrecht konstatiert, auch für das personalisierte Recht: Auch das personalisierte Recht „stärkt das Individuum und legt ihm doch Fesseln an"[131]. Denn das personalisierte Recht verspricht zwar die Auflösung dieser Widersprüche, konstruiert in Tat und Wahrheit aber lediglich eine andere Version davon. Dies hat nicht zuletzt auch mit einer neuen Form der „Politisierung" zu tun.

Um diese neue Form der Politisierung zu verstehen, müssen wir aber einen Schritt zurück machen und wieder bei der Personalisierungsidee (noch vor der Entlarvung) ansetzen. Wir müssen also nochmals davon ausgehen, dass es im personalisierten Recht wirklich um die individuelle Berücksichtigung der Einzigartigkeiten von Individuen geht.

---

[128] Siehe oben.

[129] *Deleuze*, S. 260.

[130] *Deleuze*, S. 258, 262.

[131] *Baer*, S. 30, zum ganzen Zitat: „Recht normiert und soll doch von der Norm befreien, stärkt das Individuum und legt ihm doch Fesseln an. […] Recht regelt, will aber Individuen nicht beschränken. Recht normiert, will aber Freiheit gewähren. Und Recht homogenisiert, will aber Vielfalt ermöglichen".

E. Die Juridifizierung der Ausnahme

„Immer wenn mich eine Zugehörigkeit umschreibt, [...] schreit jemand oder etwas ‚Vorsicht, eine Falle, du bist gefangen! Flüchte! Befreie dich!'."[132]

In den oben beschriebenen Tendenzen der Personalisierung lassen sich neue Formen der Politisierung des Lebens erkennen. Indem die Subjektgewinnung im personalisierten Recht auf die Einzigartigkeit der Einzelmenschen abzielt und diese damit zur Angelegenheit rechtlicher Entscheidungen macht, greift es auf etwas vormals Unrechtliches, Unpolitisches zurück. Dies zeigt sich einerseits darin, dass das personalisierte Recht, um es mit Agamben zu sagen, die „Sorge um das natürliche Leben der Individuen übernimmt [...]".[133]Andererseits spielen aber auch „Technologien des Selbst, mittels deren sich der Subjektivierungsprozess vollzieht, der die Individuen dazu bringt, sich an die eigene Identität und zugleich an eine äussere Kontrollmacht zu binden", eine zentrale Rolle.[134]

Von der Frage ausgehend, wie die *polis* das nackte Leben bewohnt, genügt es für Agamben allerdings nicht, einzig auf die politischen Techniken und die Technologien des Selbst, wie bisweilen mit Verweis auf Foucault vorgetragen, hinzuweisen. Ein für ihn entscheidendes Transformationselement ist die Einschliessung in die politischen und juridischen Prozesse dessen, was eigentlich davon ausgenommen wurde. Zu den ausgenommenen Dingen bzw. zur Ausnahme oder zu dem, was explizit exkludiert ist, gehört für Agamben zuallererst das nackte Leben, also die *zoe.* Dazu gehört nach unserer Auffassung aber auch das Höchstpersönliche eines jeden Einzelmenschen. Die *zoe* aber, wie Agamben über mehrere Seiten erklärt, steht gerade durch ihre Ausnahme aus den politischen Prozessen in spezieller Beziehung zu diesen:

„Die Ausnahme ist eine Art der Ausschliessung. Sie ist ein Einzelfall, der aus der generellen Norm ausgeschlossen ist. Doch was die Ausnahme eigentlich kennzeichnet, ist der Umstand, dass das, was ausgeschlossen wird, deswegen nicht völlig ohne Beziehung zur Norm ist; sie bleibt im Gegenteil mit ihr in der Form der Aufhebung verbunden."[135]

In diesem Sinne ist es gerade das nackte Leben, welches „ursprünglich am Rand der Ordnung angesiedelt, im Gleichschritt mit dem Prozess, durch den die Ausnahme überall zur Regel wird, immer mehr mit dem politischen Raum zusammenfällt und auf diesem Weg [...] *zoe* und *bios*, Recht und Faktum in eine Zone irreduzibler Unterscheidbarkeit geraten".[136]

---

[132] Wörtliches Zitat von Derrida aus einer Dokumentation von Kirby Dick und Amy Kofmann, USA 2002, zitiert bei *Erdur*, S. 138.

[133] *Agamben*, S. 15.

[134] *Agamben*, S. 15.

[135] *Agamben*, S. 27, vgl. auch S. 32.

[136] *Agamben*, S. 19; die vorliegende Arbeit ist vorsichtiger im Urteil und hat deshalb statt einer *Unentscheidbarkeit* von einer *Wechselwirkung* zwischen lebendigem Menschen und dem *homo singularis* gesprochen.

Aber wie ist es möglich, wie Agamben fragt, „die ‚natürlichen Annehmlichkeiten‘ der *zoe* zu ‚politisieren‘“[137]? Oder wie in der vorliegenden Arbeit gefragt wird: Wie ist es möglich, die natürlichen Gegebenheiten, die Individualitäten, zu „juridifizieren“?[138] Die Frage muss so gestellt werden, denn die Ausnahme, die hier interessiert, ist nicht Agambens *homo sacer*, sondern der von der rechtlichen Personalisierungsidee adressierte „lebendige Mensch“, wie ihn Radbruch nennt.[139] Der „lebendige Mensch“, in welchem der Jurist bislang nur ein juristisches Schema gesehen hat,[140] bildet jene Ausnahme, die sich bislang der „generellen Fassung“, dem „Subsumierbaren“ entzogen hat,[141] sich aber nun im personalisierten Recht durch die grundlegende Orientierung am Individuum und seinen Eigentümlichkeiten ins Zentrum der rechtlichen Operationen rückt.

Nach der Idee des personalisierten Rechts gehört die Ausnahme, d.h. der lebendige und einzigartige Einzelmensch, der bisher durch Abstrahierungs- und Verallgemeinerungsmechanismen von der Norm exkludiert wurde, zum Juridischen dazu. Dies ist allerdings nicht unproblematisch, denn die Ausnahmebeziehung ist eine ganz bestimmte Beziehungsform, wie Agamben für das moderne Recht, also noch vor der Personalisierungsidee, festhält: „Die Ausnahmebeziehung ist eine Beziehung des Banns. Tatsächlich ist der Verbannte ja nicht einfach ausserhalb des Gesetzes gestellt und von diesem unbeachtet gelassen, sondern von ihm *verlassen* [*abbandonato*], das heisst ausgestellt und ausgesetzt auf der Schwelle, wo Leben und Recht, Aussen und Innen verschwimmen.“[142] Denn, wie Agamben weiter ausführt, „die unüberbietbare Potenz des *nomos*, *seine originäre ‚Gesetzeskraft‘*, besteht darin, dass er das Leben in seinem Bann hält, indem er es verlässt“.[143]

Die Ausnahmebeziehung ist deshalb interessant, weil das personalisierte Recht hier einen Paradigmenwechsel einleitet. Wenn für Agamben die Ausnahmebeziehung sich genau dadurch kennzeichnet, dass sie „nicht zum Akt übergehen kann“,[144] also eine Struktur aufweist, „die genau über ihr Nicht-sein-Können, mit dem Akt in Beziehung bleibt“[145] und es sich deshalb um einen Bann (d.h. souveränen Ausschluss aus der Gesellschaft bei gleichzeitigem Beherrschen des Ausgeschlossenen) handelt, „der sich auf die Ausnahme anwendet, indem er sich abwendet“,[146] dann ist die neue Struktur des personalisierten Rechts als eine zu bezeichnen, die sich der

---

[137] *Agamben*, S. 21.

[138] Damit ist die rechtliche Verformung vorsozialer Phänomene gemeint, vgl. auch *Reinhardt*, S. 165 ff.

[139] Radbruch zitiert bei *Engisch*, Die Idee, S. 202.

[140] Radbruch zitiert bei *Engisch*, Die Idee, S. 202.

[141] Schmitt zitiert bei *Agamben*, S. 25.

[142] *Agamben*, S. 39 (Hervorhebung im Original).

[143] *Agamben*, S, 39 (Hervorhebung im Original).

[144] *Agamben*, S. 56. Er spricht in diesem Zusammenhang auch von „Potenz“ (S. 55 ff.).

[145] *Agamben*, S. 57.

[146] *Agamben*, S. 57.

Ausnahme neuerdings *zu*wendet, sie *auf*nimmt, *ein*schliesst und sie im politischen bzw. juridischen Prozess teilnehmen lässt. Im personalisierten Recht tritt somit jenes über die Schwelle, das vom modernen Recht dort zurückgelassen bzw. „verbannt" wurde. Weil sich das personalisierte Recht in seiner vorgeblichen Konstitution dem „lebendigen Menschen", der Singularität oder eben dem eigentlich von politischen und rechtlichen Prozessen „Ausgenommenen" widmet, handelt es sich, so könnte man sagen, um ein „Ausnahme-Recht".

Mit der Zuwendung zur Ausnahme, d. h. mit der *Auf*nahme statt Ausnahme des Individuums, wird der Ausnahmezustand (die Individualitäten) zur Regel erkoren, infolgedessen aber die Norm von der Ausnahme ununterscheidbar wird.[147] Wenn aber die Ausnahme zur Regel (oder die Regel zur Ausnahme) wird, was bedeutet das für die Regel?

Hinter diesem Zustand der Ununterscheidbarkeit verbergen sich unehrliche Momente bzw. Entfremdungsmomente: Auch wenn sich das Recht unter einer Personalisierungsdirektive neuerdings der Ausnahme bzw. der Individualität zuwendet, dann nicht, weil es etwa wahrhaftiger ist als das moderne Formalrecht. Ganz im Gegenteil: Während das moderne Recht in Bezug auf das Rechtssubjekt aus lediglich *einem* „unehrlichen" (Entfremdungs-)Momentum besteht, nämlich darin, dass es das abstrakte Rechtssubjekt nur vordergründig mit dem Individuum gleichsetzt, aber in seiner Funktion eigentlich vom Einzelmenschen abstrahiert, weist das personalisierte Recht gleich zwei Entfremdungsmomente auf: Erstens setzt auch das personalisierte Recht sein Rechtssubjekt, sprich den *homo singularis,* durch eine nur vermeintlich exakte Berücksichtigung des Individuums vordergründig mit diesem gleich. Zweitens aber verbirgt das personalisierte Recht mit dieser vordergründigen Berücksichtigung der Individualitäten (indem es sich von der Verallgemeinerung und Abstrahierung abwendet und stattdessen personalisiert) zudem den eigenen konstruktivistischen Ansatz auf besondere Weise. Oder in anderen Worten: Das abstrakte Subjekt im modernen Recht entpuppt sich viel leichter als Konstruktion, während der *homo singularis* des personalisierten Rechts den Anschein erweckt, wirklich das Individuum abbilden zu können.

Weshalb aber dem *homo singularis* in spätmodernen Gesellschaften dennoch eine elementare Funktion zukommt, soll im vierten Teil dieser Arbeit gezeigt werden.

F. Resumée

Die moderne Rechtsordnung konstruiert ihr Subjekt mittels eines Abstraktionsprozesses. Das Ziel dabei ist, zu einem Einheitsbegriff zu gelangen, der in der Idealvorstellung alle Menschen inkludieren soll. Dabei geht das moderne Recht

[147] Vgl. *Agamben*, S. 179.

traditionellerweise davon aus, dass der Mensch ein Individuum, d.h. eine Einheit, ein Ganzes, eine volle Identität ist. Das digitale Subjekt des personalisierten Rechts teilt zwar den konstruktivistischen Charakter, bildet sein Subjekt jedoch nicht auf der Grundlage eines Abstraktionsprozesses oder eines Einheitsbegriffs. Dem personalisierten Recht liegt vielmehr ein empirisches, berechenbares, voraussehbares und vor allem teilbares Subjekt zugrunde. Dieses als *homo singularis* bezeichnete Subjekt ist dabei als Knotenpunkt zu verstehen, das durch Spuren, d.h. Korrelationen und *matches*, die ein Computeruser im Internet zurücklegt, ein beschränktes digitales „Bewusstsein“ erlangt. Diese geteilte und zerstreute Individualität ist dabei kein ausschliesslich digitales Phänomen. Mit Verweis auf Charims' Konzeption der „nicht-vollen Identitäten“ konnte gezeigt werden, dass diese Subjektivierungsform in ähnlicher Weise bereits in der analogen Gesellschaft auftritt, im digitalen Raum aber in ausgeprägter Gestalt zum Ausdruck kommt. Dies hat nicht zuletzt mit neuen (Macht-)Mechanismen in einer Kontrollgesellschaft zu tun, die eine „Juridifizierung“ der Ausnahme, des „Vorrechtlichen“ bzw. der „Singularität“ möglich machen sollen.

4. Teil

Personalisierte Inkompatibilitätsregeln

A. Einführung: Der Fall der ruinösen Familienbürgschaften

Das Bundesverfassungsgericht (BVerfG) hat in einem etwas älteren, aber unter Juristen und Juristinnen vieldiskutierten Fall, der hier aus dem Standpunkt eines Personalisierungsinteresses nochmals aufgerollt wird, für Aufsehen gesorgt. Mit Verweis auf die Vertragsautonomie rügte das BVerfG, dass der Bundesgerichtshof (BGH) im Fall einer Familienbürgschaft fälschlicherweise am Grundsatz *pacta sunt servanda* festgehalten hatte. Es hob damit ein Urteil des BGH auf, das sich auf eine Bürgschaft bezog, in welcher die nicht hinreichend zahlungskräftige 21-jährige Tochter eine Schuld ihres Vaters in Höhe von 100'000 DM sicherstellte.[1]

Anders als der BGH bewertete das BVerfG diesen Fall als „eine ‚typisierbare Fallgestaltung', die auf einem tatsächlichen, strukturellen Machtungleichgewicht der Verhandlungspartner (nämlich der Tochter und der Bank) beruhe und auch zu einem offensichtlich ungerechten Vertragsergebnis führe".[2] Durch diese Konstellation verfüge die Bank als Gläubigerin über eine unverhältnismässige Vertragsmacht, was gleichzeitig die Privatautonomie der anderen Vertragspartei beeinträchtigt.[3] Mit Verweis auf den Grundsatz der Privatautonomie verpflichtete das BVerfG die Gerichte, den Inhalt von Verträgen zu korrigieren, wenn der Vertrag eine Vertragspartei ungewöhnlich stark belastete bzw. daraus ein strukturelles Ungleichgewicht zwischen den Vertragsparteien resultierte.[4]

Dafür hat das BVerfG viel Kritik einstecken müssen. Nicht nur, weil (neue) materialistische Eingriffe der Gerichte in die Privatautonomie befürchtet wurden, sondern auch, weil das BVerfG den Schutz der Privatautonomie einer überforderten Bürgin zum verfassungsrechtlichen Kontrollmassstab erklärt hatte.[5]

---

[1] BGH, Urteil vom 16.03.1989, 214.

[2] *Fountoulakis*, S. 278 f. mit Verweis auf BVerfGE 89, 214, 232.

[3] *Fountoulakis*, S. 279.

[4] Vgl. BVerfGE 89, 214 ff.; *Fountoulakis*, S. 278 f.; *Teubner*, Ein Fall von struktureller Korruption?, S. 388 ff.

[5] Siehe hierzu zusammenfassend, *Teubner*, Ein Fall von struktureller Korruption?, S. 388: „Legasthenie", „mit intellektueller Redlichkeit nur schwer nachvollziehbar" (Zöllner), „methodologischer Staatsreich" (Diederichsen), „Spirale der Infantilisierung" (Isensee).

Indem der BGH am Grundsatz *pacta sunt servanda* festhielt, stützte er sich auf ein formal-rationales Verständnis des Vertragsrechts.[6] Im Sinne der Privatautonomie erklärte das Gericht, dass „[b]ei handlungsfähigen Vertragspartnern man davon ausgehen [kann], dass sie die Tragweite ihres Handelns kennen und somit die Verpflichtung mit Wissen und Willen eingehen".[7] Nach dieser Formel werden individuelle Besonderheiten der am Vertrag Beteiligten, und somit auch die Überforderung und Unerfahrenheit der Bürgin, oder allfällige Machtungleichgewichte oder Informationsgefälle ausgeklammert. Im Sinne der Vertragsfreiheit (als Ausdruck der Privatautonomie) werden die Vertragsgestaltung und deren Inhalte den Vertragsparteien überlassen, ohne dass eine richterliche Korrektur erfolgt.

Genau wie der BGH hielt zwar auch das BVerfG an der Vertragsfreiheit fest, nahm aber zugleich eine Materialisierung vor, indem es sich auf den Standpunkt stellte, dass die Vertragsfreiheit kein Recht des Stärkeren zur Folge haben darf und die Privatautonomie für alle am Vertrag Beteiligten weitgehend wirken muss. Damit alle Vertragsbeteiligten autonom handeln können, ist die Privatautonomie auf staatliche Korrektureingriffe angewiesen.[8] Mit den Worten des BVerfG: „Hat einer der Vertragsteile ein so starkes Übergewicht, dass er den Vertragsinhalt faktisch einseitig bestimmen kann, bewirkt dies für den anderen Vertragsteil Fremdbestimmung."[9] Die Rechtsordnung dürfe zwar (nicht zuletzt aus Rechtssicher-

---

[6] Die formale Vertragsfreiheit stellt den Kern der Privatautonomie dar. Sie bedeutet, dass der Wille der Vertragspartei frei von rechtlichen Hindernissen gebildet werden kann. Sie wird deshalb auch „rechtliche" Vertragsfreiheit genannt. Es geht um die normativ konstituierte Rechtsgestaltungsmöglichkeit, also um die Möglichkeit, die Rechtsverhältnisse selbstbestimmt zu gestalten. Die formale Vertragsfreiheit leitet sich (im Sinne einer Letztbegründung) vom Konzept der Freiheit und Würde ab. Sie schützt die Vertragsparteien darin, durch Willensübereinstimmungen ein frei gewähltes, verbindliches Recht schaffen zu können (private Rechtssetzung), vgl. hierzu *Canaris*, S. 277, *Wendland*, S. 100 ff. und *Belser*, S. 51.

[7] BGH, Urteil vom 16.03.1989, 214.

[8] Mit dieser Argumentation spricht das BVerfG die materiale Vertragsfreiheit an. Materiale Vertragsfreiheit bedeutet, dass der Wille der Vertragsparteien frei von tatsächlichen Hindernissen gebildet werden kann. Man nennt sie deshalb auch „tatsächliche" Vertragsfreiheit. Die Vertragsfreiheit aus materialer Sicht ist dann gegeben, wenn die tatsächliche (materiale, lebenswirkliche und nicht nur rechtliche [= formal]) Möglichkeit besteht, die privaten Rechtsverhältnisse frei zu gestalten. Hierzu ist es notwendig, dass die Vertragsparteien frei von Fremdbestimmung sind. Der freie Wettbewerb wird in der modernen Wirtschaftstheorie als ein effizientes Mittel zur Gewährleistung der materialen Vertragsfreiheit erachtet. Der Wettbewerb neutralisiere die Macht von Privatrechtssubjekten und eröffne Alternativen und Wahlmöglichkeiten. Innerprivatrechtlich wird die tatsächliche Entscheidungsfreiheit durch Rechtsinstitute wie jene der Übervorteilung (Art. 21 OR), des Irrtums (Art. 23 i.V.m. Art. 24 OR), der Täuschung (Art. 28 OR) oder der Furchterregung (Art. 29 OR) gewährleistet. Diese Schutzbestimmungen sollen Missbräuche der Vertragsfreiheit verhindern. Der Materialisierungsgedanke liegt darin, dass ein Vertrag, der durch die Ausbeutung der Entscheidungsfreiheit einer Partei zustande gekommen ist, ungültig oder zumindest anfechtbar sein soll. Vgl. dazu *Canaris*, S. 278 ff., 293; *Wendland*, S. 100. Was die Übervorteilung betrifft, siehe: *Gauch*, Übervorteilung, S. 92.

[9] BVerfGE 89, 214, 232.

heitsgründen) nicht bei jeder beliebigen Störung des Vertragsgleichgewichts korrigierend einwirken,

> „[h]andelt es sich jedoch um eine typisierbare Fallgestaltung, die eine strukturelle Unterlegenheit des einen Vertragsteils erkennen lässt, und sind die Folgen des Vertrages für den unterlegenen Vertragsteil ungewöhnlich belastend, so muss die Zivilrechtsordnung darauf reagieren und Korrekturen ermöglichen. Das folgt aus der grundrechtlichen Gewährleistung der Privatautonomie (Art. 2 Abs. 1 GG) und dem Sozialstaatsprinzip (Art. 20 Abs. 1, Art. 28 Abs. 1 GG)."[10]

Sofern es aufgrund von Machtungleichgewichten zu einer Beeinträchtigung der Privatautonomie eines Vertragsbeteiligten kommt, müssten Gerichte demnach prüfen, unter welchen Umständen der betreffende Vertrag abgeschlossen wurde und diesen dann auch einer Inhaltskontrolle unterziehen. Anders als im BGH-Entscheid beinhaltet die vertragliche Analyse also hier eine materielle Korrektur unter Berücksichtigung von individuellen, gesellschaftlichen und wirtschaftlichen Aspekten.

Teubners Kritik

Für die vorliegenden Zwecke ist an dieser Stelle Teubners Kritik an diesem Urteil und sein Vorschlag für eine Inkompatibilitätsnorm relevant. Für Teubner geht es zunächst nicht um einen Fall von gestörter Vertragsparität. Für ihn gehen auch die Einwände der Kritiker dieses Urteils fehl, wenn sie auf die bundesverfassungsgerichtliche Einzelfallkorrektur mit „ihrem Engagement für die Privatautonomie" reagieren.[11] Teubner zufolge geht es nicht lediglich um die Stärkung der Privatautonomie, sondern um ein „Verfassungsproblem ersten Ranges".[12] Es handelt sich um die Frage, „ob und in welchem Ausmass Konflikte zwischen gesellschaftlichen Handlungsbereichen – im Bürgschaftsfall: ein Konflikt zwischen Wirtschaft und Familie – als ein Problem des Grundrechtsschutzes zu juridifizieren sind".[13] Es geht ihm dabei aber auch nicht um die übliche Drittwirkung der Grundrechte. Weil in Fällen von ruinösen Familienbürgschaften „unverträgliche Handlungslogiken" miteinander kollidieren, nämlich die Profitmaximierungslogik der Wirtschaft mit der solidarischen Verpflichtung in der Familie, plädiert er für ein institutionelles Verständnis der Grundrechte.[14] Zur Unverträglichkeit meint Teubner:

> „Im rechtlich relevanten Konfliktfall führt dies dazu, dass der Raum innerfamiliärer Kommunikation als ein grundrechtlich geschützter Autonomiebereich durch das Eindringen wirtschaftlicher Rationalität in seiner Integrität verletzt wird. Familienbürgschaften

---

[10] BVerfGE 89, 214, 232.

[11] *Teubner*, Ein Fall von struktureller Korruption?, S. 388.

[12] *Teubner*, Ein Fall von struktureller Korruption?, S. 388.

[13] *Teubenr*, Ein Fall von struktureller Korruption?, S. 388; vgl. auch *Teubner*, Matrix, S. 175 ff.

[14] *Teubner*, Ein Fall von struktureller Korruption?, S. 390.

sind deshalb unter verfassungsrechtlichen Gesichtspunkten problematisch, weil sie solidarisches Verhalten innerhalb der Familie ökonomisch instrumentalisieren."[15]

Und weiter:

„In Familienbürgschaften werden Normen, die der innerfamiliären Solidarität wirksam Grenzen ziehen, von Normen ökonomisch rationalen Handelns sabotiert und letztlich ausser Kraft gesetzt. Die Notwendigkeit, einen Kredit für ein wirtschaftliches Projekt zu erlangen, setzt sich gegenüber dem Gebot, familiäre Solidarität dann zu begrenzen, wenn sie für den solidarischen Partner existenzbedrohend wird, durch. Und an dieser Stelle setzt die mittelbare Drittwirkung der Grundrechte in ihrer institutionellen Variante an: Der grundrechtlich geschützte Binnenraum der Familie, in dem Normen der Solidarität, Erwartungen der wechselseitigen Opferbereitschaft entwickelt zugleich aber auch begrenzt werden, wird vor ihrer strukturellen Korruption durch wirtschaftlich rationales Handeln geschützt."[16]

Deshalb fordert er, dass in Situationen „struktureller Korrumpierung", die ruinöse Auswirkungen erzeugen, das (Privat-)Recht mit eigenen Instrumenten eingreifen muss.[17] Dies soll aber aus folgenden Gründen weder durch Einzelfallabwägungen noch mittels Typisierung bewerkstelligt werden: Die Berücksichtigung der Einzelumstände, wie Unerfahrenheit oder Leichtsinn des Bürgen gehe deswegen fehl, weil es zum einen „auf eine groteske Juridifizierung innerfamiliärer Verhältnisse" hinausläuft und zum anderen das institutionelle Problem der Kollision zwischen unverträglichen Handlungslogiken verkennt.[18] Ebenso illusorisch erachtet Teubner die Bildung von Fallgruppen (Typisierung) nach emotionalen bzw. verwandtschaftlichen Kriterien. Die Lösung, die Teubner hingegen vorschlägt, ist das Aufstellen von Inkompatibilitätsnormen, die analog zur richterlichen Befangenheit oder zum Berufsgeheimnis ruinöse Bürgschaften *per se* für verboten erklären. Um diese Inkompatibilitätsnorm aufzustellen, müssen zwei Kriterien präzise festgelegt werden: erstens die Qualität des Ruinösen, also die Frage, ab wann eine Bürgschaft als „ruinös" gilt, und zweitens die Frage nach dem Personenkreis, der von dieser Inkompatibilitätsnorm erfasst wird.[19]

Inkompatibilitätsnormen erfordern eine geeignete Berechnungsmethode, die letztlich auf einer einfachen Wenn-dann-Formel basiert. Dass ein „Bürge krass überfordert [ist], wenn bereits bei Vertragsschluss zu erwarten ist, er werde – wenn sich das Risiko verwirklicht – nicht einmal die laufenden Zinsen der Hauptschuld aufbringen können", könnte für die Berechnung genügen.[20] Denn, wie Teubner erklärt, „entscheidend ist gar nicht, ob die Grenzen weiter oder enger gezogen werden,

[15] *Teubner*, Ein Fall von struktureller Korruption?, S. 390.

[16] *Teubner*, Ein Fall von struktureller Korruption?, S. 392 f.

[17] *Teubner*, Ein Fall von struktureller Korruption?, S. 396.

[18] *Teubner*, Ein Fall von struktureller Korruption?, S. 396.

[19] *Teubner*, Ein Fall von struktureller Korruption?, S. 398.

[20] *Teubner*, Ein Fall von struktureller Korruption?, S. 398.

sondern allein die Klarheit der Berechnungsmethode".[21] Ähnliches gilt auch für das zweite Kriterium, den Personenkreis, wo „Ehegatten, Lebenspartner und nahe Angehörige einbezogen werden [sollten] und für diese dann einheitliche Massstäbe [...] gelten".[22]

Heute, mehr als drei Jahrzehnte nach diesem vieldiskutierten Gerichtsfall, bieten sich andere Möglichkeiten als einfache Konditionalformeln an, um ruinöse Familienbürgschaften zu unterbinden. Gesucht wird gerade keine generell-abstrakte *Per-se*-Norm. Unter einem personalisierten Recht kann die Inkompatibilitätsnorm in eine ausgeklügelte, individuell-konkrete Ad-hoc-Regel programmiert werden, die das Ergebnis eines digitalen Auswertungsprozesses unzähliger allgemeiner und individualisierter Datenspuren und deren korrelative Verknüpfung berücksichtigt. Zu den Kriterien gehören weniger Erwartungen des Gläubigers bzw. der Gläubigerin betreffend Zahlungsfähigkeit als vielmehr die relevanten Datenspuren aller Beteiligten.[23]

Die Personalisierung ist demnach in der Lage, Teubners Vorschlag einer „Perse-Verbotsnorm" zu einer individuell-konkreten Inkompatibilitätsnorm zu transformieren. Im Gegensatz zu einer „generell-abstrakten Inkompatibilitätsnorm", die, nicht zuletzt aufgrund der simplen Berechnungsformel sowohl in Bezug auf die Qualität des Ruinösen als auch hinsichtlich des auf Typen ausgerichteten Personenkreises, pauschalisiert (obwohl sie sich zwar hypothetische Gedanken über die Zahlungsfähigkeit im Risikofall macht, aber sonst alle Bürgen und Bürginnen innerhalb des bestimmten Personenkreises über einen Kamm schert), könnte eine personalisierte Inkompatibilitätsnorm eine auf den konkreten Fall ausgerichtete summarische Vereinbarkeitsprüfung leisten. Im Fall von ruinösen Familienbürgschaften könnte die Personalisierung auf der Grundlage einer datenbasierten Auswertung der in Frage stehenden Bürgin und ihren Fähigkeiten (Vermögen) und des in Frage stehenden Bürgschaftsvertrags und seiner Einzelheiten eine entsprechende Vereinbarkeitsregelung für den konkreten Fall treffen: Indem die personalisierte Inkompatibilitätsnorm mithilfe von *big data analytics* die für die Bewertung notwendigen Daten auswertet, ist sie – jenseits von einer standardisierten Bewertung des Ruinösen und der Typisierung von Personenkreisen – in der Lage die finanziellen Auswirkungen im konkreten Fall zu antizipieren und gegebenenfalls zu unterbinden.

Diese potenziellen Leistungen des personalisierten Rechts in Form personalisierter Inkompatibilitätsnormen sollen nun in einem breiteren Kontext der Vertragsgerechtigkeit untersucht werden. Denn im Zentrum des Interesses stehen die für die Spätmoderne typischen Gefahren ausbeuterischer Informationsasymmetrien und Rationalitätsdefiziten. Teubners Vorschlag wird aber in seiner Methodik wei-

[21] *Teubner*, Ein Fall von struktureller Korruption?, S. 398.

[22] *Teubner*, Ein Fall von struktureller Korruption?, S. 398.

[23] Woher diese Daten stammen könnten, wurde im 2. Teil, D. und 3. Teil, C. eingehend thematisiert.

terverfolgt. Die Idee beruht auch hier auf dem Grundsatz einer Unvereinbarkeitsprüfung. Vertragskonstellationen sollen auch im Personalisierungskontext im Hinblick auf bestimmte Unverträglichkeitskriterien hin geprüft werden. Dabei verändert sich allerdings die Funktion des Rechts. In den hier betrachteten Problemfeldern „ausbeuterischer" Verträge steht nicht länger die Kollision gesellschaftlicher Institutionen im Mittelpunkt. Es kollidieren nicht etwa „unverträgliche Handlungslogiken" unterschiedlicher sozialer Funktionssysteme miteinander. Die Gefahren, die hier von den sozialen Systemen, insbesondere vom Wirtschaftssystem, ausgehen, greifen im vorliegenden Kontext vielmehr die *psychischen* Systeme an.

B. Personalisierung gegen Personalisierung

Die hier betrachteten Gefahren gehen von Unternehmen aus, die mithilfe informationstechnologischer Mittel direkt auf Individuen und deren Bewusstsein zugreifen wollen. Im Fokus stehen daher nicht Kollisionen zwischen sozialen Funktionssystemen wie Wirtschaft und Familie, sondern der (übermässige) Einfluss des Wirtschaftssystems auf den Einzelmenschen. Personalisierte Inkompatibilitätsnormen können nach der hier vorgeschlagenen Gestalt eines personalisierten Rechts Individuen vor einer übermässigen Beeinflussung bzw. vor Ausnutzung durch wirtschaftliches Handeln schützen. Es ist insbesondere das Wirtschaftssystem, das getrieben von seiner Profitmaximierungslogik zunehmend Informationstechnologien einsetzt, um u. a. kognitive Defizite bei Konsumenten und Konsumentinnen zum eigenen Vorteil zu nutzen.

Vor diesem Hintergrund ist es vor allem Hacker zu verdanken, der das personalisierte Recht für das zwingende Vertragsrecht und damit auch als Schutzidee der schwächeren Partei fruchtbar gemacht hat.[24] Diese Funktion wird hier im Kontext der fortschreitenden Personalisierung und Digitalisierung weitergedacht, insbesondere im Hinblick auf die Gefahr von neuen Informationsasymmetrien und der Ausnutzung von Rationalitätsdefiziten.

Informationsvorteile und die damit verbundene algorithmische Verarbeitung der Konsumentendaten erlauben es Unternehmen, ihren Konsumenten und Konsumentinnen massgeschneiderte Angebote zu unterbreiten, wie Hoffmann-Riem, Rechtswissenschaftler und ehemaliger Richter am Bundesverfassungsgericht, konstatiert:

> „Von den Unternehmen selbst wird insbesondere die Möglichkeit der Personalisierung der Angebote als Verbesserung ihrer Informationsstrategie eingestuft, die es ihnen ermöglicht, eine gezielte Selektion der zugänglichen Inhalte nach Massgabe der Auswertung früher

[24] Vgl. auch *Calo*, der sich fragt: „[...] when does personalization become an issue of consumer protection?" (S. 995 ff.).

erhobener Daten oder der Zuordnung zu Clustern von Personen mit bestimmten Werthaltungen, Verhaltensweisen und Aufmerksamkeiten u. a. durchzuführen".[25]

Der Informationsvorteil sowie die damit verbundene Personalisierung von Angeboten und Preisen ermöglichen zudem eine präzise Prognose des Kaufverhaltens und damit eine ökonomisch optimierte Abschöpfung individuell zugeschnittener Konsumentenrenten.[26] Um dem zu begegnen, soll das Recht nach der hier vertretenen Ansicht mit denselben Mitteln antworten. Auf personalisierte Angebote für individuelle Konsumentenrenten seitens der Anbieter und Anbieterinnen muss das Rechtssystem selbst Personalisierungstechniken anwenden, wenn es für die Konsumenten und Konsumentinnen einen Schutz leisten möchte. Die Devise lautet quasi *Personalisierung gegen Personalisierung.*[27]

Es ist zu erwarten, dass die herkömmlichen Schutzmechanismen des modernen Formalrechts in ihrer allgemein-abstrakten und analogen Struktur angesichts einer zunehmend personalisierten Umwelt, insbesondere innerhalb einer personalisierten Ökonomie, nicht mehr ausreichen, um adäquaten rechtlichen Schutz vor neuen Formen von Informationsasymmetrien und ausbeuterischen Praktiken zu gewährleisten. Dies belegen bereits die Fälle von Facebook und MediaBrix.[28] Vielmehr erfordert die rechtliche Regulierung eine Anpassung an die Logik der Personalisierung selbst.

Die begrenzte Rechtswirksamkeit des modernen Formalrechts ist darauf zurückzuführen, dass es mit grundlegenden Phänomenen der Spätmoderne konfrontiert ist, die spezifische Risiken hervorbringen. Erstens besteht die Gefahr, dass Personalisierungstechnologien asymmetrisch als Informationsvorteile genutzt werden, so etwa für personalisierte Preisgestaltung und die maximale Abschöpfung der Konsumentenrente – ein Vorgang, der für sich genommen noch keine Ausbeutung darstellt. Zweitens können Personalisierungstechnologien auch für die systematische Ausnutzung kognitiver Schwächezustände (Rationalitätsdefizite) von Konsumenten und Konsumentinnen verwertet werden. Drittens führen Singularisierungstechniken sowie neue Valorisierungsprozesse dazu, dass das Verhältnis von Leistung und Gegenleistung in spätmodernen Gesellschaften einer Neubewertung unterzogen werden muss.

Im Zusammenhang mit personalisierten Preisen und der Ausnutzung von Rationalitätsdefiziten ist die Rede von „personalisierter Ökonomie". Wenn es hingegen um singuläre Güter und Dienstleistungen und deren Bewertung geht, wird, in Anlehnung an Karpik, von einer „Ökonomie des Besonderen"[29] gesprochen. Beides,

---

[25] *Hoffmann-Riem*, S. 179.

[26] *Eidenmüller/Wagner*, S. 224.

[27] Vgl. auch *Hacker*, Personalized Law and the Behavioral Sciences, S. 258: „However, if analysis at the individual level is precisely what targeting increasingly engages in, the legal standard should adapt to the increasing granularity of commercial practices, too."

[28] Zu den Fällen, siehe 2. Teil, D. VI.

[29] *Karpik*, S. 35.

die personalisierte Ökonomie sowie die Ökonomie des Besonderen, fordern die Rechtsordnung in spezieller Weise heraus. Die Beschäftigung mit diesen steht exemplarisch für die kognitive Öffnung des Rechtssystems für wirtschaftliche, informationelle und kulturelle Entwicklungen der Spätmoderne.[30]

C. Personalisierte Ökonomie und Ökonomie des Besonderen: Drei Herausforderungen

Die technologischen und sozialen Entwicklungen der Spätmoderne stellen das Vertragsrecht vor drei zentrale Herausforderungen. Erstens ermöglicht die Anwendung von *big data analytics* personalisierte Preisdifferenzierung, bei der Preise an individuelle Bedürfnisse und Zahlungsfähigkeit angepasst werden. Dadurch muss das Verhältnis von Preis und Leistung neu verhandelt werden. Zweitens nutzen Unternehmen gezielt Rationalitätsdefizite von Konsumenten und Konsumentinnen aus, indem sie basierend auf psychologischen Datenprofilen Einzelner manipulative Werbestrategien wie *emotional targeting* einsetzen. Damit werden Schwächezustände (auch im Sinn von Art. 21 OR) ausgebeutet, um ökonomische Vorteile zu erzielen. Drittens führt die Singularisierung in der Spätmoderne zur Entstehung eines Marktes für singuläre Produkte, der objektive Preiskriterien auflöst und neue Bewertungskategorien erfordert.

I. Personalisierte Preise

Mit der Anwendung von *big data analytics* in der Vertragsanbahnung (und im *adverse targeting*) werden Preisdifferenzierungen in einer bisher noch nie dagewesenen Form möglich gemacht. Es werden Strukturen und Korrelationen in bestimmten Datensätzen analysiert, die vor dem Aufkommen von Rechenalgorithmen nicht sinnvoll untersucht werden konnten.[31] Von einer Preisdifferenzierung ist grundsätzlich dann die Rede, „wenn ein Unternehmen von verschiedenen Konsumentengruppen unterschiedliche Preise für dieselben oder ähnliche Güter oder Dienstleistungen verlangt, und diese Unterschiede nicht auf abweichenden Gestehungskosten beruhen“.[32]

Wie bereits weiter oben gesehen, werden Preisdifferenzierungen in drei Grade unterteilt.[33] Während die Preisdifferenzierung dritten Grades eine Differenzierung der Preise in Bezug auf unterschiedliche Konsumentengruppen vornimmt, hängt der

[30] Siehe 1. Teil, C. I.

[31] *Zurth*, S. 515; vgl. ferner *Hacker*, Ambivalence, S. 88.

[32] *Wagner/Eidenmüller*, S. 224.

[33] Für weitere Ausführungen zu den Preisdifferenzierungen, siehe unter 1. Teil, C. I. 2.

Preis bei der Preisdifferenzierung zweiten Grades von Menge oder Qualität des Produkts ab. Bei der Preisdifferenzierung ersten Grades, die hier interessiert, nehmen weder Gruppenzugehörigkeiten noch Produkteigenschaften eine preisbestimmende Rolle ein. Die Preisdifferenzierung auf dieser Ebene bedeutet, dass Preise in ausschliesslicher Abhängigkeit von den persönlichen Referenzspuren der Konsumenten und Konsumentinnen und dem für das Unternehmen rentierenden Reservationspreis bestimmt werden.[34] Es geht darum, dass Preise zum einen nach dem wirtschaftlichen Nutzen bzw. der Zahlungsfähigkeit der Kundschaft und zum anderen nach deren individuellen Präferenzen und Bedürfnissen individualisiert werden.[35] Man könnte deshalb auch von einer personalisierten Preisdifferenzierung im Hinblick auf einen wirtschaftlichen Nutzen sprechen.

Hinter der algorithmischen Verarbeitung der für die Personalisierung der Preise benötigten Daten verbirgt sich eine komplexe Kalkulation, welche die Preisdifferenzierungen zweiten und dritten Grades so nicht kennen. Die Personalisierung geschieht einerseits „anhand objektiver Gesichtspunkte, wie z. B. Endgerät, Betriebssystem, Browser oder Standort", und andererseits anhand „subjektiver Kriterien, wie z. B. Alter, Geschlecht, bisherigem Such- und Kaufverhalten oder Browserverlauf".[36]

Die für diese Personalisierung notwendigen Daten erhalten die Unternehmen, wie oben im Zusammenhang mit der Personalisierung des Rechts gesehen,[37] von den Konsumenten und Konsumentinnen selbst. Diese Daten befinden sich etwa auf „Kundenkarten, Kreditkarteninformationen, Cookies, Nutzerkonten, Identifizierung verwendeter Endgeräte und RFID-Chips".[38] Personalisierte Preise dienen allen voran der Gewinnmaximierung für kommerzielle Anbieter:

> „Auf der Grundlage automatisierter Verarbeitungen von personenbezogenen (und nicht-personenbezogenen) Daten erwächst dies allerdings immer mehr zu einer tauglichen Option in Echtzeit – und zwar nicht nur im Onlinehandel, sondern mittels […] technischen Lösungen auch für den stationären Handel. Es wird vermutet, dass es sich Verkäufer aufgrund des steigenden Wettbewerbsdrucks auf absehbare Zeit nicht mehr werden leisten können, auf eine Preisdifferenzierung erster Ordnung zu verzichten. Einer Studie zufolge soll der Einsatz entsprechender Algorithmen zu (bis zu) 12 % höheren Profiten führen (können)."[39]

Das Problem mit personalisierten Preisen ist, dass Konsumenten und Konsumentinnen nicht mehr „auf Augenhöhe"[40] verhandeln können. Aus diesem asym-

---

[34] *Wagner/Eidenmüller*, S. 224.

[35] *Zurth*, S. 517; vgl. auch *Schäfers*, S. 33, 35 ff.

[36] *Zurth*, S. 518.

[37] Siehe hierzu 2. Teil, E.; vgl. hierzu auch *Wagner/Eidenmüller*, S. 225 f.

[38] *Zurth*, S. 518.

[39] *Hennemann*, S. 827 f. mit Verweis auf *Obergfell*, S. 290 ff.; vgl. ferner *Zander-Hayat/Reisch/Steffen*, S. 403, 405.

[40] *Zander-Hayat/Reisch/Steffen*, S. 403, 406.

metrischen Verhältnis ziehen sodann die Unternehmen auf Kosten der unwissenden Kundschaft einen Gewinn für sich. In den Worten von Zurths:

> „Mit einem personalisierten Preis auf exakt der Grenze der Zahlungsbereitschaft des Abnehmers ergibt sich für diesen hingegen keinerlei Nutzen aus der Transaktion, weshalb der aus Anbietersicht optimale Preis ganz leicht darunter angesiedelt wird, um noch einen – wenngleich geringen – Kaufanreiz aufrechtzuerhalten [...] Dennoch ist die sog. Konsumentenrente, also der wirtschaftliche Nutzen des Konsumenten aus der Transaktion, nahezu null, weil Wert und Preis sehr nahe beieinanderliegen. Der Verkäufer schöpft demgegenüber nahezu den gesamten ökonomischen Vorteil der Transaktion ab. Die Verteilung der Gesamtwohlfahrt erfolgt einseitig zu Lasten der Konsumenten."[41]

Auf einem konventionellen Markt ohne personalisierte Preise funktioniert der Marktpreis als ein Gleichgewicht, das von den preisbewussten und preissensitiven Konsumenten und Konsumentinnen bestimmt wird. Konsumenten und Konsumentinnen, die bei Preiserhöhungen rasch auf alternative Angebote ausweichen, üben dabei einen natürlichen Druck auf die Anbieter und Anbieterinnen aus, ihre Preise niedrig zu halten, um wettbewerbsfähig zu bleiben. Dieser Mechanismus führt dazu, dass auch weniger preissensitive Käufer und Käuferinnen von diesen günstigen Preisen profitieren. Der Marktpreis bleibt somit für alle Teilnehmenden einheitlich und bietet einen Schutz vor Preisdiskriminierung.[42]

Im Kontext der personalisierten Ökonomie wird dieser Schutzmechanismus durch den enormen Informationsvorteil auf der Anbieterseite untergraben. Unternehmen verfügen mit *big data analytics* über die entsprechenden Daten und Möglichkeiten, um die Zahlungsbereitschaft einzelner Konsumenten und Konsumentinnen auszuwerten. Damit können Preise individuell angepasst werden, sodass etwa Abnehmer und Abnehmerinnen mit einer hohen Zahlungsbereitschaft mehr für das angepriesene Produkt bezahlen. Unternehmen sind zudem in der Lage zu erkennen, wenn ein bestimmter Kunde bzw. eine bestimmte Kundin teure Marken bevorzugt. Diesem bzw. dieser werden für vergleichbare Produkte höhere Preise angezeigt als einem Kunden oder einer Kundin, der bzw. die z. B. nur Sale-Käufe macht. Das Ergebnis personalisierter Preismechanismen ist daher eine Verschiebung der Marktstruktur, bei der die Transparenz schwindet und Konsumenten und Konsumentinnen mit höherer Zahlungsbereitschaft finanziell stärker belastet werden.

Auf diese Gefahren der personalisierten Preise weisen bspw. Wagner und Eidenmüller in ihrem Aufsatz „In der Falle der Algorithmen? Abschöpfung von Konsumentenrente, Ausnutzen von Verhaltensanomalien und Manipulation von Präferenzen" hin.[43] Der Aufsatz bringt zur Kenntnis, dass personalisierte Kauftransaktionen die Unternehmen befähigen, Informationsasymmetrien und Verhaltensanomalien von Konsumenten und Konsumentinnen auf neue Weise und in noch

---

[41] *Zurth*, S. 525.

[42] *Zurth*, S. 525.

[43] *Wagner/Eidenmüller*, S. 220 ff.

nie dagewesenem Rahmen für ihre Zwecke auszunutzen.[44] Die Gefahr besteht, wie der Untertitel ihres Aufsatzes verrät, dass Konsumenten und Konsumentinnen *in die Falle tappen*: „[S]ie verlieren ihre Konsumentenrente, schliessen wohlfahrtsreduzierende Verträge ab und sind zunehmend in einem beschränkteren Leben gefangen."[45]

Bei der Frage, wie die Rechtsordnung auf diese Gefahr antworten kann, plädieren sie für die Einräumung eines Wahlrechts. So sollen Konsumenten und Konsumentinnen die Möglichkeit haben, vor ihren Bildschirmen zwischen einer personalisierten und nichtpersonalisierten Maske zu wählen, „d. h. zwischen einer ‚Welt der Kontrolle', die auf der Basis vergangener Entscheidungen kuratiert wurde, und einer ‚Welt der Spontaneität', die Präferenzen des Durchschnitts der Nutzer widerspiegelt oder andere Selektionskriterien verwendet".[46] Das Wahlrecht bildet für das Autorenpaar die einzige vernünftige rechtliche Möglichkeit, den Gefahren dieser Form der Ausnutzung zu begegnen. Andere rechtliche Schutzmechanismen verwerfen sie. So scheitere etwa die Entwicklung allfälliger Standards für die Gestaltung von Personalisierungsalgorithmen und die Aufsicht der Einhaltung dieser an den entsprechenden Ressourcen: „Eine Regierungsbehörde [...] wird kaum Personal anziehen können, das im Hinblick auf die Qualifikation, Personalstärke und sächliche Ausstattung dazu in der Lage wäre, mit den Fähigkeiten der zu überwachenden Industrie Schritt zu halten."[47] Auch Offenlegungspflichten in Bezug auf die von den Algorithmen verwendeten Parameter lehnen sie ab. Die Erfahrung zeige, dass Konsumenten und Konsumentinnen nicht einmal die Allgemeinen Vertragsbedingungen lesen, weshalb nicht davon auszugehen ist, dass sie sich „mit den Eigenschaften und dem *modus operandi* von Algorithmen vertraut machen".[48] Der einzige legislatorische Eingriff bestehe nach dieser Auffassung also in der Gewährung eines (nachträglichen) Wahlrechts:

> „Die Ausübung der Wahl zwischen personalisierten und zufällig gewählten Angeboten sollte daher auf einer späteren Stufe des Entscheidungsprozesses erfolgen, zu einem Zeitpunkt, in dem bereits ein digitaler Schatten der Person erstellt wurde und der Algorithmus bereit steht, dem Verbraucher kuratierte Wahlen zu präsentieren. Der Verbraucher hat

---

[44] *Wagner/Eidenmüller*, S. 222.

[45] *Wagner/Eidenmüller*, S. 223.

[46] *Wagner/Eidenmüller*, S. 242.

[47] *Wagner/Eidenmüller*, S. 241.

[48] *Wagner/Eidenmüller*, S. 241 (Hervorhebung im Original); etwas optimistischer bei *Zurth*, S. 542 ff.; eine andere Lösung schlägt *Schäfers* vor: Schäfers versucht das Problem über das Rechtsinstitut der *culpa in contrahendo* aufzulösen. Individualisierte Vertragsanbahnungen, bei welchen Aufklärungs-/Informationspflichten der Unternehmen gegenüber den (potenziellen) Konsumenten und Konsumentinnen verletzt wurden, über die *culpa in contrahendo* lösen zu wollen, scheint nach der hier vertretenen Ansicht nicht geeignet. Denn Mängel, die bereits in der Vertragsanbahnung bestehen (also vorvertragliche Mängel), führen nicht immer zu einem Fall von *culpa in contrahendo* (S. 44 ff.).

sodann die Option, sich vom personalisierten Einkauf abzuwenden, indem er den Algorithmus für eine bestimmte Transaktion ausschaltet."[49]

Nach der hier vertretenen Ansicht überzeugt allerdings dieser Ansatz nicht. Abgesehen von der Frage, ob diese Option des „Ausschaltens" in der Praxis auch genutzt wird – ein Zweifel, den die Autoren selbst einräumen –,[50] wird das Problem, das im Aufriss zunächst in seiner Gesamtheit erfasst wurde, im Lösungsvorschlag fälschlicherweise in isolierte Aspekte zerlegt. Die Preisdifferenzierung darf nach der hier vertretenen Ansicht nämlich nicht als Einzelphänomen betrachtet werden, sondern muss zusammen mit der Ausnutzung von Rationalitätsdefiziten ganzheitlich analysiert werden.[51] Erkennt man, dass das Besondere bei personalisierten Preisangeboten darin liegt, „dass Unternehmer eine informationell überlegene Position erlangen, die es ihnen ermöglicht, einseitig die eigenen Interessen durchzusetzen und Entscheidungen der Verbraucher zu beeinflussen",[52] sprich das psychische System zu manipulieren,[53] so darf bei der Suche nach einer rechtlichen Lösung dieser Gesamtzusammenhang nicht aufgelöst werden.

II. Rationalitätsdefizite

Dass Unternehmen ihre Kundschaft für eigene Vorteile beeinflussen, ist nicht neu. Auch dass dabei mit psychologischen Mitteln (wie etwa Konditionierungstechniken,[54] gezielte Anwendungen der Rekognitionsheuristik[55] oder das einfache Platzieren von teureren Produkten auf Augenhöhe[56]) agiert wird, ist kein neues Phänomen.[57] Mit *big data analytics* erhalten die Verkaufstechniken allerdings eine andere Qualität. Dies hat u. a. damit zu tun, dass Unternehmen im Stande sind (vor allem im Online-Handel, aber nicht nur), über präzise Datenspuren einer einzelnen Person individuelle Rationalitätsdefizite zu ermitteln, um anschliessend genau in

---

[49] *Wagner/Eidenmüller*, S. 242.

[50] Es stellt sich eine ähnliche Konstellation wie bei den Datenschutzbestimmungen einer Online-Plattform, wo grundsätzlich auch die Möglichkeit besteht, abzulehnen, eine Ablehnung aber häufig mit gravierenden Nutzungseinschränkungen verbunden ist. In beiden Fällen, sowohl bei der Ablehnung von Datenschutzbestimmungen als auch beim Abschalten von Personalisierungsangeboten, sind die Konsumenten und Konsumentinnen regelmässig überfordert, weil sie nicht wissen, was sie genau ablehnen bzw. abschalten.

[51] Vgl. hierzu auch *Schäfers*, S. 40.

[52] *Schäfers*, S. 40 f.

[53] Weiter unten mehr dazu.

[54] *Felser*, S. 17 ff.

[55] *Felser*, S. 53.

[56] *Schäfers*, S. 60.

[57] Siehe auch *Levine*, *passim*.

dem Moment „zuzuschlagen“, in dem das konkrete Individuum nicht oder nur schwer dazu in der Lage ist, die Kaufentscheidung zu überdenken.[58]

Rationalitätsdefizite bezeichnen Zustände, in denen Entscheidungsprozesse durch emotionale, kognitive oder soziale Einflussfaktoren verzerrt werden, sodass Individuen Entscheidungen treffen, die unter anderen, normalen Bedingungen anders ausgefallen wären. Dieses Problem wird insbesondere im Zusammenhang mit Big-Data-Analysen und personalisierten Werbestrategien deutlich. Das Beispiel von MediaBrix zeigt, dass psychologische Daten systematisch ausgewertet wurden, um gezielt emotional manipulative Werbung einzublenden (sog. *emotional targeting*). Nutzer und Nutzerinnen wurden dabei strategisch in vulnerablen Momenten, etwa in Phasen der Frustration, Einsamkeit oder anderen negativen Emotionen, adressiert. Durch den Einsatz von *big data analytcs* erlangen Unternehmen einen erheblichen Informationsvorteil gegenüber ihrer Kundschaft, da sie über personenbezogene (und potenziell psychologische) Daten verfügen, während die Konsumenten und Konsumentinnen in der Regel weder darüber informiert sind, dass ihre vulnerablen Zustände analysiert wurden, noch dass diese Analysen die Grundlage für spezifische Werbestrategien bilden. Dies veranschaulicht, wie Unternehmen mit erheblichem Informationsvorteil systematisch Schwächezustände ausnutzen können, um daraus ökonomische Vorteile zu generieren.

Rationalitätsdefizite oder, ganz allgemein gesprochen, Urteilsverzerrungen können in zwei Kategorien aufgeteilt werden: in weitverbreitete und in individuelle Rationalitätsdefizite.[59] Als Beispiel für weitverbreitete Urteilsverzerrungen führen Wagner/Eidenmüller Zinssätze für Kreditkarten an, die nur für einen anfänglichen Zeitraum gelten, aber von anderen, meist später fälligen Kosten überlagert werden. Diese Verkaufsstrategien würden von der *big data analytics* profitieren.[60]

Hier interessiert allerdings die zweite Kategorie, sprich die Ausnutzung von individuellen Schwächezuständen im Nachgang algorithmischer Auswertungen von Personendaten. Unternehmen erstellen dabei umfangreiche Datensätze über die Vorlieben bestehender oder potenzieller Konsumenten und Konsumentinnen, ihr Verhalten im Internet und ihre finanziellen Möglichkeiten. Um ihre Waren und Dienstleistungen zu vermarkten, werden sodann „raffinierte Verkaufsalgorithmen verwendet, die mit personalisierten Angeboten auf die idiosynkratischen Konsumentenpräferenzen zielen“.[61] Von hier aus ist es kein weiter Weg mehr, um allfällige Schwächen beim Konsumenten oder bei der Konsumentin zu erkennen und „auszubeuten“.[62]

---

[58] *Schäfers*, S. 60.

[59] So bei *Wagner/Eidenmüller*, S. 231.

[60] *Wagner/Eidenmüller*, S. 232.

[61] *Wagner/Eidenmüller*, S. 221.

[62] Vgl. *Hacker*, Ambivalence, S. 91.

Für beide Praktiken, sowohl für die Personalisierung von Preisen als auch das Ausnutzen von Rationalitätsdefiziten bestimmter Personen, bedarf es allerdings neuer Lösungsansätze. Damit das Recht die Ausnutzung von Rationalitätsdefiziten erkennen kann, muss es selbst im digitalen Raum aktiv werden. Nur so kann die Rechtsordnung befinden, ob das Zusammentreffen bestimmter Preise für ein bestimmtes Produkt zu einer bestimmten Zeit für eine bestimmte Person zu einem unerwünschten Vertragsverhältnis führt. Die Aufgabe besteht dann darin – ähnlich wie bei den ruinösen Familienbürgschaften –, solche „ausbeuterischen" Konstellationen im Sinne einer Inkompatibilitätsprüfung zu unterbinden. Hierfür muss das Rechtssystem die vertragsrelevanten Elemente für seine juridischen Zwecke neu (re-)konstruieren.

Das Recht muss deshalb in der Lage sein, sowohl hinter die Berechnungsgrundlagen für die Preisdifferenzierung ersten Grades als auch hinter die Personalisierungsprozesse der individuellen (und psychologischen) Konsumentenprofile zu blicken. Mit der Einsicht in diese Prozesse kann das Rechtssystem schliesslich allfällige Ausnutzungen von Rationalitätsdefiziten oder Informationsasymmetrien vom Individuum abwenden. Da es aber die Gefahren nicht direkt für die (vorsozialen, vorrechtlichen) Einzelmenschen prüfen kann, muss das neue Rechtssystem diese im Hinblick auf die Datenprofile jedes Einzelnen bzw. jeder Einzelnen, auf die *homines singularum*, überprüfen. Durch die Prüfung der Auswirkungen an diesem digitalen Subjekt wird eine allfällige Penetration von ökonomischen Personalisierungspraktiken auf das Individuum abgefangen.

III. Singuläre Produkte

Schliesslich machen die allgemeinen Singularisierungsentwicklungen in der Spätmoderne auch keinen Halt vor dem Güter- und Dienstleistungsmarkt. Ganz im Gegenteil ist ein neuer Markt von singulären Produkten entstanden, der sich dadurch kennzeichnet, dass er eine Dissoziation von Produkt und objektiven Preiskriterien einleitet. Aus rechtlicher Sicht ist dies (so etwa im Rahmen von Art. 21 OR) deshalb wichtig, weil sich das neue Preis-Leistungs-Verhältnis auch auf die Bewertung eines allfälligen Missverhältnisses und einer allfälligen Ausbeutung auswirkt.

Wie Karpik in seiner Studie über die Ökonomie des Besonderen aufzeigt, kann die Preisbildung in Märkten mit singulären Produkten nicht mit der neuklassischen Wirtschaftstheorie erklärt werden, wonach der Preis in erster Linie durch Angebot und Nachfrage bestimmt wird.[63] Der Grund ist, dass auf diesen Märkten „von singulären, unvergleichlichen und deshalb unvergleichbaren Produkten" die Preisbestimmung viel eher den Strukturen eines orientalischen Basars nahekommt als einer

---

[63] *Karpik*, S. 13 ff.

Preisbestimmung nach der dominierenden Marktlogik, die auf dem Verhältnis von Angebot und Nachfrage sowie Qualität und Quantität basiert.[64]

Die Ökonomie der singulären Güter ist vor allem auf kulturelle Güter mit Einzigartigkeitsanspruch ausgerichtet. Anders als in einer industriellen Ökonomie geht es nicht um standardisierte Gebrauchsgüter, sondern um als authentisch empfundene Güter. Nicht zuletzt deshalb werden singuläre Produkte nicht mehr unter dem Gesichtspunkt des Preis-Leistungs-Verhältnisses bewertet. Auf diesem Markt gibt es zudem gerade „kein allgemeines Kriterium, das die Qualitäten singulärer Produkte einstufen kann".[65] In der Ökonomie des Besonderen erfolgt die Bewertung stattdessen durch Aufmerksamkeitsregimes und kulturelle Valorisierungsprozesse.[66] Im Gegensatz zu standardisierten Gütern, deren Beschreibung und Bepreisung auf objektiven Kriterien beruhen, hängt der Wert von singulären Produkten davon ab, ob diese von den Marktteilnehmern und Marktteilnehmerinnen, Experten und Expertinnen und einschlägigen Netzwerken als einzigartig anerkannt werden.[67]

Singuläre Güter zeichnen sich zum einen durch allgemeine Singularisierungsmerkmale wie *inkommensurabel*, *distinktiv*, *dichte Eigenkomplexität*, *sozial zertifiziert* und *nicht zwingend einmalig* aus[68] und zum anderen, mit besonderem Bezug auf die Preisbestimmung, durch das Merkmal der „Ungewissheit".[69] Damit ist einerseits die Ungewissheit hinsichtlich der Erwartungen der Kundschaft gemeint, andererseits die Unsicherheit betreffend die Qualität der singulären Produkte. Denn in einer Ökonomie des Besonderen werden nicht etwa nur Produkte ausgetauscht. Auf dem Markt der singulären Güter geht es vielmehr um den „Austausch von Versprechen".[70] Der Markt des Besonderen umfasst, wie Karpik sagt,

> „Austauschvorgänge, in denen es um das ‚Gute' oder ‚Richtige' geht – um edle Weine oder um Romane, um Ärzte, Anwälte oder Berater. Es handelt sich, allgemeiner gesagt, um die Märkte für Kunstwerke, Haute-Cuisine-Produkte, Filme, Musikaufnahmen, Luxusgüter, Bücher, Reisen, bestimmte handgefertigte Artikel, freiberufliche Dienstleistungen und Expertisen."[71]

Diese Märkte sind keine Randerscheinung – im Gegenteil: Folgt man Reckwitz' Befunden über die Spätmoderne, so orientiert sich das Wirtschaftssystem aufgrund des Strukturwandels zunehmend an unvergleichbaren, inkommensurablen und somit singulären Gütern und Dienstleistungen.[72] Es wird also tagtäglich mit singu-

---

[64] *Karpik*, S. 13, 20 ff.; zum Basar, siehe *Geertz*, S. 197 ff.

[65] *Karpik*, S. 248.

[66] *Reckwitz*, Singularitäten, S. 112 ff.; vgl. hierzu auch 1. Teil, C.

[67] *Karpik*, S. 51 f.; *Reckwitz*, Singularitäten, S. 16.

[68] Zum Singularitätsbegriff, siehe 1. Teil, C. II.

[69] *Karpik*, S. 21 f.

[70] *Karpik*, S. 22.

[71] *Karpik*, S. 13.

[72] *Reckwitz*, Singularitäten, S. 7 ff.

lären Gütern gehandelt; „[s]ie sind Teil unseres Alltagslebens.“[73] Aber wie werden sie gehandelt, wenn aufgrund ihrer Singularität jeder Vergleich scheitert? Oder um mit Karpik zu fragen: „Wie können Güter, die aufgrund der vielen unsichtbaren Qualitätsunterschiede buchstäblich nicht zu vergleichen sind, ihren Preis haben?“[74] „Wie kann sich etwas dem Vergleich entziehen und trotzdem eine Position auf der Preisskala einnehmen?“[75] Und wie kann ein allfälliges Missverhältnis zwischen Leistung und Gegenleistung in diesen Märkten ermittelt werden?

Beim Markt von singulären Gütern handelt es sich um einen Qualitätswettbewerb, in welchem die Qualität gegenüber der Quantität Vorrang hat. Zugleich lässt sich das Kriterium für ein *„gutes“* Produkt nicht verallgemeinern. Auf dem Markt für Qualitätsweine etwa bestimmen sich die Preise, wie Karpik aufzählt, durch Expertenwissen (Weinführern, Zeitschriften etc.) und der diversen Einschätzungen von Produzenten und Produzentinnen sowie Kunden und Kundinnen (kollektive Selbsteinschätzung). Verallgemeinernd gesagt, handelt es sich um einen Markt, bei dem unterschiedliche Instanzen bei der Preisbestimmung mitwirken.

IV. Exkurs: Art. 21 OR

Was ein allfälliges Missverhältnis zwischen Leistung und Gegenleistung und die „ausbeuterischen“ Vertragskonstellationen anbelangt, äussert sich im Schweizer Obligationenrecht unter der Überschrift „Übervorteilung“ allen voran Art. 21 OR. Dieser Übervorteilungstatbestand widmet sich jenen Verträgen, in welchen ein Missverhältnis zwischen Leistung und Gegenleistung vorliegt, das durch die Ausbeutung eines Schwächezustands zustande gekommen ist. Im Zusammenhang mit den hier umschriebenen Herausforderungen der personalisieren Preise, der Ausnutzung von Rationalitätsdefiziten und dem Austausch singulärer Leistungen ist deshalb eine vorgängige Auseinandersetzung mit Art. 21 OR angezeigt.

Nach der hier vertretenen Ansicht sind der formale Charakter in den Tatbestandsvoraussetzungen von Art. 21 OR und die allgemeine Konzeption der Rechtssubjekte nicht mehr geeignet, um diesen drei Herausforderungen effektiv zu begegnen. Dies soll der kurze rechtsdogmatische Exkurs auf Art. 21 OR verdeutlichen. Nach der herkömmlichen Interpretation und Rechtsprechung von Art. 21 OR werden sowohl das Missverhältnis zwischen Leistung und Gegenleistung als auch die Beurteilung von Rationalitätsdefiziten nach *objektiven Massstabskriterien* bewertet. Im Anschluss an diese kurze dogmatische Darstellung soll exemplarisch aufgezeigt werden, was unter den aktuellen gesellschaftlichen und informationstechnologischen Gegebenheiten die Personalisierung leisten kann. Auf dem Weg dahin erweisen sich dabei Gauchs Ausführung als richtungsweisend.

[73] *Karpik*, S. 20.

[74] *Karpik*, S. 248.

[75] *Karpik*, S. 261.

1. Hintergrund

Mit der Revision des Obligationenrechts im Jahr 1911 wurde der Übervorteilungstatbestand ins Obligationenrecht als Art. 21 aufgenommen. Er ist angelehnt an die deutsche Wucherbestimmung in BGB § 138 Abs. 2. Davor war es den Kantonen überlassen, Bestimmungen über Wucher zu normieren, allerdings nur im Rahmen des Strafrechts.[76] Als nunmehr privatrechtliche Sozialkorrektur weist Art. 21 OR auf einen doppelten Mangel des formalen Privatrechts hin, den er gemäss seinem Schutzzweck heilen will: Der doppelte Mangel besteht dabei aus einem Inhalts- und einem Willensfehler bzw. aus einer objektiven und einer subjektiven Tatbestandsvoraussetzung.[77] Der hermaphroditische Charakter von Art. 21 OR zeigt sich sodann in den Voraussetzungen, die kumulativ erfüllt sein müssen, damit eine Übervorteilung vorliegt:

1. *Art. 21 Abs. 1 OR, 1. Teilsatz:* Die erste Voraussetzung ist, dass die vertraglich vereinbarte Leistung und Gegenleistung in *einem offenbaren Missverhältnis* stehen müssen.
2. *Art. 21 Abs. 1 OR, 2. Teilsatz:* Die benachteiligte Partei muss sich zweitens beim Vertragsschluss in einem *Zustand der Schwäche* befunden haben.
3. *Art. 21 Abs. 1 OR, 2. Teilsatz:* Dieser Zustand wird drittens von der anderen Partei *ausgebeutet.*[78]

Sind alle drei Voraussetzungen erfüllt, ergibt sich als Rechtsfolge die einseitige Unverbindlichkeit des Vertrags. Das heisst, dass der Übervorteilte innerhalb eines Jahres ab Vertragsschluss denselben für ungültig erklären kann (3. Teilsatz).[79]

2. Zu den Voraussetzungen

Das offenbare Missverhältnis: Ob ein Missverhältnis zwischen Leistung und Gegenleistung besteht, beurteilt sich gemäss bundesgerichtlicher Rechtsprechung und herrschender Lehre nach dem objektiven Wert der Leistung zum Zeitpunkt des Vertragsschlusses.[80] Als objektiver Wert gilt bei Sachleistungen der Marktpreis und bei Dienstleistungen das übliche Entgelt.[81] Bei Leistungen, wo keine objektive Wertbestimmung möglich ist, so etwa im Kunsthandel, ist die Lehre bezüglich der

---

[76] *Gauch*, Übervorteilung, S. 91 f.

[77] *Huguenin/Meise*, BSK, Art. 21 OR N 1.

[78] *Huguenin/Meise*, BSK, Art. 21 OR N 1.

[79] Art. 21 Abs. 2 OR; *Gauch*, Übervorteilung, S. 99; *Huguenin/Meise*, BSK, Art. 21 OR N 2.

[80] BGE 123 III 292 E. 6a; *Kramer*, BK, Art. 21 OR N 20; *Huguenin*, N 456 statt vieler; ab wann es um ein deutliches Missverhältnis handelt, bleibt jedoch unbestimmt. Den doppelten Kaufpreis eines Restaurants hält das Bundesgericht z. B. als unangemessen. Auch ein Honorar über Fr. 100.–/Stunde für einen betriebswirtschaftlichen Berater hielt das Bundesgericht als offensichtlich weit überzogen (BGE 92 II 168 E. 3).

[81] *Huguenin/Meise*, BSK, Art. 21 OR N 6; *Kramer*, BK, Art. 21 OR N 21 f.

Anwendung von Art. 21 OR unterschiedlicher Meinung. Kramer etwa meint, dass in solchen Fällen Art. 21 OR gar nicht anwendbar sei: „Bei Leistungen, bei denen eine objektive Wertbestimmung schlechterdings unmöglich ist, wie vor allem beim Verkauf weltberühmter Gemälde – etwa bei mit viel Publicity verbundener Versteigerung eines van Gogh zu astronomischen Preisen –, scheidet eine Anfechtung des Vertrags gemäss Art. 21 von vorneherein aus.“[82] Wie weiter unten noch erörtert wird, vertritt Gauch eine andere Meinung zur Anwendbarkeit von Art. 21 OR in Fällen ohne objektive Wertbestimmung.

Rationalitätsdefizite bzw. Schwächelage: Art. 21 OR setzt zudem voraus, dass die eine Partei aufgrund eines Schwächezustands zum Abschluss eines Vertrags veranlasst wurde, dessen Leistungen in einem offenbaren Missverhältnis stehen.[83] Die benachteiligte Partei muss sich also in einer subjektiven Ausnahmesituation befinden. Gemäss Gesetzestext liegt eine Ausnahmesituation in den Fällen der Notlage, der Unerfahrenheit und des Leichtsinns einer Partei vor.[84] Dabei handelt es sich nach der herrschenden Lehre jedoch nicht um eine abschliessende Aufzählung.[85]

Eine Notlage im Sinn von Art. 21 OR liegt auch dann vor, wenn sich eine Partei in einer Zwangslage oder in starker Bedrängnis befindet, wobei sich die Bedrängnis nicht zwingend aus der wirtschaftlichen Situation ergeben muss. Die Bedrängnis kann vielmehr auch persönlicher, familiärer, politischer oder anderer rechtserheblicher Natur sein.[86] Gemein ist den verschiedenen Schwächezuständen, dass sie die Entscheidungsfreiheit beeinträchtigen.[87] Ist die Entscheidungsfreiheit beeinträchtigt, so ist der Vertrag mit einem Willensmangel behaftet.[88]

Diesen Willensmangel versucht Art. 21 OR zu korrigieren, indem er – sofern die anderen Voraussetzungen erfüllt sind – einen solchen mangelhaften Vertrag einseitig, d.h. für jene Partei, die in ihrer Entscheidungsfreiheit beeinträchtigt wurde, für unverbindlich erklärt.[89] Entscheidend ist dabei, dass die in der Notlage befindliche Partei einen für sie ungünstigen Vertrag eingegangen ist, weil die aus der Notlage drohenden Nachteile sonst gravierender wären.[90] Für die Abwägung zwischen den Nachteilen, welche durch die Notlage drohen, und das Abschliessen eines ungünstigen Vertrags, der diese Nachteile abwenden soll, kann zwar auf die sub-

[82] *Kramer*, BK, Art. 21 OR N. 24; der gleichen Meinung ist auch *Bucher*, S. 235 f.

[83] *Gauch*, Übervorteilung, S. 96.

[84] *Huguenin*, N 457 f.

[85] *Huguenin/Meise*, BSK, Art. 21 OR N 10; *Kramer*, BK, Art. 21 OR N 35; *Gauch*, Übervorteilung, S. 97; für weitere Schwächezustände siehe auch BGE 61 II 31, E.2.

[86] BGE 61 II 31 E.2b, BGE 84 II 107 E. 2; *Kramer*, BK, Art. 21 OR N 36 zu Art. 21 OR; *Huguenin/Meise*, BSK, Art. 21 OR N 1; *Gauch*, Übervorteilung, S. 96.

[87] *Huguenin/Meise*, BSK, Art. 21 OR N 11.

[88] Vgl. BGE 84 II 107 E.4.

[89] *Huguenin/Meise*, BSK, Art. 21 OR N 15.

[90] *Huguenin*, N 459.

jektive Wahrnehmung abgestellt werden,[91] jedoch nur, so die bundesgerichtliche Praxis, sofern die Abwägung objektiv vertretbar ist.[92]

3. Gauch als Wegbereiter für die Personalisierung?

Sowohl was das Missverhältnis zwischen Leistung und Gegenleistung als auch die Schwächelage angeht, soll hier auf die Nischenmeinung von Gauch hingewiesen werden, die als Wegbereiter für die Personalisierung von Art. 21 OR angesehen werden kann. Dies kann aus zwei Gründen behauptet werden: Zum einen ist für Gauch der Übervorteilungsartikel nicht ausschliesslich auf Leistungen mit einem objektiven Marktpreis oder auf Leistungen mit klaren Kriterien zur Bestimmung desselben beschränkt. Seine Anwendung gilt Gauch zufolge stattdessen gerade auch für jene Fälle, in welchen der Richter in Ermangelung eines Marktpreises und klarer Preiskriterien auf unpräzise Kriterien zurückgreifen muss.[93] Zum anderen widerspricht er auch hinsichtlich der Schwächelage der herrschenden Lehre, wonach die Notlage auch objektiv vertretbar sein muss. Für ihn genügt schon die subjektive Vorstellung einer Notlage, die schliesslich ausgebeutet wird.[94]

Die Lehrmeinung Gauchs ist deshalb interessant, weil, wie bereits mehrfach erwähnt, sowohl die Produktpreise als auch die Rationalitätsdefizite nicht mehr auf objektive Bewertungskriterien zurückgreifen, sondern stattdessen auf individuellen Parametern beruhen. Zu diesen technologisch motivierten Personalisierungstrends bewirken auch die für die Spätmoderne charakteristischen Singularisierungsentwicklungen eine Modifikation des Verhältnisses von Preis und Gegenleistung. Will man nun mit Gauch auch in Fällen, in welchen der Wert der Leistungen nicht objektiv bestimmt werden kann (weil es entweder keinen Marktpreis dafür gibt oder die Heranziehung des Preises „für eine vergleichbare Leistung“[95] nicht möglich ist) den Übervorteilungstatbestand trotzdem anwenden, so stehen die Privatrechtsordnung und nicht zuletzt der Richter und die Richterin, in dessen bzw. deren Ermessen die Entscheidung liegt (prüfen, ob ein Missverhältnis besteht) vor dem Problem, dass es an objektive Kriterien für die Bewertung dieses Verhältnisses mangelt.[96] Es lassen sich deshalb folgende Forderungen an das Recht stellen:

---

[91] *Huguenin*, N 459.

[92] So das BGer in 4 A_21/2009 E. 3.3; siehe auch BGE 123 II 292 E.5.

[93] *Gauch*, Übervorteilung, S. 95 und Fn. 47.

[94] *Gauch*, Fussballclub, S. 62 f.; für Gauch genügt u. U. auch bereits eine imaginäre Beurteilung der Notlage, siehe *Huguenin*, N 459.

[95] *Huguenin/Meise*, BSK, Art. 21 OR N 6.

[96] Auch der Verweis auf Art. 13 PüG ist nicht hilfreich. In Frage käme Abs. 1 lit. e) „besondere Marktverhältnisse“. Diese Bestimmung sagt aber noch nichts über die inhaltliche Bewertung dieser „besonderen Martkverhältnissen“ aus.

a) In Bezug auf personalisierte Preise

Das Recht muss der ökonomisch motivierten Personalisierung idealerweise mit einer eigenen Form der Personalisierung begegnen, und zwar, wie hier vorgeschlagen, mithilfe von Inkompatibilitätsnormen. Das Rechtssystem soll in diesem Sinne an der digitalen Preisberechnung partizipieren. Nur so ist es in der Lage, seine Schutzfunktion zu erfüllen. Das Recht muss befähigt werden, die Kriterien der Preispersonalisierung zu prüfen und zu bewerten, um Kaufverträge zu verhindern, die aufgrund dieser Mechanismen ein Missverhältnis zwischen Leistung und Gegenleistung erzeugen. Wie bereits oben ausgeführt, ist die Preispersonalisierung eng mit der Ausnutzung von Rationalitätsdefiziten bei den Konsumenten und Konsumentinnen verbunden, weshalb die normative Ordnung in Bezug auf die Herausforderungen summarisch antworten muss.

b) In Bezug auf Rationalitätsdefizite

Die neue Rechtstechnik sollte die Analyseverfahren von *big data analytics* integrieren, um fundierte Kriterien zur Identifikation von Rationalitätsdefiziten zu entwickeln.[97] Die Personalisierung des Rechts muss sich auf die gleichen Daten abstützen, die auch für das *adverse targeting* verwendet werden. Die unterschiedlichen Datenspuren müssen sodann durch algorithmische Verfahren miteinander verknüpft werden, so dass sie für die Definition einer *Ad-hoc*-Inkompatibilitätsnorm verwendet werden können.[98] Das Recht muss also die „ausbeuterischen" Merkmale *instantan* (oder eventuell sogar im Voraus) auf sein digitales Rechtssubjekt, den *homo singularis*, anwenden, um die Gefahr der Ausnutzung von Rationalitätsdefiziten zu unterbinden.

c) In Bezug auf singuläre Produkte

In einem Markt mit singulären Gütern und Dienstleistungen, die nicht mehr mit objektiven Marktkriterien bewertet werden, verschieben sich das Verständnis und die Kriterien eines allfälligen Missverhältnisses zwischen Leistung und Gegenleistung. Marktkriterien wie Quantität oder Qualität und übliche Marktmechanismen wie Gleichgewichtspreis, Tauschgewinn oder Markteffizienz verlieren in einer Ökonomie des Besonderen ihre Gültigkeit. Die Vorstellung eines allfälligen Missverhältnisses zwischen Leistungen und Gegenleistungen muss deshalb aufgrund des Aufkommens eines Marktes mit singulären Produkten, in welchem Valorisierungsprozesse keiner marktüblichen Logik mehr folgen, neu verhandelt werden.

Die Einzigartigkeit solcher Produkte macht es schwierig, traditionelle Modelle der Preisbildung anzuwenden. Nach der hier vertretenen Ansicht ist es deshalb

---

[97] *Schäfers*, S. 61.

[98] Vgl. auch *Hacker*, Ambivalence, S. 95 ff.

notwendig, neue theoretische Ansätze zu entwickeln, welche die Komplexität und Vielfalt des heutigen Marktes besser abbilden können. Ein solcher Ansatz müsste das Preis-Leistungs-Prinzip nicht gänzlich aufgeben. Es müsste aber für die Beurteilung des Preis-Leistungs-Verhältnisses über die einfachen Angebot-Nachfrage-Prinzipien und Qualitäts- und Quantitätsfragen hinaus weitere Beurteilungsinstanzen berücksichtigen, die in einer Ökonomie des Besonderen mitspielen. Die Einschätzungen der unterschiedlichen Instanzen müssten bei der Beurteilung eines allfälligen Missverhältnisses berücksichtigt und rechtsrelevant bewertet werden. Entspricht z. B. ein vorgegebener Preis keiner der Ergebnisse der Bewertungsinstanzen, müsste auch hier in Form einer Inkompatibilitätsnorm die nachteilige Kaufoption unterbunden werden. Auch was den Handel mit singulären Produkten anbelangt, muss das Recht daher in den diversen Valorisierungstechniken einer Ökonomie des Besonderen teilhaben.

Dies gilt allerdings nur, sofern die Vorgabe in Art. 21 OR, wonach die objektiven und subjektiven Tatbestandsvoraussetzungen kumulativ geprüft werden müssen, auch im personalisierten Recht beibehalten wird. Das Missverhältnis zwischen Leistung und Gegenleistung in einer Ökonomie des Besonderen allein würde an sich noch kein rechtliches Problem darstellen, sondern erst in Verbindung mit allfälligen Ausnutzungen von Rationalitätsdefiziten. Für die abschliessende theoretische Auseinandersetzung mit personalisierten Inkompatibilitätsnormen soll hier deshalb der Fokus auf Letzteres gelegt werden.

D. Rationalitäten des neuen Rechtstypus

Ausgangspunkt dieses vierten Teils ist der Fall von ruinösen Familienbürgschaften. Teubner deutet diesen Fall als Ausdruck von Konflikten zwischen unterschiedlichen Handlungslogiken zweier Sozialsysteme, dem Wirtschaftssystem mit dem Ziel der Maximierung des Profits zum einen und der Familie und der damit verbundenen solidarischen Verpflichtung zum anderen.[99] Die in diesem Zusammenhang vorgeschlagenen Inkompatibilitätsnormen, die zur Bewältigung solcher Systemkollisionen beitragen können, werden für die Entwicklung des personalisierten Rechts nutzbar gemacht. Wie jedoch deutlich wurde, liegt der Schutzzweck hinter den hier vorgeschlagenen *personalisierten Inkompatibilitätsnormen* anderswo. Vor dem Hintergrund der Herausforderungen in der Spätmoderne geht es insbesondere hinsichtlich der Ausbeutung von Rationalitätsdefiziten nicht um ein Spannungsfeld zwischen zwei sozialen Funktionssystemen, sondern um das Spannungsfeld zwischen sozialen Systemen zum einen, wobei hier das Wirtschaftssystem im Vordergrund steht, und dem psychischen System zum andern, womit die Individuen gemeint sind.

---

[99] *Teubner*, Ein Fall von struktureller Korruption?, S. 396.

Damit ändert sich allerdings die Funktion des Rechts sowohl in seiner rechtsinternen Ausrichtung als auch in Bezug auf seinen gesellschaftlichen Beitrag. Aber was ändert sich genau? Wie lässt sich die systemische Funktion der vorgeschlagenen personalisierten Inkompatibilitätsnormen erfassen? Diese Fragen werden nachstehend dahingehend behandelt, als das personalisierte Recht, konkret die personalisierten Inkompatibilitätsnormen, den idealtypischen Modellen des formalen und materialen Rechts gegenübergestellt wird. Dabei wird die Behauptung vertreten, dass die Funktion des personalisierten Rechts nicht mehr in der Gewährleistung von Autonomiespielräumen im Hinblick auf eine ausdifferenzierte Gesellschaft (formales Recht) besteht, und auch nicht als Instrument einer Sozialpolitik dient (materiales Recht). Die Aufgabe des personalisierten Rechtstypus in Form von personalisierten Inkompatibilitätsnormen besteht vielmehr darin, die Stabilisierung singulärer Phänomene in der Spätmoderne sicherzustellen, an denen sich vermehrt unterschiedliche Sozialsysteme orientieren und mit denen der neue, individuelle Freiheitsgedanke verbunden ist. Aber zuerst noch einen Schritt zurück.

I. Zu den Grundwidersprüchen des Privatrechts

Die Auseinandersetzung mit dem personalisierten Recht wurde zu Beginn vor dem Hintergrund des Antagonismus zwischen *allgemein* und *konkret* behandelt. Diese gegensätzlichen Begriffe nehmen je nach Perspektive auch andere Formen an, wie *generell-abstrakt/individuell-konkret* (in Zusammenhang mit Normen), *gleich-allgemein-normal/eigentümlich-besonders-singulär* (im sozialen Kontext) oder *Gleichbehandlung/Personalisierung* (in beiden Kontexten). In Privatrechtstheorien wird traditionellerweise mit den Begriffen *formal* und *material* hantiert, die auch in vorliegenden Ausführungen hie und da verwendet wurden. Unter dem Aspekt der weltanschaulichen-politischen Grundhaltung meint dabei *formal* prinzipiell eine liberale und *material* eine soziale Haltung.[100]

Diese Entgegenstellung scheint, so zumindest für Auer, Ausdruck eines unüberwindbaren (materiellen) Grundwiderspruchs im Kontext des Privatrechts zu sein, bei welchem es um die grundlegende Spannung zwischen Individualismus und Kollektivismus geht.[101] Dabei stehen die Attribute *formal* und *liberal* für die Idee des Individualismus, hingegen *material* und *sozial* für einen Kollektivismus. Normbestimmungen im privatrechtlichen Kontext können jeweils einer dieser beiden Kategorien zugeteilt werden. Normen, die z.B. der ersten Wortgruppe angehören, betonen die Autonomie der Individuen. Es handelt sich bei diesen um Bestimmungen, welche die Vertragsfreiheit hervorheben, und zwar sowohl hinsichtlich der Vertragsform als auch des Vertragsinhalts. Normen der zweiten Wortgruppe dagegen bezwecken den gesetzlichen Ausgleich von Imparitäten zwischen

[100] *Canaris*, S. 290 ff.

[101] *Auer*, Antinomien des Privatrechtsdenkens, S. 10, 26 ff., 41 f.

den Vertragsparteien, weshalb es letztlich um die Herstellung der Vertragsgerechtigkeit geht.

Spätestens mit dem Aufkommen eines personalisierten Rechts wird die Differenzierung zwischen diesen beiden idealtypischen Kategorien aufgebrochen; es tut sich eine dritte Rubrik auf, besser gesagt, eine Mischform dieser beiden Kategorien. Was seine Form anbelangt, so ist das personalisierte Recht, weil es sich von der für das moderne Recht charakteristischen formal-abstrakten Struktur abwendet, zunächst zum materialen Recht zu zählen. Weil aber die Materialisierung im personalisierten Recht *keine* kollektivistischen Ziele verfolgt, sondern ganz im Gegenteil das Neue am personalisierten Recht ist, dass es sich ausschliesslich am *Individuum* ausrichtet, handelt es sich um eine Materialisierung als Folge einer ausgeprägten Individuum-Orientierung bzw. Singularisierung.

Auch vor dem Hintergrund des „Widerspruchs" zwischen *Rechtssicherheit* und *Einzelfallgerechtigkeit* (sog. „formeller Grundwiderspruch des Privatrechts"), lässt sich das personalisierte Recht nicht einfach so in bestehende rechtstheoretische Kategorien einordnen. Dies zeigt sich z.B. in der Gegenüberstellung von *Regeln* und *Prinzipien* und der damit verbundenen Differenzierung zwischen der formalen und materialen Realisierbarkeit. Eine hohe *formale* Realisierbarkeit bedeutet etwa, dass Rechtsnormen einfacher, sicherer, genauer und deshalb eindeutiger auf den konkreten Fall anwendbar sind. Diese Normen werden von Auer *Regeln* genannt. Eine hohe *materiale* Realisierbarkeit bedeutet hingegen, dass die Anwendbarkeit auf den konkreten Fall schwer, unsicher, ungenau und deshalb nicht eindeutig erfolgt. Das sind die sogenannten rechtlichen *Prinzipien.*[102] Der Richter hat bei Bestimmungen mit einer hohen *materialen* Realisierbarkeit einen grösseren Ermessensspielraum als bei jenen mit einer hohen *formalen* Realisierbarkeit,

Aus dieser Unterscheidung folgert Auer, dass Regeln, die für eine hohe formale Realisierbarkeit (weil sie eindeutige, konkrete Bestimmungen sind) stehen, dem grundsätzlichen Ziel der Rechtssicherheit dienen.[103] Ein Beispiel einer solchen Regel ist etwa die Altersgrenze für die Geschäftsfähigkeit. Im Umkehrschluss ist der Nachteil einer jeder (die Rechtssicherheit gewährleistenden) Rechtsregel „die *systematische Verfehlung* des Zwecks der Vorschrift infolge der Unmöglichkeit, diesen anders als nur annäherungsweise zu umschreiben".[104] In Bezug auf die Gerechtigkeitsidee des Rechts könnte man deshalb auch sagen, dass Regeln grundsätzlich der Gerechtigkeit *ohne* Ansehung der Person dienen.[105]

Das Gegenteil gilt für die sog. Prinzipien, worunter Auer vor allem die Generalklauseln meint. Prinzipien, die sich, wie gesagt, durch eine hohe *materielle* Realisierbarkeit (weil Generalklauseln nicht im Vorhinein eindeutig sind) aus-

[102] *Auer*, Antinomien des Privatrechtsdenkens, S. 47 ff.

[103] *Auer*, Antinomien des Privatrechtsdenkens, S. 51 f.

[104] *Auer*, Antinomien des Privatrechtsdenkens, S. 52.

[105] Grundlegend zur Gerechtigkeit ohne Ansehung der Person, siehe *Aristoteles*, S. 154 ff.

zeichnen, dienen hingegen der Einzelfallgerechtigkeit.[106] Als Beispiele für Prinzipien können etwa der Grundsatz von Treu und Glauben oder die Sittenwidrigkeit genannt werden. Zu den Nachteilen von Prinzipien werden die damit verbundene Rechtsunsicherheit und die Gefahr von einzelfallbezogener Willkür des Richters gezählt.[107]

Daraus folgt, dass sich das personalisierte Recht in Bezug auf den Grundwiderspruch zwischen Einzelfallgerechtigkeit und Rechtssicherheit nicht in die bestehende Dichotomie einfügen lässt. Zu den zentralen Versprechen des personalisierten Rechts gehört gerade, dass der neue Rechtstypus in beide Richtungen arbeitet und deshalb auch diesen Widerspruch auflöst.[108] Zum einen gehört die Einzelfallgerechtigkeit aufgrund der strukturellen Orientierung an Individualitäten und Konkretheiten zum Primärziel des personalisierten Rechts. Zum anderen löst es das Problem der Rechtsunsicherheit dahingehend auf, dass es mit einem Zeit- und Wissensvorsprung normiert.[109] Denn das Problem mit der Rechts-(un-)sicherheit besteht eigentlich in einer zeitlichen Divergenz zwischen Prinzipien (Generalklauseln) und deren konkreter Anwendung. Die Personalisierung im Recht, die unter den gegebenen informationstechnologischen Voraussetzungen ad-hoc (und evtl. sogar antizipatorisch) operiert, hebt das Zeit- bzw. Wissensproblem auf. Mit personalisierten Bestimmungen fallen Prinzip und dessen konkrete Anwendung auf den Einzelfall und die Einzelperson ineinander.[110]

---

[106] *Auer*, Antinomien des Privatrechtsdenkens, S. 54 ff.

[107] Zum Ganzen siehe *Auer*, Antinomien des Privatrechtsdenkens, S. 57 ff.; vgl. auch *Kaplow*, S. 589 f.: Die Kriterien, ob eine Regel oder ein Prinzip (Generalklausel) zu bevorzugen ist, sind: die Komplexität und die Erkenntnis (d. h. die Entscheidung, ob etwas ex post [Prinzip] oder ex ante [Regel] erkannt werden soll). So kann die Bevorzugung eines Prinzips aus Komplexitätsgründen und aus Erkenntnisgründen herrühren. Die Bevorzugung eines komplizierten Prinzips vor einer einfachen Regel könnte jedoch auch nur aus Komplexitätsgründen (und nicht aus Erkenntnisgründen) erfolgt sein: in diesem Fall wäre statt eines komplizierten Prinzips (und statt einer einfachen Regel) eine komplizierte Regel wünschenswerter, weil es auch die Erkennbarkeit ex ante berücksichtigt (im Gegensatz zu einem komplizierten Prinzip). Umgekehrt könnte ein kompliziertes Prinzip einer komplizierten Regel vorgezogen worden sein. Nämlich dann, wenn es nicht auf die Komplexität ankommt, sondern nur auf die Erkenntnis ex post. Aber in diesem Fall wäre ein einfaches Prinzip (statt eines komplizieren Prinzips oder komplizierten Regel) vorzuziehen. Kaplow will damit sagen, dass das Kriterium für die Entscheidung für oder gegen eine Regel oder ein Prinzip entscheidend ist für die Frage, was für das Gesetz wünschenswert ist.

[108] Vgl. *Casey/Niblett*, Framework, S. 339 f., 344 ff.

[109] Betr. Zeit- und Wissensindex siehe *Günther*, S. 52.

[110] Der Dualismus ist keine Wesenheit einer jeder Rechtsordnung, wie Engisch mit Verweis auf Weber sagt: „Der Dualismus besteht überall da nicht, wo die Rechtspflege ‚freie, von Fall zu Fall entscheidende ‚Verwaltung' ist." (*Engisch*, Die Idee, S. 179 mit Verweis auf Weber). In einer weiterführenden Auseinandersetzung könnte hierfür Günthers Zeit- und Wissensindex, unter welchem Begründungs- und Anwendungsdiskurs stehen, herangezogen werden, vgl. *Günther*, S. 52 ff.

Damit wird nicht nur der Nachteil des Prinzips, sondern auch der anhaftende Nachteil einer jeden Regel, nämlich „die *systematische Verfehlung* des Zwecks der Vorschrift infolge der Unmöglichkeit, diesen anders als nur annäherungsweise zu umschreiben“,[111] korrigiert. Allgemeine dispositive Bestimmungen und allgemeines zwingendes Recht werden vielmehr durch Normen ersetzt, die im Hinblick auf den anzuwendenden Fall und insbesondere auf das betreffende Individuum, richtiger: auf sein digital konstruiertes Pendant, den *homo singularis*, *ad-hoc* bzw. *ex-ante* entworfen werden. Was das personalisierte Recht in seiner Verfassung also im Grundsatz leisten kann, ist, die Gefahren der Verfehlung des Norm- bzw. Gesetzeszwecks zu minimieren und gleichzeitig die richterliche Willkür zu bannen. Damit verspricht der neue Rechtstyp Einzelfallgerechtigkeit und Rechtssicherheit zugleich.

Im personalisierten Recht zeigt sich somit die Mangelhaftigkeit der altbekannten Kategorien, weshalb es einer neuen rechtstheoretischen Einordnung bedarf. Dabei lässt sich u. a. feststellen, dass aus dem Blickwinkel einer evolutorischen Rechtstheorie[112] die gegensätzlich anmutenden Begriffe, Wortgruppen und Haltungen keine zwingenden Widersprüche mehr darstellen. Man kann sie vielmehr als unterschiedliche Bezugspunkte innerhalb der Rechtsfortbildung lesen. Der hier unternommene Versuch soll deshalb in einer ersten rechtstheoretischen Reflexion über das personalisierte Recht diese Entgegenstellungen in eine Entwicklungsbeschreibung über die verschiedenen Rechtstypen hinweg einordnen, wobei der Fokus hier (im Hinblick darauf, was die personalisierten Inkompatibilitätsnormen mit dem Umgang von Rationalitätsdefiziten leisten können) auf den Entwicklungsstadien des (materialen) Vertragsrechts liegt.

II. Rechtstypen

Für diese Einordnung wird eine rechtstheoretische Untersuchung von Teubner herangezogen. In dieser analysiert er die Entwicklung des Rechts und differenziert dabei zwischen *formalem*, *materialem* und *reflexivem Recht*, wobei Letzteres als jüngste Entwicklungsstufe des Rechts betrachtet wird. Nach der hier vertretenen Ansicht sprechen überzeugende Argumente dafür, das *personalisierte Recht* anstelle des *reflexiven Rechts* als neuesten Rechtstyp anzusehen. Die drei Rechtstypen (formal, material und personalisiert) unterscheiden sich dabei auf der Ebene von drei Rationalitätsdimensionen, die Teubner in seinem Text verwendet und die auf Habermas zurückgehen. Es geht um die Differenzierungen in Bezug auf die interne Rationalität, Normrationalität und Systemrationalität.[113] Die interne Rationalität bezieht sich auf die Kohärenz und Konsistenz innerhalb des Rechtssystems selbst.

---

[111] *Auer*, Antinomien des Privatrechtsdenkens, S. 52.

[112] *Amstutz/Abegg/Karavas*, S. 55.

[113] *Teubner*, Reflexives Recht, S. 23 ff. mit Verweis auf *Habermas*.

Es geht um die „Begriffsstrukturen des Rechts“.[114] Die normative Rationalität betrachtet die Übereinstimmung der Rechtsnormen mit den normativen Prinzipien und Werten der Gesellschaft. Sie „bezieht sich auf die grundlegenden Prinzipien, welche die Art und Weise rechtfertigen, in der Rechtsnormen menschliches Handeln ordnen sollen“.[115] Die Systemrationalität konzentriert sich auf die Wirksamkeit und Funktionalität des Rechtssystems im gesellschaftlichen Kontext. Sie „bezieht sich auf die Kapazität der Rechtsordnung, auf Kontrollprobleme der Gesellschaft zu antworten“.[116]

1. Formales Recht

a) Interne Rationalität

Über das moderne Formalrecht ist bereits oben einiges gesagt worden. Es handelt sich um einen Rechtstyp, der sich durch die Abstraktion von spezifischen Inhalten auszeichnet. In seiner internen Rationalität ist das formale Recht regel-orientiert, d.h., es folgt einer „deduktiven Strenge“[117]. Es arbeitet mit möglichst präzisen Definitionen und Normbestimmungen, die durch syllogistische Herleitungen auf den Fall angewendet werden.[118] Weil das formale Recht mit Regeln statt Prinzipien[119] operiert, dient es, wie oben mit Auer festgestellt, vor allem der Rechtssicherheit.

b) Normrationalität

Die Normrationalität des formalen Rechts bezieht sich auf die Ausgrenzung von Autonomieräumen für Private. Dies bedeutet, dass das Recht „nur eine ‚formale‘ Rahmenordnung [garantiert], während die ‚materialen‘ Entscheidungen von privaten Akuteren gefällt werden“.[120] Denn dem Formalrecht liegt das Prinzip der Gleichgültigkeit des Gesetzgebers gegenüber der privaten Gestaltung der Rechtsverhältnisse zugrunde.[121] Zur Gewährleistung der Privatautonomie hat der Gesetzgeber z.B. gegen Ende des 19. Jahrhunderts (nicht zuletzt auch zwecks Erhaltung der freien Marktwirtschaft) das Konzept der Vertragsfreiheit in Art. 19 Abs. 1 OR aufgenommen. Die explizite Aufnahme der Vertragsfreiheit ins Gesetz diente als Abwehr des wachsenden politischen Einflusses auf die private Marktwirtschaft und

---

[114] *Teubner*, Reflexives Recht, S. 24.

[115] *Teubner*, Reflexives Recht, S. 24.

[116] *Teubner*, Reflexives Recht, S. 24.

[117] *Teubner*, Reflexives Recht, S. 24.

[118] Siehe oben 1. Teil, D., vgl. auch *Teubner*, Reflexives Recht, S. 24, 28.

[119] Siehe *Auer* oben.

[120] *Teubner*, Reflexives Recht, S. 24.

[121] *Teubner*, Reflexives Recht, S. 24, 28.

zur Gewährleistung der Neutralität.[122] Die Vertragsfreiheit ist dahingehend neutral, als dass sie sich auf die „rein ‚rechtliche' Gewährleistung vertraglicher Handlungsfreiheit ohne Ansehung der Person"[123] beschränkt.

c) Systemrationalität

Die Systemrationalität des Formalrechts besteht darin, dass es lediglich für die strukturellen Voraussetzungen, insbesondere für die Mobilisierung entwickelter Marktgesellschaften zuständig ist.[124] In diesem Sinne verfolgte etwa das Schweizer Obligationenrecht bei seiner Einführung im Jahr 1881 das Ziel, jene Freiheiten zu gewähren, die als unerlässliche Voraussetzungen für eine freie Marktwirtschaft galten. Es ging grundsätzlich um die „ökonomische Richtigkeitsgewähr durch freie Konkurrenz" und die „soziale Selbstbestimmung des Individuums".[125]

2. Materiales Recht

a) Interne Rationalität

Die interne Rationalität des materialen Rechts bezieht sich gerade nicht auf eine Regel-Orientierung des Rechts, sondern auf den Einzug von Zweckgedanken ins Recht. Dies hat nicht zuletzt auch mit dem Wachstum des Sozialstaats zu tun.[126] Generalklauseln (Prinzipien)[127] bieten sich besonders an, um soziale, ausgleichende oder kollektivistische Überlegungen in die normative Struktur einfliessen zu lassen.[128] Mit der Verwendung von Generalklauseln zieht das materiale Recht im Gegensatz zum formalen Recht die Einzelfallgerechtigkeit der Rechtssicherheit vor.

b) Normrationalität

Anders als im formalen Recht geht es im materialen Recht nicht mehr darum, private Autonomiesphären auszugrenzen. Das materiale Recht reguliert direkt und

---

[122] *Abegg*, S. 93 f.

[123] *Auer*, Antinomien des Privatrechtsdenkens, S. 24.

[124] *Teubner*, Reflexives Recht, S. 28.

[125] *Hart*, S. 71; diesen Zweck verfolgten allerdings zu Beginn des 19. Jahrhunderts auch die zwingenden Bestimmungen des aOR: Das Vertragsrecht als Ganzes arbeitete auf die Gewährung von Freiheiten hin, die als unerlässliche Voraussetzungen der Marktwirtschaft galten. Das aOR sollte demnach zuallererst den Wettbewerb im Binnenmarkt bewerkstelligen, vgl. dazu *Amstutz/Abegg/Karavas*, S. 22.

[126] *Teubner*, Reflexives Recht, S. 24 f.

[127] Zur Verwendung des Begriffs „Prinzipien" siehe weiter oben mit Verweis auf *Auer*.

[128] Anders *Auer*, Antinomien des Privatrechtsdenkens, S. 26 ff.: Generalklauseln werden als Ort, wo Kollektivismus und Individualismus bzw. Gerechtigkeits- und Freiheitsüberlegungen den gegenseitigen Kampf ausüben, verstanden.

ergebnisorientiert private und soziale Prozesse.[129] Das materiale Recht ist insofern auch eine Konkretisierung, weil es das Rechtssubjekt nicht mehr von allen sozialen Rollenzusammenhängen abstrahiert, sondern die Rechtsnormen *in Ansehung der Person* bestimmt werden.[130] In diesem Sinne werden im materialen Recht Ungleichheiten zwischen Vertragspartnern bzw. Vertragspartnerinnen durch zwingende Bestimmungen ausgeglichen, womit also der Schutz der schwächeren Partei zum Rechtsprogramm wird.[131] Zu den Zielen gehören nun – um es mit Wiethölter zu sagen – die „[...] positive (substantielle) statt negative (formale) Freiheit, Sicherheit für alle Klassen und Schichten des Volkes, Gleichheit der Chancen und der Teilhabe.“[132]

c) Systemrationalität

Das materiale Recht ist die Antwort auf Krisen aus sozialen und wirtschaftlichen Defiziten. Das formale Privatrechtsverständnis, welches das „Privatrecht als Raum der Freiheit zur selbstbestimmten Verfolgung privater Ziele“[133] versteht, wird durch zwingende Vertragsrechtsnormen dahingehend materialisiert, als dass es Imparitäten nicht unberücksichtigt lässt, sondern diese miteinbezieht und berichtigt. Die Korrektur erfolgt vorwiegend durch zwingende Schuldvertragsnormen, die den Vertragsinhalt gestalten bzw. bestimmen – auch gegen den Parteiwillen.[134] Es ist daher „instrumentalisierbar für die Zwecke des politischen Systems, das nun für gesellschaftliche Prozesse die Verantwortung übernimmt [...]“.[135]

Die Vertragsfreiheiten werden damit eingegrenzt. Das soziale und kollektivistische Gerechtigkeitsempfinden nimmt Einzug ins Vertragsrecht. Zu nennen sind zum einen die allgemeinen Schranken (Art. 19 Abs. 1 OR) wie der Verstoss gegen die öffentliche Ordnung, die guten Sitten oder der Persönlichkeitsschutz (Art. 19 Abs. 2 und Art. 20 Abs. 1 OR). Vor diesem zeitlichen und gesellschaftlichen Hintergrund wurde auf Veranlassung von Eugen Huber auch der privatrechtliche Wuchertatbestand (also die Übervorteilung im Sinne von Art. 21 OR) mit der Revision

---

[129] *Teubner*, Reflexives Recht, S. 25.

[130] Die Massenproduktion ab den 1950er-Jahren und die sozialdemokratischen Entwicklungen führen zudem dazu, dass das Privatrecht, was sowohl die Vertragsfreiheit als auch die Vertragsgerechtigkeit angeht, durch sozialpolitische Ziele materialisiert wird. Die Massenproduktion führt ferner dazu, dass Massenverträge abgeschlossen werden. Um die Komplexität der Vertragsabschlüsse zu reduzieren, werden sodann allgemeine Geschäftsbedingungen (AGB) entworfen. Diese lassen sich nicht mehr verhandeln. Der Konsument bzw. die Konsumentin kann nur noch auf den Vertrag gänzlich verzichten, vgl. hierfür *Abegg*, S. 104 f. mit Verweis auf *Wiethölter*, Materialization, S. 222; siehe auch *Belser*, S. 37 ff.

[131] *Abegg*, S. 100, 318 ff.

[132] *Wiethölter*, Rechtswissenschaft, S. 194.

[133] *Auer*, Antinomien des Privatrechtsdenkens, S. 25.

[134] *Abegg*, S. 100 f.; *Berger*, S. 363; vgl. hierzu etwa *Grünberger*, S. 31 ff.

[135] *Teubner*, Reflexives Recht, S. 25.

im Jahre 1911 ins Obligationenrecht aufgenommen.[136] Die Vertragsfreiheit wird zum anderen auch durch Rechtsfiguren wie Irrtum (Art. 23 i.V.m. Art. 24 OR), Täuschung (Art. 28 OR) oder Furchterregung (Art. 29 OR) eingeschränkt. Und zwar dadurch, dass Verträge, die mit einem dieser „Mängel" (siehe Marginalie im OR) behaftet sind, entweder widerrufen oder als unverbindlich erklärt werden können.

3. Personalisiertes Recht

Anders als die gängigen Meinungen zur Funktion des personalisierten Rechts liegt diese nach der hier vertretenen Ansicht nicht in einer Effizienzsteigerung (durch personalisierte Vertragsverhandlungen) in Zusammenhang mit ökonomischen Transaktionen.[137] Durch die Personalisierung (insbesondere von dispositiven Bestimmungen) kann zwar durchaus ein Effizienzgewinn erreicht werden.[138] Dabei handelt es sich allerdings eher um eine Nebenleistung als um die Hauptfunktion des personalisierten Rechts.

Rollt man den neuen Rechtstypus in Form von personalisierten Inkompatibilitätsnormen auf, besteht die grundlegende Funktion des personalisierten Rechts vielmehr darin, das Individuum vor übergriffigen Personalisierungs- und Singularisierungsentwicklungen, die von den sozialen Systemen ausgehen, zu schützen. Die Aufgabe des personalisierten Rechts besteht somit darin, die umfassenden Personalisierungs- und Singularisierungs*entwicklungen* in den sozialen Systemen mit den Personalisierungs- und Singularisierungs*erwartungen* der spätmodernen Subjekte auszugleichen. Wie bereits mehrfach mit Bezug auf Reckwitz konstatiert, liegen der Singularisierungsthese für die Spätmoderne sowohl ein sozialer Imperativ als auch eine intrinsische Motivation zugrunde. Mit ausartenden Personalisierungstechniken bringt diese Gesellschaftsform aber zugleich bestimmte Gefahren mit, wie das Beispiel der Ausnutzung von Rationalitätsdefiziten verdeutlicht.

In Form von personalisierten Inkompatibilitätsnormen nimmt das personalisierte Recht zwar zunächst den Charakter eines materialen Rechts an. Damit ist aber noch nichts Abschliessendes über die Funktion gesagt. Aus einer rechtshistorischen Perspektive verfolgte das materiale Recht im Laufe der Zeit nämlich unterschiedliche Zwecke. So verfolgte es etwa im 19. Jahrhundert nicht den Zweck einer „Sozialkorrektur". Die Funktion bestand nicht in einer Beschränkung der Privatautonomie zu Gunsten der Vertragsgerechtigkeit bzw. zum Schutz der schwächeren Partei. Das materiale Recht diente derweil vielmehr dazu, eine freie Marktwirtschaft zu konstituieren, und stand damit ganz im Zeichen von liberalen Überlegungen. Zwingende Bestimmungen sollten sicherstellen, dass der Markt frei von staatlicher

---

[136] *Berger*, S. 361 ff.; zur Entstehungsgeschichte von Art. 21 OR vgl. *Kramer*, BK, Art. 21 OR N 1.

[137] *Denozza/Maugeri*, S. 179 ff.

[138] Siehe 2. Teil, D.

und politischer Einflussnahme blieb und der Anschluss der Individuen am freien Markt gewährleistet ist.[139] In der darauffolgenden Jahrhundertwende änderte sich dann die Funktion des materialen Rechts zu dem, wofür es bekannt ist, sprich zu einem effektiven Instrument der „Sozialkorrektur“. Mit zwingenden Vertragsbestimmungen sollten nunmehr strukturelle Imparitäten korrigiert werden. Das gilt, in der Analyse Abeggs, auch heute noch so. So soll das materiale Recht mittels zwingender Vertragsrechtsnormen weiterhin Handlungsräume (neue Freiheiten) für die Gesellschaft offenhalten.[140] Solange die Freiheit und die Autonomie des Individuums verfassungsmässig schützenswerte und gesellschaftlich erstrebenswerte Kategorien sind, wird sich für Abegg auch „nach dem Wohlfahrtsstaat“[141] nichts an der Funktion des materialen Rechts ändern. Diese bestehe also weiterhin darin, Handlungsräume für die gesamte Gesellschaft durch Generalklauseln, und wo diese nicht greifen, durch konkrete Bestimmungen oder im Hinblick auf künftige Entwicklungen mit Rechtsfolgen „bis auf Widerruf“ offenzuhalten. Aufgrund von Privatisierungs-, Globalisierungs- und Technisierungstendenzen hat der politische Einfluss – und somit auch das durch die Politik gesteuerte zwingende Vertragsrecht – allerdings etwas abgenommen.[142]

Nach dem, was hier dargelegt wird, ist die Entwicklung *nach* dem Wohlfahrtsstaat, im Gegensatz zu Abeggs Annahme, gerade keine durch Globalisierung und Technisierung linear verlaufende, intensivierte Form des Wohlfahrtsstaates, sodass mit gleichen oder bewährten Mitteln in einem „stärkeren Mass“ darauf geantwortet werden könnte.[143] Folgt man Reckwitz' Gesellschaftsanalyse, schreibt die Spätmoderne eine disruptive[144] Geschichte: Die Digitalisierung, die veränderten ökonomischen Verhältnisse und die sozio-kulturelle Revolution ab den 1970er-Jahren stellen grundlegende Veränderungen der Gesellschaftslogik dar. Diese profunden sozialen Transformationen erfordern auch neue rechtliche Massnahmen. In diesem Sinne ist auch nicht davon auszugehen, dass das (materiale) Recht „die Konstituierung und Erhaltung der Eigenrationalität der jeweiligen sozialen Handlungsräume“,[145] wie am Beispiel der Familienbürgschaft gesehen, zur Aufgabe hat. Und selbst wenn, kann es diese Funktion in der Spätmoderne („nach dem Wohlfahrtsstaat“) nicht mehr mit Generalklauseln oder „Rechtsfolgen ‚bis auf Widerruf‘“ erfüllen. Angesichts der sozialen Personalisierungs- und Singularisierungsprozesse muss das Recht selbst einer Personalisierung unterzogen werden.

Personalisierte Preise und die Ausnutzung von Rationalitätsdefiziten, wie an den Beispielen von Facebook und MediaBrix gesehen, stellen das Recht vor neue Auf-

---

[139] *Abegg*, S. 53 ff.

[140] *Abegg*, S. 137 f.

[141] *Abegg*, S. 132.

[142] *Abegg*, S. 132.

[143] *Abegg*, S. 134 f.

[144] Siehe Einleitung.

[145] *Abegg*, S. 138.

gaben. Zudem fordert auch die Ökonomie von singulären Gütern und Dienstleistungen das Recht heraus. Unter diesen Voraussetzungen muss das spätmoderne Recht daher zwei zentrale Funktionen erfüllen: Erstens gilt es, den *negativen* Auswirkungen auf das Individuum, die psychischen Systeme, entgegenzuwirken, die durch eine soziale Umwelt bedingt werden, welche von einer Logik der Personalisierung geprägt ist. Zweitens muss es die singulären Phänomene stabilisieren, die – nachdem Effizienz- und Ordnungsfragen geklärt sind – die spätmoderne Antwort auf das Sinn- und Motivationsproblem der Menschen darstellen. Dies gilt nicht nur auf der Ebene des Subjekts, sondern auch für die verschiedenen gesellschaftlichen Bereiche wie Wirtschaft, Medizin und andere.

Zusammenfassend lässt sich in Bezug auf die Rationalität des personalisierten Rechts bzw. seiner Ausformung als personalisierte Inkompatibilitätsnormen Folgendes schlussfolgern:

a) Interne Rationalität

Was die interne Rationalität betrifft, ist das personalisierte Recht weder regelorientiert (formales Recht) noch zweckorientiert (materiales Recht). Das personalisierte Recht tendiert vielmehr zu einer Materialisierung als Folge einer ausgeprägten Subjekt-Orientierung. Hierzu operiert es mit individuell-konkreten, d.h. präzis definierten und auf den Einzeladressaten bzw. auf den entsprechenden *homo singularis* zugeschnittenen Normen. Das personalisierte Recht lehnt zudem die Vorstellung eines *lex ante casum* ab, weshalb es auch keine Konkretisierung *post festum* kennt. Stattdessen handelt es sich beim personalisierten Recht um ein algorithmisches und *ad-hoc* ausgestaltetes „Fallrecht". Ein so ausgestaltetes *instantanes* Rechtssystem ist auf unzählige Daten und *big data analytics* angewiesen. Zur internen Rationalität gehört deshalb auch der Einsatz von informationstechnologischen Elementen.

b) Normrationalität

Die Normrationalität eines personalisierten Rechts hat weder die Gewährleistung privater Autonomiebereiche (formales Recht) noch inhaltliche Zweckgedanken (materiales Recht) zum Ziel. Der Hauptzweck des neuen Rechtstyps besteht auch nicht in einer Effizienzsteigerung ökonomischer Transaktionen. Aufgrund der strukturellen Orientierung am Subjekt und dem „Zeit- und Wissensvorsprung" gegenüber dem formalen und materialen Recht dient das personalisierte Recht vor allem sowohl der Einzelfallgerechtigkeit als auch der Rechtssicherheit.

c) Systemrationalität

Stabilisierung singulärer Phänomene! Wie gesagt, besteht die Aufgabe des personalisierten Rechts nicht in der Gewährleistung von Autonomiespielräumen im

Hinblick auf eine ausdifferenzierte Gesellschaft (formales Recht). Es soll auch nicht als Instrument einer Sozialpolitik dienen (materiales Recht). Vor dem Hintergrund der beschriebenen Gefahren in der Spätmoderne lässt sich die Funktion des personalisierten Rechtstyps in zwei wesentlichen Aspekten begreifen: Zum einen dient er dem Schutz des psychischen Systems vor übermässigen Personalisierungstendenzen sozialer Systeme. Zum anderen trägt er zur Stabilisierung singulärer Phänomene bei, die zunehmend als Orientierung für verschiedene Sozialsysteme fungieren und eng mit dem neuen Sinn- und Motivationsverständnis der Individuen verbunden sind.

Die Gefahren, die hier von Interesse sind, ergeben sich zunehmend aus der Intervention von Unternehmen, die mithilfe informationstechnologischer Mittel direkt in das individuelle System eindringen. Dabei sind nicht zwei getrennte soziale Funktionssysteme betroffen, wie etwa das Wirtschaftssystem[146] und die Familie im Fall der ruinösen Familienbürgschaften, sondern vielmehr das Wirtschaftssystem einerseits und das psychische System, d.h. die Individuen bzw. das „intentionale Bewusstsein des Menschen", andererseits.[147] Personalisierte Inkompatibilitätslösungen im Sinne einer vertraglichen Schutzidee interessieren sich deshalb weniger für Kollisionen von unterschiedlichen Handlungslogiken sozialer Systeme als für Kollisionen von sozialen Funktionssystemen mit psychischen Systemen. Denn die Gefahr, die hier interessiert, ist die Penetration sozialer Systemlogiken (im Kontext von Informationsasymmetrien und der Ausnutzung von Rationalitätsdefiziten ist damit das Wirtschaftssystem gemeint) auf psychische Systeme (Bewusstseine, Einzelmenschen).

Das Spannungsfeld zwischen dem Wirtschaftssystem und dem psychischen System ergibt sich aus der Reduktion individueller Bedürfnisse auf die monetäre Logik der Wirtschaft. Der Einfluss wirtschaftlicher Rationalitäten auf individuelle Entscheidungen ist derart immens, dass psychische Systeme überfordert werden.[148] Dies ist insbesondere dann der Fall, wenn Wirtschaftsakteure mit personalisierten Werbungen oder gezielter Preispolitik Rationalitätsdefizite bewusst auszunutzen versuchen.[149] Damit greift das Wirtschaftssystem in den Autonomiebereich der psychischen Systeme ein. Der Grund, weshalb etwa im Facebook-Fall Rationalitätsdefizite von labilen Jugendlichen ausgenutzt werden konnten, liegt darin, dass

---

[146] Die Funktionsweise des Wirtschaftssystems ist, mit systemtheoretischen Begrifflichkeiten gesprochen, strukturell an seine Umwelt, d.h. an andere Systeme gekoppelt. Dies gilt auch im Hinblick auf das psychische System, wobei die Koppelung immer in beide Richtungen geht. Mit Koppelung sind, vereinfacht gesagt, die Erwartungshaltungen und die Abstimmungen der einzelnen Systeme zueinander gemeint. Es handelt sich um eine „spezifische Beziehung zwischen zwei Systemen", die zwar aufeinander angewiesen sind, wobei sie aber autonom, d.h. jedes System für sich, operieren. In diesem Sinn bleiben sie also „füreinander Umwelt" (*Kneer/Nassehi*, S. 64).

[147] *Kneer/Nassehi*, S. 68.

[148] *Luhmann*, Wirtschaft der Gesellschaft, S. 169 ff.

[149] Vgl. das Beispiel für Finanzmärkte bei *Esposito*, S. 109 ff.

das moderne Formalrecht eine direkte Durchdringung auf den Einzelmenschen nicht verhindern konnte. Das formal-abstrakte Konstrukt von Rechtsnorm und Rechtssubjekt wurde durch ausgeklügelte personalisierte „Angriffe" umgangen, weil es an einer geeigneten juristischen Personenfigur fehlte, die in der Lage ist, zwischen sozialen Systemen (in den vorliegenden Fällen ist dies das Wirtschaftssystem) und dem psychischen System, sprich Individuen, korrigierend zu intervenieren. In diesem Sinne sind nicht die juristischen Personenkonstruktionen an sich das Problem, sondern das Fehlen geeigneter Formen, die sich für diese Kontexte eignen.

In der Konstitution des *homo singularis* als dem neuen „Adressaten für soziale Systeme",[150] die mit den Personalisierungsangeboten auf die Einzelmenschen herantreten, wird hier die Ansicht vertreten, den geeigneten Intermediär gefunden zu haben, um die Angriffe abzuwenden. Die Funktion des personalisierten Rechts im Zusammenhang mit ausbeuterischen Vertragsimparitäten könnte hiernach darin bestehen, personalisierte, d.h. personen- und kontextbezogene (Inkompatibilität-) Normen aufzustellen, um die Penetration sozialer Systeme, allen voran des Wirtschaftssystems, auf psychische Systeme abzufangen. Hierfür braucht das personalisierte Recht aber den *homo singularis*, also eine rechtliche Personenkonstruktion, die, gerade aufgrund ihrer Unterscheidung vom Wirklichkeitsindividuum da draussen und ihrer personalisierten Verfasstheit, diese Abwehrfunktion erfüllen kann. Die Konstruktion eines personalisierten Rechtssubjekts ermöglicht es nämlich, die relevanten (nicht die identischen!) Personenkriterien der dahinterstehenden Individuen zu „erfassen", um personalisierte „Angriffe", d.h. Angebote mit ausbeuterischer Zweckbindung, zu erkennen und in Form von Unverträglichkeitsregeln vom „lebenden Menschen" abzuwenden.

Es geht jedoch keineswegs darum, personalisierte ökonomische Transaktionen insgesamt zu unterbinden, da dies den Personalisierungs- und Singularisierungsansprüchen spätmoderner Gesellschaften nicht gerecht würde. Vielmehr übernimmt das personalisierte Recht eine stabilisierende Funktion, indem es den sozialen Imperativ der Singularisierung in ein ausgewogenes Verhältnis zu den individuellen Erwartungen bringt und auf diese Weise die Erhaltung der singulären Phänomene in der Gesellschaft sicherstellt.

E. Resumée

Der vierte und letzte Teil dieser Arbeit setzt beim Fall ruinöser Familienbürgschaften an, der aus einer systemtheoretischen Warte als Ausdruck eines Konflikts zwischen den Logiken zweier Sozialsysteme interpretiert wird: Auf der einen Seite das Wirtschaftssystem, das auf Profitmaximierung ausgerichtet ist, und auf der an-

[150] *Luhmann*, Wissenschaft der Gesellschaft, S. 33.

deren Seite die Familie, die sich durch gegenseitige Verpflichtung aus Solidarität auszeichnet. Um diesen Konflikt zu unterbinden, schlägt Teubner sogenannte Inkompatibilitätsnormen (Unverträglichkeitsregeln) vor, die helfen sollen, unerwünschte Systemkollisionen zu bewältigen. Im Hinblick auf die Gefahren der Spätmoderne wurde die Idee der Inkompatibilitätsnormen sodann auf das Konzept eines personalisierten Rechts übertragen.

Allerdings zeigt sich, dass der eigentliche Schutzgedanke der personalisierten Inkompatibilitätsnormen nicht in der Vermittlung zwischen unterschiedlichen Handlungslogiken zweier sozialer Funktionssysteme liegt. Angesichts der Herausforderungen der Spätmoderne rückt vielmehr ein anderes Spannungsfeld in den Fokus: jenes zwischen sozialen Systemen, allen voran dem Wirtschaftssystem, und dem psychischen System, sprich der Individuen. Besonders die Ausbeutung von Rationalitätsdefiziten durch personalisierte Ansätze macht dieses Spannungsfeld sichtbar, worauf das Recht, indem es selbst an den zugrundeliegenden Personalisierungsprozessen teilnimmt, mit personalisierten Inkompatibilitätsregeln antworten soll.

Dabei verfolgt das personalisierte Recht nicht das Ziel, Personalisierungen insgesamt zu unterbinden. Weil diese Phänomene gerade eng mit dem Sinn- und Motivationsproblem der spätmodernen Subjekte verknüpft sind, zielt das personalisierte Recht vielmehr darauf ab, die singulären Ausdrucksformen der sozialen Systeme zu stabilisieren und in ein ausgewogenes Verhältnis zu den Individuen zu bringen.

Zusammenfassung

Das personalisierte Recht ist weder dem Informationsrecht noch dem Bereich Legal Tech zuzuordnen. Es stellt weder eine unmittelbare Reaktion auf informationstechnologische Entwicklungen dar, noch verfolgt es primär das Ziel der Automatisierung juristischer Prozesse. Das personalisierte Recht steht vielmehr für eine grundlegende Verschiebung in der normativen Struktur des Rechts aufgrund spätmodernen Sozialentwicklungen: weg von allgemein-abstrakten Normen hin zu individuell-konkreten Bestimmungen. Mithilfe von *big data analytics* soll der Idee des *suum cuique* zum Durchbruch verholfen werden. Damit erfüllt der neue Rechtstypus nicht nur einen altersehnten Wunsch; das personalisierte Recht wird zudem als „the wave of the future“[1] gehandelt.

Der erste Teil der Arbeit beschäftigte sich aus einer interdisziplinären Perspektive mit drei Hypothesen zur Idee des personalisierten Rechts. Dabei konnte aufgezeigt werden, dass die Personalisierungsidee vor dem Hintergrund einer strukturellen Verschiebung vom Allgemeinen hin zum Besonderen in den Bereichen der Rechtsphilosophie, -soziologie und -methodik zu verstehen ist.

Im zweiten Teil der Untersuchung zeigt sich, dass das Rechtssystem durch die Möglichkeit des gezielten Einsatzes informationstechnologischer Verfahren eine Renaissance der Maxime „jedem das Seine“ erfährt. Durch die Verarbeitung personenbezogener Daten und den Einsatz algorithmischer Analyseinstrumente ist das personalisierte Recht in der Lage, massgeschneiderte Rechtsangebote zu generieren. Dies wurde exemplarisch anhand verschiedener Anwendungsbereiche veranschaulicht. Methodologisch vollzieht sich dabei ein Paradigmenwechsel: Anstelle des traditionellen *lex ante casum* tritt ein *ad-hoc* bzw. instantanes Fallrecht, das insbesondere im Vertragsrecht neue Möglichkeiten für eine individualisierte Rechtssetzung eröffnet.

Dabei wird allerdings, wie der dritte Teil aufklärt, nicht der Einzelmensch *„out there“*[2] in den Blick genommen. Das Subjekt des personalisierten Rechts ist vielmehr eine empirische, berechenbare und *dividuelle* Konstruktion des Individuums. Der digitale Rechtsadressat, der *homo singularis*, entsteht durch die Spuren und Korrelationen, die Nutzer und Nutzerinnen im Internet hinterlassen, und erlangt so ein begrenztes, aber für die entsprechende Rechtsoperation suffizientes, digitales „Bewusstsein“. Das Versprechen, wonach das personalisierte Recht dem Einzelmenschen in seiner Individualität Rechnung trägt, wird damit nicht eingelöst.

[1] *Sunstein*, S. 10 f., 57.

[2] *Karavas*, Körperverfassungsrecht, S. 122.

Stattdessen operiert der neue Rechtstypus, genauso wie das moderne Formalrecht, mit eigenen „Konstrukten“,[3] die im Fall des personalisierten Rechts Produkte diskursiver Verfahren und Ausdruck spätmoderner Singularisierungsprozesse sind.

Im vierten und letzten Teil kommt die Funktion des auf diese Weise konstituierten *homo singularis* im Hinblick auf die Herausforderungen in der Spätmoderne zum Ausdruck. Zu diesen Herausforderungen gehört angesichts der Personalisierungs- und Singularisierungsentwicklungen insbesondere die Ausbeutung von Rationalitätsdefiziten im Online-Handel. Das personalisierte Recht kann und soll hierauf mit der Etablierung personalisierter Inkompatibilitätsnormen reagieren. Durch den Einsatz von personalisierten Inkompatibilitätsnormen wird das Rechtssystem in die Lage versetzt, individuelle Schutzmechanismen gegenüber wirtschaftlichen Akteuren zu stärken, die zunehmend mit Rückgriff auf informationstechnologische Mittel und der Verwendung von *big data analytics* Urteilsverzerrungen bei Konsumenten und Konsumentinnen zum eigenen Vorteil ausnutzen. Die ökonomisch motivierte Ausnutzung personalisierter Rationalitätsdefiziten wie im Facebook- und MediaBrix-Beispiel gesehen, stellen dabei übermässige Irritationen der psychischen Systeme durch ausbeuterische Praktiken des Wirtschaftssystems dar. Mit dem Einsatz des *homo singularis* als Intermediär können allfällige Penetrationen von ökonomischen Personalisierungspraktiken auf das Individuum abgefangen werden. Personalisierte Inkompatibilitätsnormen streben dabei nicht die generelle Unterbindung von Personalisierungsprozessen an. Angesichts der tiefen Verflechtung dieser Phänomene mit den Sinn- und Motivationsstrukturen spätmoderner Gesellschaften zielen sie vielmehr darauf ab, die Personalisierungs- und Singularisierungsdynamiken sozialer Systeme in eine ausgewogene Wechselbeziehung mit den individuellen Handlungs- und Erwartungsräumen zu bringen.

[3] *Hutter/Teubner*, S. 141.

Literaturverzeichnis

Abegg, Andreas: Die zwingenden Inhaltsnormen des Schuldvertragsrechts. Ein Beitrag zu Geschichte und Funktion der Vertragsfreiheit, Diss. Freiburg, Zürich/Basel/Genf 2004.

Abegg, Andreas/*Amstutz*, Marc/*Karavas*, Vaios: Soziales Vertragsrecht. Eine rechtsevolutorische Studie mit einem Vorwort von Peter Gauch, Basel 2006.

Agamben, Giorgio: Homo sacer. Die souveräne Macht und das nackte Leben, Frankfurt am Main 2021.

Alaimo, Cristina/*Kallinikos*, Jannis: Data Rules. Reinventing the Market Economy, Cambridge/London 2024.

Althusser, Louis: Ideologie und ideologische Staatsapparate. Aufsätze zur marxistischen Theorie, Hamburg 2010.

Amstutz, Marc: Der Text des Gesetzes. Genealogie und Evolution von Art. 1 ZGB, ZSR 2007, 237–244 (zit. „Der Text“).

Amstutz, Marc: Ouroboros. Nachbemerkungen zum pragmatischen Methodenpluralismus, in: Gauch, Peter/Werro, Franz/Pichonnaz, Pascal (Hrsg.), Festschrift für Pierre Tercier, Zürich/Basel/Genf 2008, 19–32 (zit. „Ouroboros“).

Aristoteles: Nikomachische Ethik, Grafrath 2019.

Auer, Marietta: Der privatrechtliche Diskurs der Moderne, Tübingen 2014 (zit. „Diskurs“).

Auer, Marietta: Granular Norms and the Concept of Law. A Critique, in: Busch, Christoph/De Franceschi, Alberto (Hrsg.), Algorithmic Regulation and Personalized Law, München/Oxford/Baden-Baden 2022, 137–154 (zit. „A Critique“).

Auer, Marietta: Materialisierung, Flexibilisierung, Richterfreiheit. Generalklauseln Im Spiegel der Antinomien des Privatrechtsdenkens, Diss. München/Tübingen 2005 (zit. „Antinomien des Privatrechtsdenkens“).

Auer, Marietta: Zum Erkenntnisziel der Rechtstheorie. philosophische Grundlagen multidisziplinärer Rechtswissenschaft, Baden-Baden 2018 (zit. „Zum Erkenntnisziel“).

Aufricht, Hans: The Theory of Pure Law in Historical Perspective, in: Engel, Salo (Hrsg.), Law, State, and International Legal Order: Essays in Honor of Hans Kelsen, Knoxwille 1964, 29–44.

Badiou, Alain: L’être et l’événement, Paris 1988.

Baer, Susanne: „Der Bürger“ im Verwaltungsrecht. Subjektkonstruktion durch Leitbilder vom Staat, Tübingen 2006.

von Bar, Christian: Personalization of Tort Law?, in: Busch, Christoph/De Franceschi, Alberto (Hrsg.), Algorithmic Regulation and Personalized Law, München/Oxford/Baden-Baden 2022, 236–240.

Barry, Jordan M./*Hatfield*, John William/*Kominers*, Scott Duke: To Thine Own Self Be True? Incentive Problems in Personalized Law, William & Mary Law Review 62(3) (2021), 723–790.

Baumgarten, Arthur: Die Wissenschaft vom Recht und ihre Methode, Tübingen 1978.

Beck, Ulrich: Risikogesellschaft. Auf dem Weg in eine andere Moderne, Berlin 2016.

Belser, Eva M.: Freiheit und Gerechtigkeit im Vertragsrecht, Diss. Freiburg, Freiburg 2000.

Bender, Philip M.: Grenzen der Personalisierung des Rechts, Diss. München, Tübingen 2023.

Ben-Shahar, Omri/*Porat*, Ariel: Personalized Law. Different Rules for Different People, New York 2021 (zit. „Personalized Law").

Ben-Shahar, Omri/*Porat*, Ariel: Personalizing Mandatory Rules in Contract Law, University of Chicago Law Review 86.2 (2019), 255–282 (zit. „Personalizing Mandatory Rules").

Ben-Shahar, Omri/*Porat*, Ariel: Personalizing Negligence Law, in: Busch, Christoph/De Franceschi, Alberto (Hrsg.), Algorithmic Regulation and Personalized Law, München/Oxford/Baden-Baden 2022, 54–97 (zit. „Personalizing Negligence Law").

Ben-Shahar, Omri/*Schneider*, Carl E.: The Failure of Mandated Disclosure, Russian Journal of Economics and Law 4.44 (2017), 146–169.

Berger, Bernhard: Allgemeines Schuldrecht. Schweizerisches Obligationenrecht Allgemeiner Teil mit Einbezug des Deliktsrechts und Einführung in das Personen- und Sachenrecht, 3. Überarbeitete Aufl., Bern 2018.

Bernot, Sabine: Die verfassungsrechtliche Anerkennung indigenen Rechts, Rechtspluralismus und Menschenrechte: Untersucht an den Beispielen Südafrika und Bolivien, Baden-Baden 2016.

Blum, Germaine: Smart Contracts. Grundlagen, Leistungsstörungen und Rechtsdurchsetzungsmechanismen, Zürich/Basel/Genf 2018.

Bourdieu, Pierre: Die feinen Unterschiede. Kritik der gesellschaftlichen Urteilskraft, Frankfurt am Main 1982.

Brecher, Fritz: Subjekt und Verband. Prolegomena zu einer Lehre von den Personenzusammenschlüssen, in: Dietz, Rolf/Nipperdey, Hans Carl/Ulmer, Eugen (Hrsg.), Festschrift für Alfred Hueck zum 70. Geburtstag, München/Berlin 1959, 233–260.

Bucher, Eugen: Schweizerisches Obligationenrecht Allgemeiner Teil, 2. Aufl., Zürich 1988.

Busch, Christoph: Algorithmic Regulation and (Im)Perfect Enforcement in the Personalized Economy, in: Busch, Christoph/De Franceschi, Alberto (Hrsg.), Algorithmic Regulation and Personalized Law, München/Oxford/Baden-Baden 2022, 279–292 (zit. „Algorithmic Regulation").

Busch, Christoph: Implementing Personalized Law. Personalized Disclosures in Consumer Law and Data Privacy Law, The University of Chicago Law Review 86.2 (2019), 309–332 (zit. „Implementing Personalized Law").

Busch, Christoph: The Future of Pre-Contractual Information Duties. From Behavioural Insights to Big Data, in: Twigg-Flesner, Christian (Hrsg.), Research Handbook on EU Consumer and Contract Law, Cheltenham/Northampton 2016, 221–240 (zit. „The Future").

Busch, Christoph/*De Franceschi*, Alberto: Granular Legal Norms. Big Data and the Personalization of Private Law, in: Mak, Vanessa/Tjong Tjin Tai, Eric/Berlee, Anna (Hrsg.), Research Handbook in Data Science and Law, Gheltenham 2018, 408–424 (zit. „Granular Legal Norms").

Busch, Christoph/*De Franceschi*, Alberto: Personalization and Granularity of Legal Norms in the Data Economy. A Transatlantic Debate, in: Busch, Christoph/De Franceschi, Alberto (Hrsg.), Algorithmic Regulation and Personalized Law, München/Oxford/Baden-Baden 2022, 1–4 (zit. „A Transatlantic Debate").

Calo, Ryan: Digital Market Manipulation, George Washington Law Review 82 (2014), 995–1051.

Canaris, Claus-Wilhelm: Wandlungen Des Schuldvertragsrechts – Tendenzen Zu Seiner „Materialisierung", AcP 200 (2000), 273–364.

Casey, Tony/*Niblett*, Anthony: Framework for the New Personalization of Law, University of Chicago Law Review 86.2 (2019), 333–358 (zit. „Framework").

Casey, Tony/*Niblett*, Anthony: The Death of Rules and Standards, in: Busch, Christoph/De Franceschi, Alberto (Hrsg.), Algorithmic Regulation and Personalized Law, München/Oxford/Baden-Baden 2022, 98–114 (zit. „Death of Rules").

Charim, Isolde: Ich und die Anderen. Wie die neue Pluralisierung uns alle verändert, Wien 2018.

Christensen, Ralf/*Kudlich*, Hans: Die Auslegungslehre als implizite Sprachtheorie der Juristen, ARSP 88.2 (2002), 230–246.

Cluley, Robert/*Brown*, Stephen D.: The dividualised consumer: sketching the new mask of the consumer, Journal of Marketing Management 31.1–2 (2015), 107–122.

Cohen, Hermann: Ethik des reinen Willens, Berlin 1921.

De Mauro, Andrea/*Greco*, Marco /*Grimaldi*, Michele: A Formal Definition of Big Data Based on Its Essential Features, Library Review 65.3 (2016), 122–135.

Debatin, Jörg F./*Müschenich*, Markus/*Spahn*, Jens: App vom Arzt. Bessere Gesundheit durch digitale Medizin, Freiburg im Breisgau 2016.

Deleuze, Gilles: Unterhandlungen: 1972–1990, Frankfurt am Main 2020.

Denno, Deborah W.: Neuroscience and the Personalization of Criminal law, The University of Chicago Law Review 86.2 (2019), 359–402.

Denozza, Francesco/*Maugeri*, Marisaria: „Granularization" and Cross-Subsidies: Liberal, Neoliberal and Socialist Perspectives, in: Busch, Christoph/De Franceschi, Alberto (Hrsg.), Algorithmic Regulation and Personalized Law, München/Oxford/Baden-Baden 2022, 172–183.

Derrida, Jacques: Gesetzeskraft. Der „mystische Grund der Autorität", Frankfurt am Main 2022.

Diederichsen, Uwe: Das Bundesverfassungsgericht als oberstes Zivilgericht – ein Lehrstück der juristischen Methodenlehre, AcP 198(2/3) (1998), 171–260.

Ebers, Martin: Beeinflussung und Manipulation von Kunden durch Behavioral Microtargeting. Verhaltenssteuerung durch Algorithmen aus der Sicht des Zivilrechts, MMR – Zeitschrift für das Recht der Digitalisierung, Datenwirtschaft und IT 2018, 423–428.

Eckhardt, Anne/*Navarini*, Alexander A./*Recher*, Alecs/*Rippe*, Klaus Peter/*Rütsche*, Bernhard/*Telser*, Harry/*Mart*, Michèle: Personalisierte Medizin, 2014.

eHealth Suisse: Strategie eHealth Schweiz 2.0 2018–2024: Ziele von Bund und Kantonen zur Verbreitung des elektronischen Patientendossiers und zur Koordination der Digitalisierung rund um das elektronische Patientendossier, Bern 2018.

Ehrlich, Eugen: Die Grundlegung der Soziologie des Rechts, 4. Aufl., Berlin 1989.

Eidenmüller, Horst/*Wagner*, Gerhard: In der Falle der Algorithmen? Abschöpfen von Konsumentenrente, Ausnutzung von Verhaltensanomalien und Manipulation von Präferenzen: Die Regulierung der dunklen Seite personalisierter Transaktionen, ZfPW 2019, 220–246.

Emge, Carl A.: Der Umgedrehte Platonismus. Anregungen Nietzsche's zur Situationsphilosophie, in: Abhandlungen der Akademie der Wissenschaften und der Literatur in Mainz, Geistes- und sozialwissenschaftliche Klasse, Mainz/Wiesbaden 1951, 849–898.

Engel, Martin: Erwiderung: Algorithmisierte Rechtsfindung als juristische Arbeitshilfe, JZ 69(22) (2014), 1096–1100.

Engisch, Karl: Die Idee der Konkretisierung in Recht und Rechtswissenschaft, Heidelberg 1953 (zit. „Die Idee“).

Engisch, Karl: Logische Studien zur Gesetzesanwendung, Heidelberg 1943 (zit. „Logische Studien“).

Engle, Merry S.: Legal Pluralism, Law & Society Review 22(5) (1988), 869–896.

Erdur, Onur: Schule des Südens. Die kolonialen Wurzeln der französischen Theorie, Berlin 2024.

Esposito, Elena: Die Zukunft der Futures. Die Zeit des Geldes in Finanzwirtschaft und Gesellschaft, Heidelberg 2010.

Feaver, George: From Status to Contract. A Biography of Sir Henry Maine 1822–1888, London 1969.

Felser, Georg: Konsumentenpsychologie, Stuttgart 2014.

Femia, Pasquale: Logopoeia: Normative Typification and Granular Norm's Informational Differentiation, in: Busch, Christoph/De Franceschi, Alberto (Hrsg.), Algorithmic Regulation and Personalized Law, München/Oxford/Baden-Baden 2022, 155–171.

Fikentscher, Wolfgang: Eine Theorie der Fallnorm als Grundlage von Kodex- und Fallrecht (Code Law und Case Law), ZfRV 1980, 161–174 (zit. „Fallnorm“).

Fikentscher, Wolfgang: Methoden des Rechts in vergleichender Darstellung, Bd. 3, Tübingen 1976 (zit. „Methoden des Rechts 3“).

Fikentscher, Wolfgang: Methoden des Rechts in vergleichender Darstellung, Bd. 4, Tübingen 1977 (zit. „Methoden des Rechts 4“).

Fögen, Marie Theres: Rechtsgeschichte – Geschichte der Evolution eines sozialen Systems: Ein Vorschlag, Rechtsgeschichte Rg 1 (2002), 14–20.

Foucault, Michel: Histoire de la sexualité 1, La volonté de savoir, Paris 1976 (zit. „sexualité").

Foucault, Michel: L'herméneutique du sujet: Cours au Collège de France 1981–1982, Paris 2001 (zit. „sujet").

Fountoulakis, Christiana: Richterliche Kontrolle von Bürgschaften naher Angehöriger, in: Jung, Peter (Hrsg.), Europäisches Privatrecht in Vielfalt geeint – Droit privé européen: l'unité dans la diversité: Richterliche Eingriffe in den Vertrag – L'intervention du juge dans le contrat, München 2013, 277–297.

Friedmann, Lawrence M.: Das Rechtssystem im Blickfeld der Sozialwissenschaften. 1. Aufl., Berlin 1981.

Gauch, Peter: Der Fussballclub und sein Mietvertrag. Ein markanter Entscheid zur Übervorteilung, recht 1998, 55–66 (zit. „Fussballclub").

Gauch, Peter: Die Übervorteilung – Bemerkungen zu Art. 21 OR, recht 1989, 91–100 (zit. „Übervorteilung").

Geertz, Clifford/*Rosen*, Lawrence: Sūq. Geertz on the Market, Chicago 2023.

Gellar-Goad, T. H. M.: Masks, Brooklyn 2024.

Glanville Llewelyn, Williams: Learning the Law, London 1978.

Goriunova, Olga: The Digital Subject: People as Data as Persons, Theory, Culture & Society 2019, 1–21.

Griffiths, John: What Is Legal Pluralism?, The Journal of Legal Pluralism and Unofficial Law 18(24) (1986), 1–55.

Grigoleit, Hans/*Bender*, Philip: The Law between Generality and Particularity. Chances and Limits of Personalized Law, in: Busch, Christoph/De Franceschi, Alberto (Hrsg.), Algorithmic Regulation and Personalized Law, München/Oxford/Baden-Baden 2022, 115–136.

Grimm, Rüdiger: Spuren im Netz. Datenschutz und Datensicherheit, Datenschutz und Datensicherheit 36(2) (2012), 88–91.

Gruber, Malte-C.: Bioinformationsrecht. Zur Persönlichkeitsentfaltung des Menschen in technisierter Verfassung, Habil. Frankfurt am Main, Tübingen 2015 (zit. „Bioinformationsrecht").

Gruber, Malte-C.: Futurities of Law. Versuche über die Zukunft des Rechts, Archiv für Rechts- und Sozialphilosophie 2021, 367–391 (zit. „Futurities").

Gruber, Malte-C./*Zihlmann*, Zaïra: Körperdaten und Datenkörper. Zugänge zum digitalen Zwilling, in: Augsberg, Steffen/Düwell, Marcus/Müller, Benjamin (Hrsg.), Datenzugangsregeln. Zwischen Freigabe und Kontrolle, Frankfurt am Main/New York 2024.

Grübet, Nils: Häresie, in: Auffarth, Christoph/Bernard, Jutta/Mohr, Hubert/Imhof, Agnes/Kurre, Silvia (Hrsg.), Metzler Lexikon Religion, Stuttgart 2005, 538–540.

Grünberger, Michael: Personale Gleichheit. Der Grundsatz der Gleichbehandlung im Zivilrecht, Baden-Baden 2013.

Grundmann, Stefan: Von formaler zu materialer Gleichheit. Kernlinien historisch und multidisziplinär, in: Grundmann, Stefan/Thiessen, Jan (Hrsg.), Vergleichende Perspektiven aus Geschichte, Kranz der Disziplin und Theorie, Berlin/Florenz 2021, 1–29.

Günther, Klaus: Der Sinn für Angemessenheit. Anwendungsdiskurse in Moral und Recht, Frankfurt am Main 1988.

Hacker, Daphna: The Gendered Dimensions of Inheritance. Empirical Food for Legal Thought, Journal of Empirical Legal Studies 7(2) (2010), 322–354.

Hacker, Philipp: Personalized Law and the Behavioral Sciences, in: Busch, Christoph/De Franceschi, Alberto (Hrsg.), Algorithmic Regulation and Personalized Law, München/Oxford/Baden-Baden 2022, 241–263 (zit. „Personalized Law and the Behavioral Sciences").

Hacker, Philipp: Personalizing EU Private Law. From Disclosures to Nudges and Mandates, European Review of Private Law 25(3) (2017), 651–677 (zit. „Personalizing EU Private Law").

Hacker, Philipp: The Ambivalence of Algorithms. Gauging the Legitimacy of Personalized Law, in: Bakhoum, Mor/Gallego, Beatriz Conde/Mackenrodt, Mark-Oliver/Surblytė-Namavičienė, Gintarė (Hrsg.), Personal Data in Competition, Consumer Protection and Intellectual Property Law, Berlin 2018, 85–117 (zit. „Ambivalence").

Hänni, Julia: Verfassungsstruktur des Judikativen Rechts. Zur Präjudizienrezeption als Methodik gerichtlicher Entscheidfindung. Unter besonderer Berücksichtigung der Grundrechte, Habil. Luzern, Zürich/St. Gallen 2022.

Hart, Dieter: Zur konzeptionellen Entwicklung des Vertragsrechts. Die Aktiengesellschaft: Zeitschrift für das gesamte Aktienwesen 27 (1984), 66–80.

Hennemann, Moritz: Die personalisierte Vertragsanbahnung, AcP 2019, 818–854.

Hoffmann-Riem, Wolfgang: Digitale Disruption und Transformation. Herausforderungen Für Recht und Rechtswissenschaft, in: Eifert, Martin (Hrsg.), Digitale Disruption und Recht, Baden-Baden 2020, 143–195.

Huguenin, Claire: Obligationenrecht, 2. Aufl., Zürich/Basel/Genf 2014 (zit. „Obligationenrecht").

Huguenin, Claire/*Meise*, Barbara: Kommentar zu Art. 21 OR, in: Honsell, Heinrich/Vogt, Nedim Peter/Wiegand, Wolfgang (Hrsg.), Basler Kommentar zum Schweizerischen Privatrecht, Obligationenrecht I, Art. 1–529, 6. Aufl., Basel 2015.

Hume, David: Untersuchung über die Prinzipien der Moral, Hamburg 1929.

Hüpers, Bernd: Logik im Recht. Über die versteckte Bedeutung der Deduktion für die Rechtsfindung, Archiv für Rechts- und Sozialphilosophie 101(3) (2015), 386–410.

Hutter, Michael/*Teubner*, Gunther: Der Gesellschaft fette Beute. Homo juridicus und homo oeconomicus als kommunikationserhaltende Fiktionen, in: Fuchs, Peter/Göbel, Andreas (Hrsg.), Der Mensch – das Medium der Gesellschaft, Frankfurt am Main 1994, 110–145.

Isensee, Josef: Vertragsfreiheit im Griff der Grundrechte, in: Hübner, Ulrich/Ebke, Werner F. (Hrsg.), Festschrift für Bernhard Grossfeld zum 65. Geburtstag, Heidelberg 1999, 485–514.

Jendrian, Kai/*Weinmann*, Christoph: Daten und Informationen 34 (2010), 108.

Kafka, Franz: Der Prozess, Ditzingen 2022.

Kamenica, Emir/*Mullainathan*, Sendhil/*Thaler*, Richard: Helping Consumers Know Themselves, The American Economic Review 101(3) (2011), 417–422.

Kant, Immanuel: Die Metaphysik der Sitten, Frankfurt am Main 2014.

Kaplow, Louis: Rules versus Standards. An Economic Analysis, Duke Law Journal 42(3) (1992), 557–629.

Karavas, Vagias: Die Beste aller möglichen Welten: Gunther Teubners Theodizee (Ein Lektüreversuch von Gunther Teubners „Die Verfassung gesellschaftlicher Mehrwerte"), Zeitschrift für Rechtssoziologie 42(2) (2022), 212–242 (zit. „Welten").

Karavas, Vagias: Digitale Grundrechte. Elemente einer Verfassung des Informationsflusses im Internet, Diss. Frankfurt am Main, Baden-Baden 2007.

Karavas, Vagias: Körperverfassungsrecht. Entwurf eines inklusiven Biomedizinrechts, Habil. Freiburg, Zürich/St.Gallen/Baden-Baden 2017.

Karavas, Vagias/*Salihu*, Suad: The Legal Subject in the Society of Singularities. Prolegomena to the Legal Type of Personalized Law, Pólemos 19(1) (2025), 7–25.

Karpik, Lucien: Mehr Wert. Die Ökonomie des Einzigartigen, Frankfurt am Main 2014.

Kelsen, Hans: Reine Rechtslehre. Einleitung in die rechtswissenschaftliche Problematik, Tübingen 2020 (zit. „Rechtslehre").

Kelsen, Hans: Über Grenzen zwischen juristischer und soziologischer Methode (1911), in: Jestaedt, Matthias (Hrsg.), Hans Kelsen Werke, Bd. 3, Tübingen 2010, 22–56 (zit. „Über Grenzen").

Kersten, Jens: Die Konsistenz des Menschlichen. Post- und transhumane Dimensionen des Autonomieverständnisses, in: Bumke, Christian/Röthel, Anne (Hrsg.), Autonomie im Recht: Gegenwartsdebatten über einen rechtlichen Grundbegriff, Tübingen 2017, 315–352.

Kinnert, Diana: Die neue Einsamkeit. Und wie wir sie als Gesellschaft überwinden können, Hamburg 2021.

Kirchhof, Paul: Allgemeiner Gleichheitssatz, in: Isensee, Josef/Kirchhof, Paul (Hrsg.), Handbuch des Staatsrechts der Bundesrepublik Deutschland, Heidelberg 2010 (zit. „Gleichheitssatz").

Kirchhof Paul: Rechtsquellen und Grundgesetz, in: Stark, Christian (Hrsg.), Bundesverfassungsgericht und Grundgesetz, Bd. 2, Tübingen 1976 (zit. „Rechtsquellen").

Kirchschläger, Peter G.: Das Menschenbild der Menschenrechte, in: Zichy, Michael (Hrsg.), Handbuch Menschenbilder, Wiesbaden 2023 (zit. „Menschenbild").

Kirchschläger, Peter G.: Ethische KI? Datenbasierte Systeme (DS) mit Ethik, HMD Praxis der Wirtschaftsinformatik 59(2) (2022), 482–494 (zit. „Ethische KI?").

Kneer, Georg/*Nassehi*, Armin: Niklas Luhmanns Theorie sozialer Systeme. Eine Einführung, München 1993.

Kotsoglou, Kyriakos N.: „Subsumtionsautomat 2.0" reloaded? – Zur Unmöglichkeit der Rechtsprüfung durch Laien: Zu Martin Engel JZ 2014, 1096, JZ 69(22) (2014), 1100–1103 (zit. „Subsumtionsautomat 2.0 reloaded").

Kotsoglou, Kyriakos N.: „Subsumtionsautomat 2.0" Über die (Un-)Möglichkeit einer Algorithmisierung der Rechtserzeugung, JZ 69(9) (2014), 451–457 (zit. „Subsumtionsautomat 2.0").

Kramer, Ernst A.: Inhalt des Vertrages, Art. 19–22 OR, Band VI: Obligationenrecht, 1. Abteilung: Allgemeine Bestimmungen, 2. Teilband, Unterteilband 3a: Inhalt des Vertrages, Art. 19–22 OR, Bern 1991.

Kugler, Matthew B./*Strahilevitz Lior*, Jacob: Assessing the Empirical Upside of Personalized Criminal Procedure, University of Chicago Law Review 86(2) (2019), 489–526.

Lehn, Theres: Asketische Praxis. Die Bedeutung der Askese für das ethische Handeln und das menschliche Sein bei Aristoteles und Michel Foucault, Diss. München 2012.

Levine, Robert: Die grosse Verführung. Psychologie der Manipulation, 7. Aufl., München 2013.

Luhmann, Niklas: Das Recht der Gesellschaft, Frankfurt am Main 1993 (zit. „Recht der Gesellschaft").

Luhmann, Niklas: Der Gleichheitssatz als Form und als Norm, ARSP 77.4 (1991), 435–445 (zit. „Gleichheitssatz").

Luhmann, Niklas: Die Wirtschaft der Gesellschaft, Frankfurt am Main 1994 (zit. „Wirtschaft der Gesellschaft").

Luhmann Niklas: Die Wissenschaft der Gesellschaft, Frankfurt am Main 1990 (zit. „Wissenschaft der Gesellschaft").

Luhmann, Niklas: Gesellschaftsstruktur und Semantik, Studien zur Wissenssoziologie der modernen Gesellschaft, Bd. 3, Frankfurt am Main 1989 (zit. „Gesellschaftsstruktur").

Luhmann, Niklas: Gibt es in unserer Gesellschaft noch unverzichtbare Normen?, Heidelberg 1992 (zit. „Unverzichtbare Normen").

Mau, Steffen: Das metrische Wir: Über die Quantifizierung des Sozialen, Berlin 2017.

Mayer, Max E.: Rechtsphilosophie, 2. Aufl., Berlin/Heidelberg 1926.

Mead, Georg H.: Mind, Self and Society. From the Standpoint of a Social Behaviorist, Chicago 1972.

Menke, Christoph: Spiegelungen der Gleichheit, Berlin 2000 (zit. „Spiegelungen").

Menke, Christoph: Theorie der Befreiung, Berlin 2022 (zit. „Befreiung").

Micklitz, Hans-W.: De- or Re-typification through Big Data Analytics? The Case of Consumer Law, in: Busch, Christoph/De Franceschi, Alberto (Hrsg.), Algorithmic Regulation and Personalized Law, München/Oxford/Baden-Baden 2022, S. 203–220.

Müller, Friedrich: Juristische Methodik. Herausgegeben von Ralph Christensen, 7. Aufl., Berlin 1997 (zit. „Methodik").

Müller, Friedrich: Strukturierende Rechtslehre, 2. Aufl., Berlin 1994 (zit. „Strukturierende Rechtslehre").

Narlikar, Amrita: International Trade and Developing Countries. Bargaining Coalitions in the GATT and WTO, London 2003.

Nassehi, Armin: Muster. Theorie der Digitalen Gesellschaft, München 2019.

Obergfell, Eva I.: Personalisierte Preise im Lebensmittelhandel – Vertragsfreiheit oder Kundenbetrug?, Zeitschrift für das gesamte Lebensmittelrecht 2017, 290–301.

Patti, Francesco P.: Personalization of the Law and Unfair Terms in Consumer Contracts, in: Busch, Christoph/De Franceschi, Alberto (Hrsg.), Algorithmic Regulation and Personalized Law, München/Oxford/Baden-Baden 2022, 221–235.

Pigou, Arthur C.: The Economics of Welfare, London 1932.

Porat, Ariel/*Strahilevitz*, Lior Jacob: Personalizing Default Rules and Disclosure with Big Data, in: Busch, Christoph/De Franceschi, Alberto (Hrsg.), Algorithmic Regulation and Personalized Law, München/Oxford/Baden-Baden 2022, 5–53.

Pottage, Alain: Law after anthropology: object and technique in Roman law, Theory Culture & Society 31(2–3) (2014), 147–166.

Radbruch, Gustav: Rechtsphilosophie, 4. Aufl., Stuttgart 1950.

Raiser, Thomas: Das lebende Recht. Rechtssoziologie in Deutschland, 3. Aufl., Baden-Baden 1999 (zit. „Das lebende Recht").

Raiser, Thomas: Der Begriff der juristischen Person. Eine Neubesinnung, AcP 1991, 104–144 (zit. „Person").

Raz, Joseph: The Authority of Law. Essays on Law and Morality, 2. Aufl., New York 2009.

Reckwitz, Andreas: Das Ende der Illusionen. Politik, Ökonomie und Kultur in der Spätmoderne, Berlin 2019 (zit. „Illusionen").

Reckwitz, Andreas: Die Erfindung der Kreativität. Zum Prozess gesellschaftlicher Ästhetisierung, Berlin 2014 (zit. „Kreativität").

Reckwitz, Andreas: Die Gesellschaft der Singularitäten. Zum Strukturwandel der Moderne, Berlin 2021 (zit. „Singularitäten").

Reckwitz, Andreas: Subjekt, 4. Aufl., Stuttgart 2021 (zit. „Subjekt").

Reigeluth, Tyler: Warum „Daten" nicht genügen. Digitale Spuren als Kontrolle des Selbst und als Selbstkontrolle, Zeitschrift für Medienwissenschaft 13(7) (2015), 21–34.

Reinhardt, Jörn: Recht Und Nicht-Recht. Vom Unbehagen an der Juridifizierung der Gesellschaft, in: Augsberg, Ino/Augsberg, Steffen/Heidbrink, Ludger (Hrsg.), Recht Auf Nicht-Recht: Rechtliche Reaktionen auf die Juridifizierung Der Gesellschaft, Weilerswist 2020.

Rieder, Bernhard: Engines of Order. A Mechanology of Algorithmic Techniques, Amsterdam 2020.

Riesman, David/*Reuel*, Denney/*Glazer*, Nathan: Die einsame Masse. Eine Untersuchung der Wandlungen des amerikanischen Charakters, Hamburg 1977.

Röhl, Klaus F.: Rechtssoziologie, Köln/Berlin/Bonn/München 1987.

Röthel, Anne: Normkonkretisierung im Privatrecht, Tübingen 2004.

Rudolph, Ulrich: Al-Ghazālī on Philosophy and Jurisprudence, in: Adamson, Peter (Hrsg.), Philosophy and Jurisprudence in the Islamic World, Berlin 2019, 67–92.

Rüthers, Bernd: Hatte die Rechtsperversion in den deutschen Diktaturen ein Gesicht?, JZ 62(11) (2007) 556–564.

Salihu, Suad: Recht als abstrakte Kunst, in: Salihu, Suad/Toparlak, Rüya T. (Hrsg.), Neue Adressaten des Rechts, Zürich 2023, 3–18.

Sarasin, Philipp: 1977: eine kurze Geschichte der Gegenwart. Berlin 2021.

Schäfers, Dominik: Rechtsgeschäftliche Entscheidungsfreiheit im Zeitalter von Digitalisierung, Big Data und Künstlicher Intelligenz, AcP 221(1) (2021), 32–67.

Schluep, Walter R.: Einladung zur Rechtstheorie, Bern/Baden-Baden 2006.

Schneider, Tillmann: Recht als Übersetzung. Rechtspluralismus und Gewohnheitsrecht in ghanaischen Gerichten, Diss. Berlin, Berlin 2014.

Schulz, Walter: Ich und Welt. Philosophie der Subjektivität, Pfullingen 1979.

Seinecke, Ralf: Rechtspluralismen. Rezension von: Sabine Bernot, Die verfassungsrechtliche Anerkennung indigenen Rechts, Rechtspluralismus und Menschenrechte & Peter Gailhofer, Rechtspluralismus und Rechtsgeltung & Tillmann Schneider, Recht als Übersetzung, in: Rechtsgeschichte – Legal History Rg 25 (2017), 301–306.

Sirena, Pietro: „Granular Legal Norms" in the Financial Services Trade in: Busch, Christoph/ De Franceschi, Alberto (Hrsg.), Algorithmic Regulation and Personalized Law, München/ Oxford/Baden-Baden 2022, 185–202.

Slobodian, Quinn: Globalisten. Das Ende der Imperien und die Geburt des Neoliberalismus, Berlin 2019.

Smith, Karl: From dividual and individual selves to porous subjects, The Australian Journal of Anthropology 23 (2012), 50–64.

Stöckli, Hubert: Der neue Art. 8 UWG – offene Inhaltskontrolle, aber nicht für alle, BR/DC 4 (2011), 184–188.

Strauch, Dietmar: Information, in: Kuhlen, Rainer/Seeger, Thomas/Strauch, Dietmar (Hrsg.), Grundlagen der praktischen Information und Dokumentation, Bd. 2, München 2004, 1–148.

Sunstein, Cass R.: Deciding by Default, University of Pennsylvania Law Review 162 (2013), 1–57.

Supiot, Alain: Homo Juridicus. On the Anthropological Function of the Law, London 2007.

Susskind, Richard: Tomorrow's Lawyers. An Introduction to our Future, Oxford 2013.

Tamanaha, Brian Z.: Legal Pluralism Explained. History, Theory, New York 2021.

Tarde, Gabriel: Monadologie und Soziologie, Frankfurt am Main 2009.

Teubner, Gunther: Die anonyme Matrix. Zu Menschenrechtsverletzungen durch „Private" Transnationale Akteure, Der Staat 45(2) (2006), 161–187 (zit. „Matrix").

Teubner, Gunther: Ein Fall von struktureller Korruption? Die Familienbürgschaft in der Kollision unverträglicher Handlungslogiken (BVerfGE 89, 214 ff.), Kritische Vierteljahresschrift für Gesetzgebung und Rechtswissenschaft 83(3/4) (2000), 388–404 (zit. „Ein Fall von struktureller Korruption?").

Teubner, Gunther: Recht als autopoietisches System, Frankfurt am Main 1989 (zit. „Recht als autopoietisches System").

Teubner, Gunther: Reflexives Recht. Entwicklungsmodelle des Rechts in vergleichender Perspektive, Archiv für Rechts- und Sozialphilosophie 68(1) (1982), 13–59 (zit. „Reflexives Recht").

Teubner, Gunther/*Zumbansen*, Peer: Rechtsentfremdungen. Zum gesellschaftlichen Mehrwert des zwölften Kamels, Zeitschrift für Rechtssoziologie 21 (2000), 189–215.

Tönnies, Ferdinand: Gemeinschaft und Gesellschaft. Grundbegriffe der reinen Soziologie. Wissenschaftliche Buchgesellschaft, Darmstadt 1963.

Unternährer, Markus: Momente der Datafizierung. Zur Produktionsweise von Personendaten in der Datenökonomie, Diss. Luzern, Bielefeld 2024.

Verstein, Andrew: Privatizing Personalized Law, The University of Chicago Law Review 86(2) (2019), 551–580.

Vesting, Thomas: Rechtstheorie. Ein Studienbuch, 2. Aufl., München 2015.

Vismann, Cornelia: Rezension von: Günther Klaus, Der Sinn für Angemessenheit, Anwendungsdiskurse in Moral und Recht, Kritische Justiz 25(3) (1992), 372–374.

Walter, Hans Peter: Der Methodenpluralismus des Bundesgerichts bei der Gesetzesauslegung, recht 17 (1999), 157–166.

Weber, Max: Wirtschaft und Gesellschaft. Grundriss der verstehenden Soziologie, 2. Bd., 5. Aufl., Tübingen 1976.

Wendland, Matthias: Vertragsfreiheit und Vertragsgerechtigkeit. Subjektive und objektive Gestaltungskräfte im Privatrecht am Beispiel der Inhaltskontrolle Allgemeiner Geschäftsbedingungen im unternehmerischen Geschäftsverkehr, Tübingen 2019.

Wiethölter, Rudolf: Materialization and Proceduralization in Modern Law, in: Teubner, Gunther (Hrsg.), Dilemmas of Law in the Welfare State, New York/Berlin 1988, 221–249 (zit. „Materialization“).

Wiethölter, Rudolf: Rechtswissenschaft, Basel/Frankfurt am Main 1986 (zit. „Rechtswissenschaft“).

Zahavi, Dan: Is the Self a Social Construct?, Inquiry 52(6) (2009), 551–573.

Zander-Hayat, Helga/*Reisch*, Lucia A./*Steffen*, Christine: Personalisierte Preise. Eine verbraucherpolitische Einordnung, Verbraucher und Recht 31(11) (2016), 403–409.

Zeno-Zencovich, Vincenzo: „Smart Contract“, „Granular Norms“ and Non-Discrimination, in: Busch, Christoph/De Franceschi, Alberto (Hrsg.), Algorithmic Regulation and Personalized Law, München/Oxford/Baden-Baden 2022, 264–279.

Ziehen, Theodor: Lehrbuch der Logik. Auf positivistischer Grundlage mit Berücksichtigung der Geschichte der Logik, Berlin 1974.

Zöllner, Wolfgang: Regelungsspielräume im Schuldvertragsrecht. Bemerkungen zur Grundrechtsanwendung im Privatrecht und zu den sogenannten Ungleichgewichtslagen, AcP 196(1/2) (1996), 1–36.

Zurth, Patrick: Personalisierte Preise, AcP (2021), 514–554.

Sachwortverzeichnis

Johann Benedikt Steiger

Einzelfall und Norm

Zur Rolle der Billigkeit in der Rechtsphilosophie der Frühen Neuzeit

Das Verhältnis von Einzelfall und Norm stellt seit der griechischen Antike eine zentrale Problemfrage der Rechtsphilosophie dar. Der Begriff der Billigkeit (gr. ›epieíkeia‹, lat. ›aequitas‹) verkörpert den Versuch der rechtsmethodischen Beantwortung dieser Problemfrage. Die heterogenen billigkeitsphilosophischen und -theologischen Traditionslinien aus Antike und Mittelalter kulminieren in den verschiedenartig ausdifferenzierten Billigkeitsverständnissen der Frühen Neuzeit. Die mit dieser Schrift erstmals vorgelegte epochenübergreifende billigkeitsphilosophische Analyse zeigt – bei allen bestehenden teils deutlichen Differenzen zwischen den untersuchten Autoren – eine übergreifende hermeneutische Prägung sowie eine theologische Legitimationskontinuität der frühneuzeitlichen Billigkeitsverständnisse. Deren Bedeutung erschöpft sich dabei nicht in einer historischen Relevanz, sondern erstreckt sich auf rechtsethische Impulse für den rechtsphilosophischen Diskurs der Gegenwart.

Ausgezeichnet mit dem Dr. Feldbausch-Preis 2024 der Juristenfakultät der Universität Leipzig.

Recht und Philosophie, Band 17
2 Abb., 414 Seiten, 2025
ISBN 978-3-428-19406-3, geb., € 99,90
Titel auch als E-Book erhältlich.

Duncker & Humblot · Berlin